通用秘书手册

TONGYONG MISHU SHOUCE

廖金泽 著

中山大学出版社
·广州·

图书在版编目（CIP）数据

通用秘书手册/廖金泽著．—广州：中山大学出版社，2011.9
ISBN 978-7-306-03956-9

Ⅰ．通…　Ⅱ．廖…　Ⅲ．秘书学—手册　Ⅳ．C931.46-62

中国版本图书馆 CIP 数据核字（2011）第 156168 号

出 版 人：祁　军
策划编辑：邹岚萍
责任编辑：赵　婷
封面设计：林绵华
责任校对：林彩云
责任技编：何雅涛
出版发行：中山大学出版社
电　　话：编辑部 020-84111996，84113349，84111997，84110779
　　　　　发行部 020-84111998，84111981，84111160
地　　址：广州市新港西路 135 号
邮　　编：510275　　　　传　真：020-84036565
网　　址：http://www.zsup.com.cn　　E-mail:zdcbs@mail.sysu.edu.cn
印 刷 者：广州市新明光印刷有限公司
规　　格：880mm×1230mm　1/32　9.75 印张　252 千字
版次印次：2011 年 9 月第 1 版　2011 年 9 月第 1 次印刷
印　　数：1~5000 册
定　　价：22.00 元

目　　录

深圳市注册秘书执业水平等级认证计划
（代序）

随着社会的发展，传统的秘书职能已经被现代的助理职能所取代，过去秘书只需和文字及领导打交道，而现在则必须在沟通、组织、协调、管理等方面直接发挥作用。

这是社会发展需求使然，因此，凡是想从事秘书工作的人士，或者已经从事秘书工作多年的专业人士，必须突破传统观念与做法的局限，通过入职培训或在职训练来提高自己的执业水平，使自己能够成为积极辅佐领导开展工作的出色的策划者、管理者、执行者与协调者。

随着深圳的发展以及深港一体化进程的加速，秘书作为一种专业人士，正在日益受到社会的重视与重用，深圳、香港、澳门、台湾之间秘书行业的互相认证与人才交流也正在成为一种趋势。

为了顺应这种变化，也为了保持深圳改革创新的领先优势，深圳秘书网借鉴港澳台地区秘书执业认证制度及上海市通用秘书考证制度，特别推出深圳市注册秘书执业水平等级认证计划，通过在线推广及实效培训认证的方式，帮助深圳数十万文秘、助理、行政及办公人员提升职业素养、提高专业能力、规范执业行为，像律师、会计师和医师那样成为职场专业人士，争取和港澳台地区的秘书执业认证制度尽早接轨及互相认证，以更好地为社会提供专业化服务。

深圳市注册秘书执业水平等级认证计划强调实用性与实效性，注重专业化与规范化，因此也更能有效提高持证者的职业能力，更能真实反映持证者的执业水准。

深圳市注册秘书执业水平等级认证分为两级，即《深圳市通用秘书执业证书》和《深圳市专业秘书执业证书》，学员通过培训并经考评合格，由深圳秘书网暨深圳市注册秘书执业认证中心颁发相应等级执业证书。

通用秘书执业认证培训属于秘书职业培训课程，包括二十项一百个培训科目，通过实效培训与网络培训方式，着重于秘书的职业素养与职业规范培训。

专业秘书执业认证训练属于秘书专业训练课程，包括六项二十四个训练科目，通过实务演练与网络研讨方式，着重于秘书的专业能力与专业表现训练。

上述两套课程均由中国著名秘书训练专家、中国高教秘书学会常务理事、教育部高职高专文秘类专业教学指导委员会主讲专家、全国高校系统教学秘书教学管理能力提高研修班主讲专家、全国审计系统及烟草系统办公室综合能力提升研修班主讲专家、广东省高职高专文秘类专业协作委员会特邀专家廖金泽教授独立研发并编写教材，并以特许授权使用方式提供给深圳秘书网用于深圳市秘书执业水平等级认证培训。

二十多年来，全国各地已有一百多万秘书、助理、行政、办公人员以各种方式参加了这些课程的培训，效果显著，好评如潮，连香港李嘉诚先生的企业以及凤凰卫视都曾慕名前来求荐秘书，业界因此这样评价：要当好秘书，就找廖金泽；要招好秘书，更要找廖金泽。

作为专业性的秘书网站，深圳秘书网致力于为深圳地区机关企事业单位的文员、秘书、助理、行政、办公人员搭建一个在线学习、交流、咨询、培训、注册、认证、推荐、服务的专业平台，一个与海内外同行进行信息联络与人才交流的网络互动平台，使深圳市的秘书们能够在深圳的社会发展中更好地发挥专业人士的作用，更好地服务于社会。

我们相信，深圳市注册秘书执业水平等级认证计划将为深圳数十万秘书及相关人士提供更高的社会认可度以及更大的职业发展空间。

需要特别说明的是，由中山大学出版社出版的《通用秘书手册》，已被本网站指定作为深圳市注册秘书执业水平等级认证计划中《深圳市通用秘书执业证书》认证培训专用教材，它将在秘书人才的培养和秘书工作的实务中发挥越来越重要的作用，成为秘书们的“葵花宝典”。

深圳秘书网

2011 年 7 月

三千万秘书人手一册的职业样板
（代前言）

本手册根据我在全国各地做秘书培训时的讲课内容整理而成。

二十多年来，我已用这些内容训练了一百多万秘书、助理、行政及办公人员！

本手册内容分为二十个单元，每个单元包含五个内容彼此关联的小节，共一百个培训科目，着重介绍秘书如何通过系统培训有效提高职业素质和职业规范，如何在实际工作中参考借鉴职业经验和实用技巧，使自己的职业生涯能够如鱼得水，左右逢源。

秘书工作所涉及的方方面面都具有十分明显的实务性，因此，在保持职业规范的基础上，提高秘书办理内务、事务、文务、会务等实务能力，协助领导进行有效管理，无疑是非常重要的。

身为领导助手，凡与领导有关的事务性工作，秘书都必须独自处理；凡与职责有关的非标性问题，秘书都必须尽快解决。做对了是本分，做错了是无能，而且，很多时候这些事务或问题必须当机立断，妥善处理，根本不可能去找别人商量甚至代劳。

全国现有三千多万家企事业单位，这就意味着，全国至少有三千万秘书都面临着同样的问题。

但如果拥有本手册，秘书们的处境将会大为改观，因为本手册不仅可以作为通用培训教材，帮助秘书们提高职业素养和职业规范，而且还可以作为实用参考指南，帮助秘书们解决工作困扰和实际问题。

因此，本手册值得所有从事文秘、助理、行政、办公工作的人士作为自己的职业样板！

需要特别强调的是，本手册已被深圳注册秘书网指定作为深圳市秘书执业水平等级认证计划中《深圳市通用秘书执业证书》的认证培训专用教材，并将成为全国高校文秘类专业教改实验班的专用教材，成为两岸四地秘书业界互相交流与彼此认证的基础。

如果工作中还有什么问题需要解决，请登录深圳秘书网（www. szmishu. cn）查询，或通过电子邮箱 LiaojinZe @ 126. com 与我联系。

以各种方式参与本手册写作的有：廖群、包璐、董春燕、陈元冬、张琳娜、张莉、宋春霞、谢波平、王雪英、龚雪萍、聂双、陈鲜艳、阿玉芬、杭永娟、周中胜、袁杨灏、袁国强、杨韵琴、徐开秀、张东平、陈元江、杨穗琴、包善发、廖犁、吕雯、廖骅、张桂凤、廖文军等，在此一并致谢。

廖金泽

2011 年 6 月

第一单元　职业性格

本单元提示：

性格是一个人在对外界事物及他人的态度和行为上所表现出来的比较稳定的心理特征，也是一个人内在情绪的定位，例如温和、坚毅、执著等。

性格与生俱来，胎教的作用非常明显，遗传基因的影响也很重要，但一个人在成长过程中因为环境与教育的原因所逐渐形成的性格，才是决定其人生命运的重要个性。

著名心理学家弗洛伊德指出，一个人的能力、性格、潜力，在其少儿时代就已基本确定，以后不会再有太大的变化与发展。这也说明，少儿时期的生活经历对一个人性格的形成具有决定性作用。

到了青年时代，人的性格趋向稳定，如果不是因为生活发生特别明显的变化而影响原有的性格，一般也就定型了。

必须特别指出，人的主观努力与外界环境的客观影响，肯定会改变一个人原有的性格，这已经为无数的案例所证明。

性格与人的职业也有很大关系，长期固定做一件相同的事，无疑会使从事同一种职业的人形成相同的职业性格，然后约定俗成，这种职业性格也就成为同行业公认的职业标准。

秘书的职业性格是确保将自己的职业才能发挥到极致的重要基础，无论是有意识地改变自己的性格，使之适应秘书职业的要求，还是无意识地受职业的熏陶和工作环境的影响，潜移默化地改变着自己的性格，都有助于其形成良好的职业性格。

当然，前者的作用显然更为积极，也更为有效。

第一节 职业性格

我们首先必须为秘书的职业性格作一个准确定位，才能根据这个标准来衡量我们自己的现状，知道欠缺什么，如何训练，怎样改变。

令人高兴的是，秘书的职业性格无疑是人类为了生存和发展所设定的职业类型中最为优秀的性格，拥有这种性格的人不仅令人欣赏与赞叹，而且能以近乎完美的品质在其职业生涯中获得成功。

因为秘书的职业性格几乎集中了人类性情中所有最为美好的内容，其主要体现为以下八种特点：

（一）正直

人的世界观决定着人的是非观，善恶忠奸，是非曲直，爱憎分明。正直意味着忠诚，意味着受人之托、忠人之事，意味着坚持原则，而这些都是秘书理所应当的性格要求。

（二）善良

所谓善良，就是能以善心对待所有的人，以善意处理所有的事。其实善良之心人皆有之，但善良之表现则见仁见智，尤其是始终如一地表现出善良。为了让别人感到我们的善良而刻意表现，终究有些勉强，只有发自肺腑的本能行为，才会让我们行善之时安心自然。

（三）热忱

热忱和热情有所不同，热情是表现一种情态，热忱是袒露一种心态。从效果而言，热忱更富有职业感染力。

对人和事务的热忱是秘书保持工作效率的重要法宝，它能营造出积极的环境氛围，能感染他人和影响别人的工作热情。

当然，热忱还能增加我们投身工作的乐趣。

（四）温和

秘书置身于各种矛盾和各种利益的交汇点，其一举一动都会引起结果的变化，这种特殊性决定着秘书职业的特殊性，而个性温和则是化解矛盾、平衡利益关系的最直观、最有效的态度。

所以，个性温和几乎成了秘书最为人认可与称道的职业标准。

面对温和的人，别人永远无法发怒，也永远无法迁怒。

（五）豁达

心胸宽广的人最容易化有形为无形，因为人生最大的敌人就是自己，过于计较和过于讲究，只会使我们树敌过多和结怨过深。如果我们不能包容他人，他人自然也容纳不了我们。

所谓海纳百川，就是形容一个人能够接纳别人的所有优点和所有缺点，特别是别人对我们的感觉。有时候我们觉得身心疲惫，原因就是我们太在乎别人对我们的感觉，当我们不再为他人的感觉所累，就会发现，原来豁达居然可以如此简单。

（六）坚毅

性格坚毅的人对经历的不尽如人意之处保持着淡定的生活态度。磨难也好，坎坷也罢，都是人生必然的历练。执著信念，坚定心态，坚韧不拔地做自己认为是正确的事，才会得到令自己满意的结果。

（七）缜密

细致认真是秘书的代名词，因为粗放的性格很可能会使秘书待人接物时漫不经心或粗枝大叶，容易忽略关系结果的细节。

秘书的职业特点是对所有问题、所有细节进行全部掌控与恰当处理，因为秘书性格上的粗糙而出现的任何一点疏忽，都有可能造成无法想象的可怕后果，对此，我们绝对不能掉以轻心。

性格缜密意味着无微不至和无懈可击，这不仅是秘书的职业本能，也是秘书职业的最高境界。

（八）内敛

张扬的人总是比较容易招人侧目甚至反感。中国人受几千年儒家文化中庸之道的影响，性格普遍比较平和与内向，不喜张扬，而秘书工作的内敛特点与此非常吻合，这就能够解释为何秘书会特别讲究待人接物的分寸。

内敛与内秀有着密切关系，这就好比一个木桶，装满水时，摇晃时它并没有声音，水装得越少，木桶晃荡时发出的声音越响。作为一种辅助性职业，内敛的性格最为符合秘书的职业特征。

但是，性格内敛并不是强调我们必须一声不响，只能以旁观者的姿态置身事外，因为只有恰到好处，才是内敛的最完美体现。

综上所述，秘书的职业性格确实相对完美，它几乎集中了人性中所有最美好的特质，如果稍加注意周围认识的或不认识的从事秘书工作的人，我们必须承认，事实确实如此。

第二节　自我诊断

我们已经知道了秘书职业性格的内涵与标准，接下来当然是对自己做一次诊断，看看自己是否具备这些性格特征。

自我诊断的方式很简单，就是换位思考，对号入座，对比衡量，对症下药。

首先，我们要为自己设计一份表格，上面分列以下六项内容：

1．秘书职业性格八项基本特征。

2．自己性格现有的基本特征。

3．两种性格特征的对比。

4．自己需要改变的性格特征。

5．改变性格的有效方式。

6．改变性格的最低时限。

其次，我们要尝试以他人的眼光来看待与评价自己的性格特征，这既可以用换位思考的想象，比如面对镜子观察，用旁观者的角度逐一罗列镜中人的性格特征，也可以请自己的领导、同事及亲友帮忙，请求他们实事求是地指出自己的性格特征。这两种方法都能为我们目前的性格现状做出比较恰当的评价。

再次，将秘书职业性格的八项特征和自己现有的性格特征分别填写在上述表格中，对号入座，逐一比较，对比衡量，从而清晰明确地看出两者之间的差异，也就是我们现有的性格与职业性格的差异。

最后，根据对比结果，制定切实可行且有时间限度的性格训练方式，通过有意识的改变，使自己的性格能够符合职业的要求。

了解自己现有性格的方式很简单，现在人们普遍喜欢用星座或血型对人的性格做出判断。

以血型为例，人类的血型一般分为四种类型，不同血型的人性格也不相同。分析血型的性格表现结果如下：

A 型血的人性格稳定，自制力强，比较理智，不易激动，细致谨慎，很有毅力，但做事呆板，缺乏变通性和灵活性。

B 型血的人性格乐观，精力充沛，反应敏捷，但容易情绪化，做事缺乏耐心。

O 型血的人性格开朗，意志坚强，非常自信，处事冷静细致，但内心孤独，多愁善感。

AB 型血的人性格保守，行为怪僻，喜欢与众不同。

自我诊断主要是为了帮助我们用最直截了当的方式认识与了解自己，这是性格训练的重要一步，只有清楚认识自己的性格，我们才能知道以后该如何去改变与塑造自己的性格。

第三节 性格塑造

这里用“塑造”这个词来取代“训练”，纯粹是由于前者的表述比后者更为贴切。训练只能改变，而塑造则是再创造。

从程度与效果来讲，原有性格要想成为职业性格，必须以性格再造的方式来进行重新塑造，否则难免会不伦不类。因为习惯往往会顽固而且执著地使我们的努力白费，当我们抱着决绝的心情从头再来，以全新的想法为自己重新设定性格时，这种塑造就会变得非常积极且富有成效。

成功的个性通常都有以下特点：

（一）独立性

能够充分了解自己的优点和缺点，对任何事物都有自己的独立见解，不轻易受他人的影响，除非自己已经意识到他人的观点比自己的更为正确才欣然接受，能够在需要的时候做出自己的判断和决定，并且勇于承担其后果。

独立性不是刚愎自用，也不是排斥他人，而是建立在严谨的分析与经验的运用基础上，主动承担责任。

（二）亲和性

适当依靠他人的帮助和有效增加彼此的依赖，无疑是保持人格魅力的重要策略。正如卡耐基所言，成功人士之所以成功，70%的原因在于其善于处理人际关系。

亲和力是人际关系中最为重要的影响力，其作用犹如水泥沙浆中的胶合剂，在不知不觉中将人心感化或俘虏，令人心甘情愿而且非常舒服地与我们相处。

（三）包容性

包容性包括爱心、同情心，有包容性的人在付出爱与宽容的时候，自己所获得的是更多的幸福和快乐。即使别人的无意过失对我们造成了伤害，我们也能站在对方的角度看待问题，理解对方并予以原谅。正如佛学中的善意那样，对万事抱有平常心，对万物抱有清静心，对万人抱有喜欢心。我们能够包容多少，就能获得多少。

（四）适应性

人生会有很多的麻烦与痛苦，有些是自找的，有些是命中注定的，也有些是社会大环境强加的。失败者总是寻找各种借口为自己开脱，以求心安理得；成功者则主动应变，随时调整自己的心态积极地去适应。

（五）计划性

成功人士做事都是有条有理、有始有终的，这不得不归功于计划的作用。

只有对自己将要做的事了然于胸，考虑周到，充分权衡利弊得失，设定好理想中可能达到的目标，并且安排好实施的程序与标准，成功才会成为可能。

（六）专业性

成功人士之所以成功，并不是因为将成功学学得驾轻就熟、炉火纯青，而是因为他们顺应了某种需要，掌握和运用的方法比较得当，尤其是他们长期持之以恒地做同一件事，因此积累了丰富的专业经验。

只要把一件事做专业了，成功就是水到渠成的事。

（七）情趣性

培养自己的兴趣和爱好，无疑是化解长期从事同一工作必然产生的枯燥乏味感的良策。性格成熟的人善于在看似简单的工作中寻找独特的乐趣，并且将这种乐趣外延到其他相似的工作或生活状态中。这种积极的心态包括好奇与品味，这正是凡人能够成为伟人的重要标志：自圆其说，自得其乐。

（八）现实性

承认和尊重现实才能使人实事求是，成功人士不仅是伟大的理想家，因为理想家能够激励人为之努力奋斗；而且也是伟大的现实主义者，因为现实能够提醒人一步一步脚踏实地地做好所有的细节。

当然，塑造自己的性格必须有目标和过程，人的年龄越大，其阅历越深，塑造性格的难度也随之增加，这就需要我们改变固定的思维模式和行事方法，从别人的成功经验中寻找有助于自己成功的方式方法，并且给自己一些压力和耐心。

没有一个人会拒绝比现在活得更好、比现在更为成功。虽然要求性格的绝对成熟和绝对完善并不现实，但我们的努力仍然会使自己变得日益美好，这是毫无疑问的。

第四节 行为修正

性格训练从内在要求而言是心态的塑造，这是强调内因的决定作用，但不可忽视的是，外在行为的修正对性格的改变也有相当重要的作用。一个不拘小节的人在社会上受到社交准则的约束，逐渐改变了自己的行为举止，并因此改变了自己太过随意的性格，从一个不在乎别人感受的人转变为一个尊重别人感受的人，性格的改变使这种被动最终成为主动，这是最为典型的例子。

用修正自己不良行为的方法来改变自己的性格，可以采用以下四种做法：

（一）仔细检查自己的日常行为举止

按照职业举止规范的要求，仔细检查自己所有日常习惯的举止行为，看其是否符合职业标准，比如站、坐、行、蹲这些姿态，比如微笑的分寸，比如待人接物的基本程序和基本动作。

只有职业化的行为，才会体现出我们的职业性格，因为一个人的性格决定着一个人的行为表现。

（二）严格按照职业标准修正自己的行为

为自己设定行为训练的课程，无论是语言表达的内容、方式、表情、动作，还是无言的回应或表示，都要非常地讲究规范。

这套课程包括办公场合、社交场合、公务场合、家居场合，分为早晨起床后一小时、白天上班一小时、午餐午休一小时、下班路上一小时、晚上社交（或休闲或家居或学习）一小时等若干训练时间段，每个时间段根据场合与对象的不同，予以适当调整。

重要的是有意识地去行动，并且持之以恒。这种强制性的自我训练效果是非常有效的，虽然非常累，也可能非常苦，但形成习惯之后就会成为一种享受，并最终改变我们的性格，这也是修炼的真正含意。

（三）养成写日记或博客的习惯

只有将随时随地的感受写下来，才能避免稍纵即逝的灵光一现，这种生命原质的感悟，对提升自己的品位、有意识地改变我们的性格，都具有十分重要的作用。

写下来的东西不仅是单纯的记录，还是心情的整理，更是一种修炼的再重复，每写一次就是加深一次美好的印象和深刻的感悟。不必长篇大论，只要切身体会、言之有理、文辞隽永，就是对性格的改变。

（四）阶段性总结修正结果

阶段性总结既可以是自我反省，也可以请他人指点。重要的是将某个阶段的原有状态设定具体描述的标准，然后与现在的状态进行对照。这当中有些内容可以量化，比如规范的程度和次数，有些则只需笼统地作定性评估。

如果说平时日常的点滴记录既是提醒也是复习，那么阶段性总结就是对特定时间段的回顾和评估。前者好比每天做功课，后者好比期终考试，一旦盖棺定论，就是我们的努力成绩。如果我们有意识、有计划地设定若干个时间段，每个时间段分别修正不同方面的行为，那么，结果自然会不言而喻。

第五节　情绪控制

卡耐基说：“在我们生命中的每一天，每个人首先面临的就是情绪管理。”

不可否认，情绪确实会影响人的行为，并因此影响到周边的人和事。人为了追求生活的品质，为了愉悦自己，都会情不自禁地采取率性而为的情绪方式，这本身无可厚非，但是，当一个人的波动情绪像水中的涟漪一样荡开，与别人的涟漪相碰撞时，一般会产生两种情况：一种是两者互相接受和交融，产生共鸣，水波不兴；另一种则是彼此排斥，产生冲突，波澜不平。当然，还有第三种特殊情况，那就是该水圈和别人的水圈没有接触，没有碰撞，两者是各行其是，相安无事。

秘书是一种与人打交道的非常特殊的职业，秘书工作的有效性取决于与他人沟通与协调的有效性，因此，所有任性的表现只会破坏这种情绪上的平衡，并且最终影响秘书的工作效率。

除了会破坏人际关系的和谐，情绪化还会影响一个人的是非辨别能力和判断能力，尤其是在参与决策或处理重大事项时，一个人过分情绪化必然会导致错误的发生。

我们常说，现代人最大的特点是智商和情商兼备。所谓智商（IQ），是指智慧的积累和智慧的发挥能力，而情商（EQ）则是指控制情绪和发挥情感的能力，包括品德、意志、交际等等。

控制自己的情绪，把握适当的分寸，在日常生活与工作中合情合理地致以运用，是秘书的职业要求之一。英国古典哲学家培根对此有着非常精辟的论述，他说："能控制自己情绪的人是命中注定的领导者，他们之所以被选出来管理别人，是因为他们具备了管理自我的能力。"

情绪是一个人对客观事物的态度和行为反应。当受到外界事物刺激时，每个人都会随之产生相应的情绪波动。这些外界事物既包括自然现象和具体的人与事，也包括自身的生理变化。

了解情绪产生的原因，有助于我们掌握情绪变化的特点和规律，并采取相应的措施来舒缓情绪变化所造成的困扰和失控。

情绪并非都是不利的，消极情绪如悲伤、郁闷、生气、暴躁、恐惧，会使人心烦意乱，或者消沉，或者萎靡，或者发怒；积极情绪如高兴、快乐、喜悦，则能使人精神振奋。

其实任何一种情绪都既有消极作用又有积极作用，例如，悲痛本身可能让人消沉也可能促人奋进，让情绪发挥什么样的作用，关键在于我们如何调节。

调节与控制情绪只有一个方法，那就是理智。

理智就是合情合理地疏导情绪中的消极作用，发挥情绪中的积极作用。理智是不同寻常的自我控制能力，是坚强的意志。

值得指出的是，情绪是非常私人化的，别人有可能影响我们，却无法控制我们，因为真正能够控制我们情绪的，只有我们自己。

当我们以秘书的身份处于各种人事的焦点时，我们必须充分认识到自己的情绪不仅会对自己，也会对所有相关的人产生影响。

第二单元　职业品质

本单元提示：

“品质”这个词意味着某种性质上的等级标准，“品”可以用作动词，比如品茶、品味；也可以作为名词，比如品德、品格、品行、品牌。

作动词时，“品质”可以解释为“体会”；作名词时，“品质”可以解释为“等级”。这样细分的结果，我们就会明白，原来“品质”这个词，就是指人或物的性质等级标准，比如某件瓷器的质量等级超过公认的标准，我们通常就会称其为“上品”。

我们可能会困惑，因为人们在谈论“品质”时，通常还会提到“素质”，这两者究竟是怎么回事?

其实这只是评价的尺度不同而已，“素质”通常用于基本的标准，“品质”通常用于更高的标准。在使用效果上，“品质”这个词往往显得更温文尔雅、更高贵，也更有味道一些。

我们评价一个人，通常会用“人品”来做定论，所谓人品，就是“品质”在人身上的具体运用，概括而言就是个人品质。

品质的高低决定着一个人的素质优劣，这不仅是指道德情操，还包括教育、文化、情感，以及待人接物时的内心想法和外在表现。

人的品质并非天赋，虽然也会受遗传的影响，但起决定性作用的仍然是后天的教育和生活环境。

生活环境作用个人品质，生活态度决定个人品质。高尚也好，优雅也罢，抑或恶劣甚至卑鄙，都是对生活的感受在人内心深处引发的反应。

人的品质可以说相当丰富，但最基本的内容有以下这些：一是善心，二是爱心，三是信心，四是进取心，五是包容心，六是责任心。如果是一位成功人士，必然还会拥有一些常人罕有的特质，比如创造力、竞争力、完美心、恒心。

因此，前者，我们称之为人的基本品质，后者，我们称之为人的特殊品质。

毫无疑问，上述两种品质正是秘书的主要品质，而且只有在这些主要品质上追求卓越，才有可能成为出类拔萃的优秀人士，否则，平庸就会如影随形，使我们碌碌无为。

成功学大师都喜欢用激励人性的方法来激发人们潜意识中的自信心，但对于追求卓越的秘书而言，这种心理暗示和愿景描绘，甚至近乎小孩游戏的捧场做托的激励方式，根本没有任何作用。

理性告诉我们，秘书在工作中进行大量的细节处理，特别是对微妙关系的把握，对敏感分寸的拿捏，如果仅仅依靠激情和冲动，只会使结果变得一团糟。

长期的秘书工作经验使我们能够保持超乎常人的理智与严谨，事实也证明，只有掌握了正确的工作方法，我们才有可能做得比别人更出色。

第一节 挑剔自我

满足是一个人对现状的肯定。

在生活享受上，满足是一种心态的平和安详，但在人生表现上，满足则是偷懒的巧妙借口。满足一个十分危险的信号，尤其对秘书而言，一旦存有此意，便意味着我们已经拉开了与别人的距离。别人不断进取和自我提高，赶上甚至超过了我们原有的品质水准。当我们发现自己和别人不在同一个水平线上时，就会知道，满足与停滞会给我们的职业生涯造成多大的伤害。

千万不要轻易放弃一生的修炼，哪怕是无意之间。只要从事秘书工作，我们就没有任何理由懈怠，这实在是因为我们的职业地位举足轻重。

没有人比我们更了解自己，即便是我们的父母或者患难之交甚至知音，也不可能整天在我们身边唠唠叨叨地指出我们的是非不足。如果我们想要做得优秀，想出类拔萃，只有苛求自己，用完美的标准来要求自己。

方法其实很简单。

（一）缜密评估自己的现状

这个现状包括自己的现有品质、行为、成就。评估的标准分为上、中、下三个等级。很明显，凡是中等以下的都是我们的弱点。在评估时千万别对自己姑息迁就或找理由为自己开脱。

等级评估可以帮助我们清楚地看清目前的现状，够资格与否才是衡量的标准，始终不够资格就会激发我们去努力。把自己放在苛刻的要求中，有助于我们避免随时出现的自满情况，也有助于我们始终不懈地追求卓越。自我测定、严格挑剔，并不会影响我们的自尊心，也不会伤及面子，只要自己心中有数，同样也会意识到严格要求的必要性。

对自己的行为和成就的现状，可以采用自我提问的方法来加以了解并确认，比如：

我是不是每天都衡量自己的职业表现？

我在工作中所采取的方法能否提高绩效？

我能不能接受别人的批评并做出良好的反应？

我要求别人做到的标准自己能否达到？

我有没有用过去出色的表现提醒自己？

诸如此类的问题还可以设计很多，只要能够真实反映自己的现状、有助于我们看到自己不足的问题，都可以用来扪心自问。

发现自己的缺点是改正缺点的第一步，除了自我评估，还可以征求意见，或进行事态测试。

所谓征求意见，就是诚恳地请求周围与我们有关的人对自己进行评价，这些评价未必中肯、真切，但十中有一，已足够引起我们的重视。对于秘书及助理而言，虚心接受别人的意见和建议是唯一可做的事，只有值得信赖的同事或朋友，才会为我们提供最为客观的反馈。

所谓事态测试，是指在具体的事件中看待自己的即时反应与处置方法，从而对自己的品质进行测定。这是一种最直观、最真实的品质测验，我们无需任何掩饰，也没有办法矫情，事态发生的第一反应与应对之策，肯定是我们全部品质现状的集中反映。这种条件反射式的测试，既能真实反映我们的品质现状，同时也会产生叠加效果，即多一次事态反应，就多一分应对经验，对我们的品质无疑是一种极为有效的训练，并且会在不知不觉中有效地提高我们的品质。

（二）建设性地批评自己

十分挑剔地评估自己的品质现状，意味着我们把自己的努力空间放大到极限，接着所要做的事，就是对自己进行建设性地批评而不是消极地自责。

所谓建设性，当然是指批评的目的是为了帮助自己改正缺点，弥补缺陷，力求完美。比如下列这些自责与反省的例子：

我为什么还会犯如此低级的错误？这真的是太令人失望了！

不要为自己的缺陷寻找理由，即使别人并不在意，我自己也不能原谅自己，因为这与我的价值准则不相符合。

光自我埋怨又有何用？别人并不会因为我忏悔或遗憾而放弃对我的要求，要改变自己在别人心目中的印象，只能靠自己的行动！

做不到的事没必要先说，做得到的事也无需再说。

自我批评犹如自我教育和开导，为自己支招来解决现存的问题。在这方面，前人很多警世恒言都有相当有效的价值，不妨拿来一用。重要的是，通过自我批评，不仅给自己适当的压力，也能促进自己寻找正确的行动方式。

（三）采取积极的行动改进不足，通过具体的行为提高自己的品质

人类有许多才能可以转化为优秀的品质，最佳的职业表现不仅需要才能，还要求我们能有意识地培养一些重要的个人优势，包括具有坚定的信念，对自己充满信心，理智地看待与处理各类问题，等等。这些重要的个人品质的培养是一项长期自我修炼的过程，任何时候都不要掉以轻心，因为任何一点放纵和任性，都会使我们的品质产生瑕疵，进而影响我们的整体形象。

经验告诉我们，一旦发现自己已经没有什么可挑剔的时候，就得格外谨慎了，因为这通常预示着马上会有麻烦出现。

第二节　激励自我

只要是心智健全的人，天生都会渴望施展才智、承担责任、有所奉献、达致完美。这是人性使然，没有人会抗拒成功的

诱惑。

想在自己的一生中始终保持强烈的经久不息的人生欲望，我们必须依赖持续不断的如海浪般一波连着一波的精神激发和鼓励。

成功的激励分为两种，一种是外界提供的激励，另一种则是我们内心有意识地形成的激励。但无论内外，激励都会使我们渴望做出更好的成绩。

想在职业表现中出类拔萃，我们必须比别人做得更为出色，而若要做到这一点，最好的办法是以正确的态度把每天要做的事视为我们必须要顺利通过的测试，并全力以赴地完成。

勇于进取的精神同样也是一种欲望，它能测试与提高我们处理新情况的能力。有效的激励建立在充分的进取心的基础上，因为有了进取心，我们才愿意主动地实现比原来更高的目标，才会乐于接受严格的挑战，才会产生领先他人的冲动。

激励自我毕竟只是一种愿望和想法，而要让其成为现实，必须依靠切实可行的具体做法，这就是：

1. 用具体的时间和进度来表达我们自己的进取心。

2. 制订常规的实施程序和操作标准，包括要做哪些事、怎么做。

3. 设定阶段评估或考核的标准，让每个阶段的进步都成为一种积累，最终由量变到质变。

4. 将经济奖励当成实现雄心壮志的回报而不是最终目标，只有具体的奖励措施才不至于让漫长的过程变得枯燥乏味。

5. 自始至终坚信我们能够完成自己想要做的事情，每天都测量一下今天离最终目标还有多远。

6. 当完成一个目标时，立即用一个新的目标进行自我激励。

我们可以选择一项自己明显缺乏的品质，设定一个时间表，并且详细写明具体的做法，如通过学习、进修、实际工作来做到。

我们也可以想一想自己以往的成功案例中有多少是用自我激励的方式做到的，这其中有哪些值得我们写下来作为借鉴。

当然，与他人交流一下这方面的经验则会有更好的效果，那些让我们怦然心动的或者引起我们眉飞色舞的经历，一定都值得我们复制在自己的人生中来体现其真正价值。

第三节 提高标准

不管我们的职业表现如何出色，事实上我们总能进一步提高自己；无论我们制订多么高的目标，它也总能被我们的努力所超越。

在这一点上，标准具有非常重要的作用。

众所周知，标准有两种含意，一是指终极的目标，二是指过程中衡量与评价的依据。

我们经常可以看见这样的情况，目标未必能理想化地实现，但成绩却会得到显著的提高。

人的品质之所以能够通过有意识的训练获得完善与提高，是因为标准为人们提供了具体操作的参考尺度。

提高标准意味着自己并不满足现有的状态和成就，也意味着我们有信心、有能力做得更好。

在品质训练中采用不断改进的原则，无疑会令我们的眼界更宽、做法更新、成就更为突出。

有一个道理大家都明白：做得过多而得不偿失，总比从不尽力做我们所能做的事情要好得多，至少我们还有经验可以获得。而经验如同阅历，对品质的提升具有点石成金的特殊作用。

“有品质的人都是有阅历的”，这句话在所有的时尚杂志中都被奉为经典。

聪明的人都会这样鞭策和激励自己，即使可能无法实现，也要制订近乎完美的目标，一方面是享受这份憧憬，另一方面也是激发自己的干劲。

不仅仅要求终极目标崇高远大，整个过程的操作标准也力求完美无缺。不断地为自己制订更高的追求目标，利用每一次机会获得学习能力及应用新的技能，想尽办法来提高自己的工作绩效。

但要注意的是，不切实际的标准会影响或挫伤我们努力的心态，所以，我们要学会积小胜为大胜，在力所能及的前提下不断给自己成就感，可以有效避免好高骛远带来的失落感。

想要具备最好的品质，我们必须不断提高自己的思想与行为标准，并且用百分制给自己严格打分。

我们可以为自己拥有的品质制订具体的衡量标准，这套标准必须明显高于我们的现状，并且在确定时限内通过若干方法可以达到。

我们也可以反省自己过去曾经有过的因缺乏标准或标准含混不清所造成的失败，教训的作用就是让我们不再重复同样的错误。

试着为我们一生的职业表现确定一些基本的思维方式和行事标准，让自己活得明白，让别人也明白和肯定我们，做人的原则正由此体现。

第四节　讲究完美

完美是一种至高境界，并非一种标准，因为它无法量化；完美是一种感受，因为它可以感觉。

天衣无缝，无懈可击，恰到好处，这就是完美。

秘书工作有太多的条件限制和特定要求，为了胜任这种复杂而又精细的专注于人与事之关系的工作，秘书的个人品质尤其是职业品质，必须具有超乎常人的完美。

品质的完美意味着个人的品行没有丝毫缺陷，这根本不可能，因为天下没有绝对的圣人，但是，无法容忍缺陷的个性，确实能够帮助我们达到完美。

正确的做法是判断我们的品质缺陷，把它作为自己必须解决的目标。为了实现完美的目标，没有更好的选择，我们只能不断对不完美的结果表示不满，来促使自己努力地去改变现状，克服不足，达到完美。

同样的道理，将别人的完美品质看做我们自己的目标，将别人的优秀品质视为对我们自己的鞭策与激励。羡慕与欣赏别人照样能激发我们对完美的追求。

重要的是永远不满足现状，永远尝试做得更好。

我们能用最准确、最恰当的语言来阐释完美这个词吗？因为阐释过程的本身具有非常奇妙的品质净化作用。

我们能否举例证明自己在为人处世方面的细节处理已经达到了最好的标准？因为无法挑剔的结果本身就是完美。

当然，在职业品质的几项内容上，我们可以找出自己心目中最欣赏与最敬重的人，将自己的现状与对方作比较，看看孰优孰劣。

第五节 追求卓越

追求有可能实现的最高标准，有助于我们获得卓越。

卓越的意思是出类拔萃、独一无二、无与伦比。

在职业品质上追求卓越，意味着自我完善的所有努力都必须卓有成效。

善心、爱心、信心、进取心、包容心、责任心、创造力、竞争力、完美心、恒心，这些职业品质都可以通过具体的完善措施来达到完美。

我们可以做这样的一份表格，上面分别列项写明：

1. 职业品质。
2. 卓越特征。

3. 个人差异。

4. 完善措施。

5. 完成时限。

然后根据上述内容逐一填写，斟酌推敲，认真确认填写内容。

当我们做完这份表格后，心灵必定会有特别清爽的感觉，心灵仿佛净化一般，因为我们知道，自己以后究竟应该怎样去做。

人生要做很多这样的功课，正确的方法非常重要，它能使我们在做功课的同时，潜移默化地受到教育。

追求卓越并非只是一个愿景，做这份表格就是一种最好的开始。

如果我们觉得不能胜任某项工作，那就应立刻采取行动，获得所需的培训；如果我们感到自己的某项品质不尽如人意，那就应立刻对症下药，开始必要的修炼。

第三单元　职业智慧

本单元提示：

人生在世，智慧是最重要的谋生手段。我们可以不勤奋，也可以不努力，但绝对不可以不聪明，因为智慧能够让我们以最直接有效的方式获得成功。

富贵与贫贱之差，往往基于三种因素的综合作用，一是勤奋，二是运气，三是智慧。光有勤奋，难免辛苦一生；仅凭运气，可能稍纵即逝；只靠智慧，未必如愿以偿。只有三种因素有效结合，才有可能成功。

天赋聪颖只是个别现象，如果没有成长期的智力开发，与生俱来的灵气也会随着年龄的增长与世故的增加而黯然失色。天才与神童的故事告诉我们，所谓天才，只是悟性与灵性超乎常人的表现而已，真正的聪明与智慧之所以能够长久，是后天教育和人生经历的结果。

用“智慧”这个词形容秘书及助理，是非常贴切的，因为秘书通常比较有想法，待人接物都有一种本质的清醒认识和行为方式，特别是对疑难问题的处理、对棘手事态的掌握，往往会表现出令人难以置信的成熟与技巧。

虽然从本质上来讲，女人往往比男人多些感性而少些理性，但感性的东西未尝不是智慧的本能反应，做秘书的经历，往往会使职业女性多一些理性成分，而这种智慧也更容易提升到睿智的高度。

第一节 相信直觉

智慧离不开思考，但直觉却是智慧中最有价值的东西。无数事实已经证明，很多时候，女人的直觉确实比男人的理性思考更为准确。

直觉似乎没有逻辑，缺乏理智，无法理喻，但直觉却充满了大智慧，所以千万别忽视来自潜意识的信息，这种信息越强烈，就越能证明事情应该如此。

直觉来源于过去经验的本能反应，来源于下意识的判断，这种纯粹第六感的意识反映，通常情况下确实能帮助我们对事物做出恰当及时的判断。但是良好的直觉能力并非完全依赖主观臆断，更多的还是基于经验的积累。

相信直觉意味着我们的直觉必须非常准确，每一次的成功无疑都会增加直觉的水准，重要的是对待直觉的思考就像对待逻辑计划一样，也要进行是与非的判断分析，并且依据事实结果来检验我们的直觉。

我们不一定总有充分的事实来证明自己的直觉，当事情发生并且需要我们立即做出判断时，运用直觉可能是最好的也是唯一的做法，只要我们能够承担犯错误这一后果。

其实任何事情的结果都是对与错的界定，对与错的几率都是一半对一半，我们完全没必要因此而犹豫。凡是优柔寡断者，几乎很少有做对的可能，一旦丧失时机，错误便成定局。

直觉所面临的最大困惑，无非是如何在自信的同时减少犯错的可能性，而提高直觉准确性的训练方法，就是经常性的对我们身边的人或事作出判断。这种判断是在直觉前一刹那的思考本能，是简单逻辑思维的自然反映，是是与非的排他选择，然后用一百个理由来说服自己，并以事实的结果来验证。

关键在于不要想得太多。

当我们有意识地把这种直觉训练作为日常习惯，我们一定会日益感觉到自己的神气。

每天至少做十次直觉训练，当直觉出来后，再想出至少三个理由来证明直觉的合理性，重要的是用结果来验证。

第二节 培养兴趣

智慧来源于兴趣，喜欢一件事与敷衍一件事，结果肯定是不同的。兴趣是我们能够对同一件事长期保持关注并且愿意一探究竟的根本原因。

对秘书来讲，兴趣分为两种：一是职业本身的兴趣，包括潜在的诱惑和成就感所产生的乐趣；二是有助于职业表现的兴趣，包括相关知识和社会经验所产生的愉悦。

需要注意的是，生活兴趣与职业兴趣并不相同，但职业兴趣使我们能够脱颖而出，成为优秀的秘书，具有举足轻重的作用。所谓干一行，爱一行，当了秘书之后才去培养职业兴趣，那么这种被动的选择终归有些勉强。真正的兴趣是在一生中始终清晰地流露出来，仿佛命中注定我们天生就是秘书。

但是，绝大多数人无法掌握自己的命运，在众多的职业选择中，由于秘书工作比较适合女性，于是很多人会这样想：无所谓兴趣与喜欢，有份体面而且稳定的工作，总比操心其他动荡不安的事要好得多。

另外，文学作品中描绘的秘书气质不俗、举止优雅、成熟得体地待人接物，也着实让涉世未深的女性羡慕。其实，只要能够善解人意、心思缜密，做事有条有理，形象上过得去，都有可能适合秘书职业。所以，这也正是很多秘书对自己的职业无所谓喜欢与否的原因，也许在她们看来，并非自己喜欢这份职业，而只是别人需要她们而已。

这是一个无可奈何却又十分危险的信号，如果的确如此，那么没有人可以信赖她们的职业素质，更别指望她们会全力以赴，而最终受到伤害的，就不仅是她们的领导或所在单位，还是她们自己。

因此，我要特别强调职业道德与培养兴趣的关系，任何东西都是可以改变的，只要我们愿意并且付诸行动。一旦担当起秘书这份职务，我们就必须承担起这份责任，为了对信赖与重用我们的人负责，改变自己抑或培养兴趣都是十分必要的，即使这种努力非常辛苦。

培养兴趣并非困难，关键在于我们有意识地琢磨与发现。当然，采用恰当的方法对培养兴趣也很重要，那就是：

1. 羡慕与欣赏同行成功的案例，帮助自己增强对职业表现的欲望。如李嘉诚先生的秘书洪小莲，经过二十多年的努力后，现已成为长实集团董事局副主席，年薪两千多万港币，成为香港名副其实的打工皇后！

2. 揣摩秘书的角色心理及表现，寻找各种情境状态下最佳的表演效果，从中寻找角色成功的乐趣。

3. 视自己的地位无足轻重，视自己的作用举足轻重，像管家那样兢兢业业竭尽所能，我们就会发现，原来操心一件事，也是很有意思的，因为它始终充满着变化与新鲜感。

4. 享受每一次成绩带给我们的快感，思考着如何不断复制和放大这种快感；吸取每一次失误产生的教训，思考怎样避免再犯相同的错误。

第三节　丰富创意

创意是智慧的表现，是灵感的具体展示；创意就是创造性的意念，就是独特的想法，就是积极的想象力。

拿破仑说过：“统治世界的是想象力。”莱特兄弟造飞机，人类用互联网改变生活方式，都是创意的结果。

所谓创意，就是我们用与众不同的方式做一件事。

创意的产生依赖于人的综合素质、文化修养以及看问题的角度与方式，所以有人这样认为，创意其实是困惑不解中感悟的结果。凡是有创意的人，不仅具有与众不同的创造性思维，而且其思维方式具有相当敏捷的灵活性。

虽然秘书工作大多与按部就班的程序有关，但是创造性思维可以提高工作的品质，特别是面对和处理那些错综复杂的事务和人际关系时，仅有丰富的经验，只能勉强应付，但要做到无懈可击，只有创意才能使结果格外精彩，让人心悦诚服。

在秘书的职业表现中，挖掘创意是一种积极主动的行为。职业表现出色与否，在一定程度上也取决于我们的创意能否为领导提供价值。

平庸者只会按图索骥，唯命是从，聪明者则会深思熟虑，富有创意。

其实创意也是一种潜意识，作为一种潜能，有的人通过有意识地训练，使创意成为自己的一种思维习惯。有的人则未加以重视，久而久之，潜能日益衰退，变得越来越平庸。

训练与提高自己的创造性意识，完全可以从丰富自己的创意开始，其做法是：

1. 养成多向思考的习惯，对任何事情都立即设想出三个以上别出心裁的想法，并且迅速展开思路，思考其可行性。首先是与众不同的独特性，其次是真实可行的有效性。人的脑子肯定是越用越灵活，见多识广与想象丰富自然会提高我们的创意能力。

2. 真正的创意都十分巧妙，令人拍案叫绝，但其实它的破茧而出往往只是捅破一层窗户纸而已。别人忽略之而没有发现，我们却能点到为止。

3. 创意通常就在平淡无奇中豁然开朗地发生，想想最能让自己好奇和激动的地方，这些活跃思维的节骨眼往往最容易激发我们的创意。

4. 不要就创意而想创意，死钻牛角尖的方式会使我们早生华发。有时候创意就在不经意间迸出来，关键是我们不要轻易地忽略。

5. 创意是由最简单的行为引发的，困惑了、触发了、闲透了、逼急了、想通了，都完全有可能产生创意。问题是我们没有闲工夫坐在那里胡思乱想，只能利用一切事情的发生去训练自己的创意。秘书的职业特点决定了创意往往会就事论事。正因如此，这种创意才更具有实用价值和时效性。

6. 作为领导的助手，秘书的意见或建议具有相当大的影响力，领导决策过程也许正是秘书的创意过程，这种换位思考的方式有助于秘书丰富创意，一旦出现这种机会，无论领导要求与否，秘书都完全可以随心所欲地使用自己的想法。

创意训练对提高我们的智商很有帮助，富有创意的人通常十分聪明而且很有办法，这一点恐怕正是所有当秘书的人都梦寐以求的。

回顾一下自己在过去生活与工作中所发生的所有具有创意的想法或点子，分别把它们写下来，然后认真分析这些创意产生的原因及其带来的价值，即使这些价值不值得一提，但只要存在，仍然具有启发我们思路的作用。

我们可以为自己随意指定若干件事，然后就事论事地对其处理方式进行创意训练，最后对创意的作用及价值，尤其是独创性做出评估，验证这些创意是否真的与众不同。

第四节　强调独特

独特是智慧的精华。

人云亦云者，因为不用考虑，最容易受人欺骗，也最容易去骗人。说他迷信也好，说他愚蠢也罢，反正这就是他的生活方式，脑子不累，心里不苦，谁对他也无可奈何。

然而，秘书绝对不能这样，如果我们没有主见，随波逐流，不仅我们的能力会受到影响，我们的品质也会受到怀疑。

即使秘书只是运用正常的思维方式，面对众多错综复杂的人事纠纷问题，仍然会显得心有余而力不足，这就是笔者在此为何特别强调独特性的道理。凡是非常规性和非程序性的特殊性问题，只有采取独特的思维方式，才有可能化解，否则我们只能束手无策。

这不是危言耸听，事实上秘书所面对的疑难、微妙、棘手及困惑，远比人们想象的更为复杂，更为直接，也更为频繁，这些东西几乎随时随地会出现在我们面前，我们必须迅速加以处理或解决，既无法回避，也难推托，因为领导用我们之处，就是要我们为他排忧解难。

虽然在很多方面，领导犹如秘书的导师，耳濡目染，我们也能学到不少应对之道。但是归根结底，最重要的智慧还是体现在我们的独特表现之中，因为只有这种独特，才会产生超越领导的处事能力，并且把事情做到无懈可击。

强调独特并不是故意标新立异，而是因为独特能使思维以不同寻常的方式产生更具影响力和作用的效果。对待常规性的问题当然要用正常的方法，但对于特殊性的问题，则只有用独特的方式才能奏效。

独特的思维角度和方式无疑可以丰富我们的思路，使我们能够处理任何事务。

使自己的思维与众不同的方法有以下几种：

1. 经常性地“胡思乱想”，如果有一个闪光的亮点，自己觉得很有意思而且与众不同，就将它记下来并用在相应有效的具体做法上。

2. 尝试改变原有的正常思维定式，看看换个方式，其结果是否更为合理。

3. 只是在内心和别人的意见较劲，尝试用更为有效的方法来说服自己，一旦能够说服自己，就毫不犹豫地说服对方。

4. 努力追求犹如“语不惊人死不休”的最高标准，凡是独特的东西，都反复推敲，力求使其独特性无与伦比、惊世骇俗。越有鲜明特色的思想才是独特的思想，这并非钻牛角尖，而是相对常规而言。

5. 经常欣赏与品味别人的独特之处，在欣赏的过程中潜移默化，不仅可以学到别人的独特精华，无形之中也会提高我们的智慧与能力。

在日常工作中，有哪些东西是我们可以重新考虑并且用新的方式更精彩地演绎的，不妨写下来并且认真落实。我们的改变无疑会让领导及同事刮目相看，当然，这种改变首先是为了提高工作效率，其次是为了能让别人适应。

第五节 大智若愚

大智若愚是智慧的最高境界，智者都是含蓄而内敛的。只有内涵深厚、思想深邃的人才会具有大智若愚的风度。

只有那种经历过人生磨难，而且能耐得住寂寞与孤独的人，才会真正地大彻大悟，大智若愚。

俗话说，有思想的人都是孤独的，因为思想常常使他心无旁骛，进入另外一个常人难以理解的精神境界，而一切世俗功名，只会使思想者分心。

另外，大智若愚者往往不会计较得失，更不会为义气之争而使自己陷入烦恼。实际上，人生在世，活的就是感觉，累的也是感觉，如果把感觉置之度外，又有什么可以扰乱我们的心志？

在秘书的综合素质中，大智若愚可说是其中最为重要的素质之一，这是由秘书工作的复杂性和职业的敏感性所决定的。很多时候我们明明知道，却不能明说；很多时候我们满腹委屈，却不能发泄；很多时候我们权倾朝野，却不能张扬；很多时候我们居功至伟，却不能邀功；很多时候我们明辨是非，却不得不装糊涂。我们只能这样安慰自己：凡是存在的都是合理的。守住自己的定力，虚怀若谷地待人处世。

职业女性由于受工作环境的长期熏陶，比较善于掩饰自己的任性与情绪，而规范的职业表现也已成为我们十分自然的处世习惯，这是极其重要的，只有当我们有意识地用自己的职业表现去演绎职业角色，才可能凭借不够渊博的专业知识和社会经验，同样达到大智若愚的境界。

◆ 第四单元　职业悟性 ◆

本单元提示:

在秘书的综合素质中，悟性始终是最为重要的品质，因为秘书的工作就是与领导共事，协助领导处理各类日常事务，为领导提供各类专业性建议，按领导授权协调与处理企业内部各种关系。

很显然，与人打交道的工作特点决定了秘书只有具备出色的领悟能力，才有可能在应对和处理各种复杂的人际关系时游刃有余。

众所周知，人是世界上最复杂的生物，这也反映在人的多样性与多变性上。人与人之间会产生矛盾，原因不外有三，一是利益诉求不同，二是彼此沟通不足，三是理解领悟不够。

从秘书及助理的工作性质来看，显然第三种原因的影响更为突出一些。

我们常说，秘书既是领导的左右手，又是领导的工作搭档，这种合作关系完全依赖彼此之间的理解和领悟，否则，秘书就会“不听使唤”。

领悟这个词带有一定的被动性，恰如其分地表现出秘书的角色定位。“领”是领会，“悟”是感悟。对领导的想法及指示，秘书需要先完全领会，然后深刻感悟，在充分理解的基础上，再启发自己的智慧与经验，丰富自己的思路，从而做出符合领导意图并且更为全面周到的考虑。

人的领悟能力是通过后天的教育与训练培养出来的。自私者或粗心者，大多比较缺乏悟性，这是因为在其是非观形成的过程中，由于受到主观因素影响，很少会顾及他人感受，久而久之，其主观世界就产生一种思维定式：事情本来就是这样的。

在一个相对封闭的生活圈子里，人们往往会有相当程度的包涵与宽容，因为人性避免冲突的心理，使他们不太愿意多管闲事。但当我们进入社会，我们的利益诉求和别人有冲突时，别人是不可能也没理由做出忍让的。于是，生活本身就会慢慢教会我们改变自己的性格缺点，学会理解他人、宽容他人、领悟他人。

生活就是这样，以顽强执著的方式改变着所有的人，包括我们的思想、行为以及对他人的态度。

由此可见，领悟能力是在交往过程中通过与自己切身利益有关的方式来逐步完善的。我们要想拥有良好的人缘，就必须善解人意。

生活中的领悟能力是为了提高生活品质，工作中的领悟能力是为了提高工作效率。我们很难想象，一个愚蠢到老是和领导的想法南辕北辙的秘书，对于领导来讲，会是多么大的痛苦。

秘书的悟性与其工作表现及工作效率是成正比例的。问题是，究竟什么样的悟性才合乎秘书的职业要求？而想要从生活的一般领悟能力达到职业的特殊领悟能力，需要怎样的努力呢？

这里并没有现成的答案，但是生活却教会了我们很多道理，只要我们稍加留意，并且以健康的心态去观察和思考，就会发现，真正的领悟，就是用心。

这是一个水到渠成的过程，经历多了，经验自然也会丰富起来。

第一节 察“颜”观色

察“颜”观色的道理谁都明白，简单说就是看人脸色，“颜”是面部表情，有时候这个“颜”也作“言”，但我认为，如果对方不说话，我们要通过观察他的脸部表情、神态来对他的内心作准确的判断，最好还是用这个“颜”字。“色”则是指神态气色。

人际交往中最直观也最有效的了解，就是观察对方的神情状态。除非对方受过特殊训练，善于掩饰自己的内心想法，否则是不可能对容易引起其情绪波动的事不露声色的。即使再成熟的人，我们也能从其脸部表情的细微变化中感觉到其内心的反应。

性情中人容易喜形于色，一看便知其快乐与悲伤；单纯的人天真无邪，只凭感觉就能说出其真实想法；有阅历的人世故沧桑，表情不动声色但眼神却会流露一切；情绪异常的人即使装得若无其事，但眉角眼梢仍然会有异样的东西。

人是有感觉的动物，只要有感觉，就会有反应，无论生理还是心理，人的表情、神态都是由心理原因造成的，只要感觉存在，就必然会有所流露。

在秘书的工作环境中，我们需要调动自己的全部感知与悟性，去与人沟通交流，去发现只可意会不可言传的微妙。尤其是当事人因为尴尬或其他特殊原因不好讲话或不愿讲话时，我们需要了解当事人的真实想法，并据此做出应对之策时，察“颜”观色就成了我们唯一能用的工具。

那么，怎样来训练与提高察“颜”观色的能力呢？

我们知道，任何人都不可能完全不露痕迹地掩饰自己的感情，即使其脸部表情不为所动，但眼神也必然会有所反应。人的七情六欲通常都会透过眼神或表情流露出来，越想极力掩饰的人，我们越要引起重视，因为喜欢掩饰的人要么是自卑造成紧张，要么是虚伪从而做作，要么是心怀鬼胎，要么是少年老成。总之，掩饰一定有动机，此时我们只要问自己：他为什么要这样做?

答案往往是我们最希望知道的真相。

用画家的眼光观察人，用心理学家的方法揣摩人，仔细体会不同事物对人的心理状态所产生的影响及其相应的表现形式。伤心会哭，悲痛会嚎，悲痛至极会麻木。用心琢磨各种情态与人的内心活动的关系，加深对人的表情神态特定含意的了解，日常生活或工作中有数不清的这样的观摩机会，可以透过对方的表情神态揣摩对方的内心。

我们也可以通过临时发生的变化来观察对方的反应，尤其是在招聘现场，这种训练机会比比皆是，效果也非常明显，这对了解各色人等是非常有帮助的。

我们也可以认真观察领导或同事的表情变化，因为它们不是一个个片断，而是全部经过与演变有着十分清晰脉络的状态过程，我们大可以从头至尾察“颜”观色，好好分析与把握其中的含意。

察“颜”观色的真正目的是透过表象发现真相，排除一切掩饰和伪装，掌握对方深藏于心的真实想法，并据此判断作出恰当的回应。

事实上，确实有相当多的领导不太愿意让秘书过多地了解自己，因为害人之心不可有，防人之心不可无，领导不愿把自己的内心想法过多地告诉自己的秘书，其实也是一种十分无奈的自我保护。

另外，有些注重权威、讲究规矩的领导并不习惯和自己的秘书沟通，有些领导甚至生性少言寡语，这就苦了做秘书的，问也不好问，猜也难猜，只能忐忑不安地凭感觉行事，因此而导致工作的失误和领导的不满时有发生。

对待不同的领导，应当有不同的应对方式，但无论如何，凭借我们与领导共事的经验，凭借我们与领导长期打交道的感受，我们应该能在领导的不言不语中准确地分辨出其真实心情和想法，然后与其互动。

秘书和领导相处时间越长，默契程度越高，察“颜”观色的本领也就越强，这是毫无疑问的。

第二节 听话听声

听话听声，锣鼓听音，这意思就是说，声音会暴露人的内心状态。

应该承认，一个人说什么话、怎样说话，确实反映着这个人文化修养的水平及其待人处世的态度。

但是秘书所面对和接触的人，他们的语言表达方式可不会如此简单。

无关紧要时随口而言的，大多是些真心话，一旦涉及利益诉求，或者置身尴尬时，人往往会言不由衷，甚至胡说八道。

所以，我们千万别轻易相信别人的任何语言，尤其是对方斟酌再三的表述，或是滔滔不绝的讲话。道理很简单，每个人都会下意识地说些虚假的语言，不论其动机是炫耀还是掩饰，总会含有水分，因此，我们必须对其中的内容有所取舍。

我们必须明白，日常生活中的言不由衷或信口开河无伤大雅，但实际工作中，如果我们相信这种话甚至相信这种承诺，就可能会铸成大错。尤其是在处理人事纠纷时，如果轻信别人的话而做出错误的判断，就会使原本就已恶化的事态变得更加难以收拾。此类教训，我们在领导身边可能都有经历，前车之鉴，我们更应格外小心。

所谓听话听声，就是不为对方的表达内容所迷惑而忽视了话里有话或者话外音，我们要听出其潜台词，体会其真实含意，并且理解其表达方式。

凡是妙不可言而又不得不言的，凡是说不清楚而又必须说的，凡是只可意会不可言传而只能暗示的，我们一定都得听话听声，领悟它的话外音。

第三节 心领神会

能够达到心领神会的沟通境界，已经无需用任何表情和语言来加强这种效果，因为这种多余只会破坏心领神会的微妙情致，降低享受这种愉悦的快感。

所谓心领神会，是指双方彼此的默契已经达到一心一意的状态，一个眼神、一个感觉，都会激起对方相同的反应，都会达成一致的认识。

要想达到心领神会的程度，只有两种方式可以做到，一是缘分，二是经历。

缘分是无法解释的东西，恋人一见钟情，双胞胎心灵感应，朋友心有灵犀，很多自然现象我们只能用缘分这个俗称去解释。但是经历却不同，经历是最实在的过程，只有经历相同，才会产生共鸣，才会产生对人或事相同的看法和情感。

另外，人与人相处交往愈久，彼此了解愈深，互相理解与配合呼应的熟练程度愈高，自然而然就会迸发出心领神会的火花。火花多了，彼此乐见其成，并且享受这份快乐，彼此的默契也会日益出神入化。

理解对方的思维方式、行事风格、兴趣细节、分寸把握，我们才有可能像对方那样待人接物，与对方保持高度的一致性。同样道理，当对方也以我们理解他的程度来理解我们时，彼此之间的心领神会当然是顺理成章的事。

如果对方是我们的领导或者同事，那么这种关系就会给我们的工作带来很大的方便。

想与对方达到心领神会，其实并不困难。首先，我们能够包容对方的全部，哪怕深恶痛绝的缺点，我们也视其为个性特点；

其次，我们要注意观察对方的思维方式和行事风格，以及对方对各种人的态度，只有充分的了解，我们才会知道对方的习惯；再次，根据结果，调整我们的分析判断角度，使之更加吻合对方的思路和意思；最后，则是完全如对方那样思考和行事，清楚地知道一旦发生什么事情，对方的第一反应会是什么，思考的结果会是如何，处理的方式又是怎样的。

作为秘书，我们理所当然应该去适应自己的领导，这就是我们训练自己心领神会能力的原因。

当然，我们为此所做的努力，领导一定会有所感觉，而他最有可能做出的表示就是他也会有意识地配合我们的工作。因为对他来讲，自己的秘书能够如此努力，无疑会使他的工作更加顺利，他又何乐而不为？

清楚了解领导的性格爱好、思维方式、行事风格、为人态度、是非标准、做人理念，把它们一一写下来。我们对领导的了解程度有多深，意味着我们与领导心领神会的可能性就有多大。

试着以一周内的实际情况来检验我们对领导的行为的预测准确度，我们可以选择十件有代表性的事情，如果有50%的准确率，那就说明我们必须继续努力；如果有70%的准确率，那就说明我们有所造化；如果有90%的准确率，那就说明我们已入佳境。

把我们的努力目的和进展情况坦率地告诉自己的领导，领导的豁达心态和稳定情绪有助于我们达到训练的成效，而且，这种交流本身也会增加我们与领导之间心领神会的默契程度。

第四节　了解人性

了解人性并不是一件容易的事，根据心理学家的研究，人们对待人际关系的态度以及表现出来的心理品质，大致可以分为A、B、C、D、E五种性格类型。

A 型性格的人富有进取心，很想成就一番事业，但急功近利的冲动又使其显得过于急躁和冒失。因为不满别人的表现，所以常常和别人有别扭，人际关系比较紧张，同时其适应周围环境的能力也比较差，显得有些特立独行，与周围格格不入，所以，这种性格被称为行为突出型。

B 型性格的人情绪比较稳定，待人处世有一种与其年龄不相称的冷静与成熟。因为怕失态，所以对外界的反应总比常人显得迟缓，总是在考虑用最恰当的方式来表现，这种顾虑也影响了其感情的自然流露。想得太多，便容易在现实与幻想中徘徊，所以，这种性格被称为安定消极型。

C 型性格的人不善交际，能力也有些平庸，没有突出特点，但乐于知命，不计较，不讲究，会随缘地去做一些顺理成章的事。适应能力不错，凡事想得开，很容易在某个生活角落悄无声息地安顿下来，自得其乐，所以，这种性格被称为安乐平均型。

D 型性格的人情绪稳定，热情开朗，善于社交，善于自圆其说，不仅组织能力很强，而且极有人缘，到哪里都会成为人们注目的焦点，也很容易影响他人的思想与行为。只是在无人处偶尔会有顾影自怜的寂寞与孤独，为自己的与众不同、难觅知音而多愁善感，所以，这种性格是典型的自然领袖型。

E 型性格的人比较悲观，经常会因为触景生情而痛苦，总是因为一些不算什么的理由而封闭自己的心。既不愿听别人倾诉，更不愿向别人坦白心事，成天一副灰色的情绪，非常容易用消极的态度来逃避现实。这种性格近乎病态，但因为不伤害他人而只苦了自己，所以别人也并不在意。久而久之，这种人的疑心病就会比较明显，所以，这是一种极端悲观的性格类型。

某些疾病也能用来辨别人性，研究表明，疾病与人性有着相当的关系。

心脏病患者大多好胜心强、性格急躁，事无巨细都要亲力亲为，喜欢把握全局并且施加其影响力；偏头痛患者过度追求完美，非常注重和在意细节，为人处世一板一眼，非常讲究而且计较，嫉妒心比较重；高血压患者普遍好高骛远，想得太多，而且十分顾虑自己在别人心目中的形象，因此拼命压抑自己的真实情绪；背痛患者有很强的自我克制能力，喜欢压抑自己的情绪与情感，而在别人面前装得若无其事；结肠患者多是由于心胸狭窄、为人吝啬，老是怕受别人算计而成天提心吊胆、过分抑郁；溃疡患者依赖性较强，有野心和魄力，但却很容易因为受挫而情绪消沉。

了解人性的目的是为了能够更好地了解别人，并且对症下药，采取适当的沟通方式去感受和领悟对方的真实意图，提高工作的准确性与人际交往的有效性。

作为秘书，如果我们能够成为一个心理学家，那么对我们的人际关系而言，绝对是件好事。

了解人性并不是要求我们像外科医生那样冷眼旁观，恰恰相反，只有满腔真诚地正面关注与坦然面对，才能使我们的行为落落大方而且易被对方接受。也只有对方的信赖和容纳，我们才有可能达到领悟对方的境界。

随时随地为对方着想，领悟就在其中。

第五节　正确反映

无论察“颜”观色，听话听声，还是心领神会，我们都必须把自己的领悟结果与对方交流，正确反映自己的理解与感受。

为什么会出现沟通障碍？所有的目的都是正确的，所有的过程也都无可挑剔，但结果却不理想，原因何在？

其实，当我们关注于沟通技巧时，往往会忽略沟通本身的一个重要环节，那就是把自己的感受说出来，并且让对方知道。如果我们总是顾虑对方的反应，总是希望对方也能像我们一样善解人意，那么结果必然会不尽如人意。

说出自己的理解与感受，并且让对方知道，这就是正确反映。一个有效的领悟过程，必不可少的是双方的互相交流与反馈，否则对与错根本不知道，只是凭感觉行事，其准确性自然会大打折扣。

所谓正确反映，也是领悟能力的一种确认，既让对方知道，自己也得以理清思路，还能透过对方的确认而成为进一步领悟的基础。

有个人仰天长叹，然后痛苦地抱住脑袋。他的朋友看他愁眉不展，上前问他："怎么啦？身体不舒服？哪里不舒服？是不是有心事？说出来我听听！"

那个人大吼一声："你烦不烦！让我一个人安静一下好不好？"

朋友很委屈："我看你垂头丧气，肯定出了什么问题。关心你难道错了？真是的，再痛苦也没必要这样生闷气嘛！"

那个人叹口气："唉，你也真是多事！我哪有什么痛苦，我只是心烦，因为刚中了五百万大奖，我不知道该怎样对你讲这件事。"

这位朋友不仅会错了意，而且说错了感受，当他向对方表示自己的领悟与关注时，是不应该特别强调理由的。对方已经如此清楚地表现出难言之隐，既然难言，他就没有必要去催促对方说出来。既然对方再次暗示，他就更没理由为自己强词夺理。

当然，他的错误反应反倒促成了对方实言相告，这也就是笑话之所以成为笑话的原因。凡是因错误的原因得出正确的结论，或相反，其结果一定是个笑话。

在我们的职业生涯中，有没有遇到这样表错情达错意的尴尬？或者我们自以为完全领悟，但实际上根本不是那么回事的情况？我想，那是一定会有的。

沟通的基础在于互信，领悟的基础在于理解。由此思考一下，我们和领导对待事物的看法与标准是否相同？差异在何处？原因何在？该如何调整？

第五单元　职业行为

本单元提示：

秘书的职业行为不仅代表着自己的文化修养和行为风格，同时也代表着自己所在单位的形象。

对秘书来讲，职业行为的基本原则就是保持谦和稳重的职业形象，使别人产生尊重和信赖。

第一节 见面规范

见面时应由男士向女士致意，由男士先打招呼，握手时则女士优先。除非对方是我们的领导或长辈，否则我们无需主动，以免影响职业的矜持。

无论在什么场合、什么情况下，始终保持平和的微笑，表现出足够的亲和力，这是秘书及助理的职业要求和职业习惯。

对方主动打招呼，我们应积极回应，彼此问候，说些“很高兴认识您”、“很高兴见到您”之类的客气话。

见面时眼神应坦然，如果我们对对方有好感，可以流露出欣赏的神情。但如果对方令我们反感，我们不能流露出丝毫不满，因为不露声色能使我们在礼节之外多一份礼貌。

熟人之间很容易随便，但随便却是秘书的行为忌讳，所以，即使交往已深的朋友，我们见面时仍然要保持职业性的矜持。之所以如此要求，是因为秘书在日常生活中很容易成为别人注目的焦点，我们的喜怒哀乐、亲疏远近、内外有别，都会对自己的人际关系产生影响，对工作效率造成妨碍。如果我们在见面这个环节上不能控制得好，那么在其他细节上就有可能掉以轻心。

秘书的能耐就在于能够以对礼节的执著来感染和影响别人，在职业行为上尤其如此。

第二节 微笑规范

笑是一个人内心快乐的自然流露。程度不同，笑也有多种多样，有的是抿嘴一笑，腼腆而含蓄；有的是爽朗地笑，开心而痛快；有的是含蓄地笑，内敛而节制；有的是皮笑肉不笑，勉强而无奈；有的是富有感染力的开怀大笑；有的是让人特别反感的淫荡的笑；有的是让人也会莫名其妙跟着一起笑的傻笑。只要动机纯正，什么程度的笑都是可以接受的。

笑的程度、声音和姿态，也有一些公认的标准，尤其是职业女性，笑得过分就会失态，使自己天性的娴雅温淑变成缺乏教养、缺乏自制的庸俗随便。

空中小姐作为一种服务性职业，微笑的标准要求是露出八颗牙齿，这种程度是比较开朗的微笑状态，多了一份热情，少了一份含蓄。

秘书的微笑相对要收敛一些，只需牵起嘴角莞尔一笑，如果再成熟一些，则是浅浅一笑，恰到好处，并且始终保持这种笑容。

微笑是可以训练的，首先是训练心情，保持平常心、清静心、欢喜心，我们就能从心底深处发出笑意，这就是开心的作用。微笑发自内心，才会笑得亲切自然，才会笑得真诚愉快。

其次是训练技巧，我们知道人的微笑是从嘴角上翘开始的，那么就从放松双颊肌肉、抬起嘴角开始练习。具体做法是：对着镜子用嘴无声地发“一”字音，直到镜子里的嘴角变化成最有感染力的微笑状态为止，保持定格，以后就以此作为我们的微笑标准。

另外，笑意不仅要从嘴角荡漾开来，而且也要从眼睛里弥漫出来，所以训练眼睛的微笑也很重要。光有嘴角而无眼神，就会皮笑肉不笑，或是尴尬的笑。只有眼睛里充满温情，微笑才会自然。训练眼睛的笑容可对镜练习笑肌的抬升收缩，用嘴角做出微笑的O型，带动眼角的拉开，同时眼神柔和，充满快乐或者温馨，眼睛一旦变细，微笑就会出现。

人的面部凡是能够产生微笑效果的肌肉都被称为笑肌，对镜变换笑与不笑的状态，我们可以清楚地知道，脸部肌肉一旦扯动向两侧拉开，很自然就会微笑，如果拉长了脸，则是另一副苦相，而一旦放松面部肌肉，眼睛则会恢复原状，面容也同样如此。

对镜练习微笑，通过细微变化，找到最有职业效果的笑容，然后把它变成我们的招牌表情。

第三节　握手规范

仪态万千的握手姿态是距离对方约一米站定，正面朝向对方，上身稍稍前倾，双目注视对方，微笑着伸出手去。抬手的高度与脐部相平。手臂微微弯曲，手肘斜伸，手肘与身体的距离约有一手掌宽。微笑是宽容、欣赏、温和、会意的，而伸出的右手则四指并拢、拇指张开，握手时稍稍用力，给对方一种自信有力的感觉，整体的姿态要保持优雅大方。

如果对方地位十分尊贵，则应用双手握住对方的手，以示尊敬。

需要注意的是，前倾时上身略微往前，但臀部不能后翘，否则就会很难看。前倾时的头部和身体可微侧，可以显得更亲切、更有女人味。

握手时要避免有可能使身体变形的动作，或者有可能令对方误会的动作。手臂伸得太直，容易使体态缺少柔美，并且产生距离感。伸手而不伸臂，容易使体态缺乏节奏感，并且造成陌生感。只有恰到好处，自然而然的尺度，才是最佳的握手姿态。

第四节　介绍规范

介绍分为以下几种：

第一种是自我介绍。比如："您好！我是非凡集团总裁秘书，我叫詹妮弗，很高兴见到您！"

第二种是为别人作介绍。介绍时面向双方，伸出手朝向被介绍者，按照礼仪要求，先将男士介绍给女士，将年轻者介绍给年长者，将职位低者介绍给职位高者，将晚到者介绍给早到者，将自己上司或同事介绍给客人，然后再反过来介绍。介绍的顺序不能混淆，这个细节非常重要。

介绍他人时应用“请允许我向您介绍”或“让我来介绍一下”之类的礼貌用语作引子，这样介绍既不会唐突，也显得彬彬有礼。

如果介绍他人时不知道其称呼，则应礼貌询问被介绍者：“请问您应该怎么称呼？”否则张冠李戴会很尴尬，而这种低级错误的发生，对一个秘书来讲是绝对不能容忍的。

第三种则是别人向他人介绍我们或别人向我们做自我介绍。此时我们必须给予恰当的呼应或反应，微笑示意，或伸手相握，或点头致意，或向对方稍稍欠身，以示礼貌。

第五节　交谈规范

交谈时目光注视对方，用表情、动作或语言来表示反应，让对方感受到我们的态度。

做个优秀的听者，当然要懂得如何引导对方继续该话题和谈话的兴趣，使对方乐于倾诉。比如全神贯注地倾听，偶尔的不解、好奇甚至提问，都会让对方体会到倾诉的快乐，从而对我们产生好感。

人类都有倾诉的本能，当对方愿意向我们滔滔不绝地讲述时，证明对方视我们为知音，而我们能够认真积极地听其倾诉，自然会让对方感动。所以在交谈时，我们要尽量耐心地听对方讲话，不要随意打断对方。

做听者永远比做讲者困难，这不仅需要爱心，而且需要耐心，更需要欢喜心。秘书及助理的职业特点决定了我们大多数时间是个听者，只有听明白，我们才能做出相应判断，才能知道如何应对。

做个善解人意的听者，这不仅是在考验我们的包容性和理解力，也是提高工作的准确性和效率性的有效方法。

而向对方讲述时，我们则应想好了再讲。尤其是讲话的语速要适中，甚至略慢一些，便于对方听清楚。讲话要分段，每句尽量短，这样听起来，比较有节奏，而且显得有条理。讲话的措词要得当，赞美对方要适当，讨厌的话题不要讲，如果是敏感而又必须讲的内容，也要以善良真诚的心态和适当的语言去谈论。

交谈时应常用“请”、“谢谢”、“对不起”这样的礼貌用语，作为谈话时必要的调味品，它会产生愉快的谈话气氛。

对不同的对象应用不同的语气，对领导要尊重，对同事要亲切，对长辈要尊敬，对晚辈要平易，对亲友要随和。

交谈时适当重复对方的话，既能对一些敏感内容做出确认，加深自己的记忆，又可以表示我们的确是在认真倾听。

交谈时无论得意还是失意，我们都不能失态，如果因故必须中止交谈，则应向对方表示歉意、说明理由，求得对方谅解。

交谈时尽量避免用“好”、“不好”之类的答话，过于简单的答话无疑在表示没有继续谈话的兴趣，结果自然会让对方感到没趣。

交谈最后如果需要强调某个话题或总结某个共识，那么，结束语一定要清晰明确，这样会给对方留下深刻印象。

第六单元　职业沟通

本单元提示：

沟通是人与人之间通过语言、表情、动作、文字等方式互相传递信息和表达意见，并且对对方的意图作出反应的行为过程。

沟通的目的是向对方表明自己的想法并获得共识。

沟通本身是一种双方都有意、都满足、都享受的交流行为，双方把各自的感受或想法说清楚，取得共识或了解对方。

值得注意的是，沟通本身也有功利性，至少也有利益诉求，否则，傻瓜也不会浪费时间与精力与没有任何关系和意图的人沟通。但是在沟通过程中却又不能掺杂任何功利性，否则会因动机不纯或太做作而破坏沟通的气氛。

秘书要同各色各样的人打交道，目的就是使自己的工作能做得更好。而打交道的过程就是沟通的过程。当沟通顺畅时，我们的工作就会有所成就；当发生沟通障碍时，我们的工作也会受到影响。

研究表明，产生沟通障碍的主要原因在于双方的思维方式、思维角度、所处立场、所在环境、所受教育、所求目的产生了差异。有意识地进行沟通技巧的训练，则能有效地提高我们的沟通能力。

第一节 欣赏沟通

这里所说的欣赏不是欣赏沟通本身，而是沟通过程中对对方的欣赏。

这一点十分重要。很多的沟通训练往往就事论事，就技巧谈技巧，却恰恰忽略了沟通中最本质的东西：人性。

人是感情动物，也是欲望动物。所谓感情，就是情绪很容易受外界影响。所谓欲望，就是内心很在乎某种要求。我们理解或者满足对方，对方就会对我们产生好感；我们拒绝或者反对对方，对方就会对我们产生排斥。

了解了人性的这一特点，我们就会明白下面这些道理：

1. 迎合与讨好，最容易获得对方的欢心。
2. 讨论共同感兴趣的话题，最容易获得对方的共鸣。
3. 坦率地说出自己的想法，最容易获得对方的响应。
4. 为对方着想的建议，最容易获得对方的信赖。
5. 欣赏对方，就是这一切的基础。

人与人之间当然会产生矛盾，但如果为了顾及沟通效果而无原则地迁就对方，反而容易令对方产生怀疑；若为了追求目的而想方设法讨好对方，反而会使对方觉得肉麻。

既要避免矛盾引发冲突以致影响沟通效果，也要恰当表现自己与对方见解的不同之处，还要设法说服对方，使双方达成共识与默契，这似乎是一件三难的事。但如果我们换一种心态来面对这道难题，也许会有相当不错的答案。

这就是欣赏。

以欣赏的方式去看待对方，以欣赏的心情与对方沟通，对对方的一切表现及一切话题与想法，都表示出浓厚的兴趣与关注，仿佛欣赏一件珍贵的工艺品，或者品尝一杯浓香的咖啡，不是挑剔而是享受，我们的内心深处就会产生一种非常微妙的感觉，并且弥漫开来，不仅感染自己，也会感染对方。

可以这样说，欣赏是一种态度，与沟通涉及的内容无关，但是它会营造出一种非常适合沟通的氛围，使生硬或对立的沟通变得容易一些。

秉持欣赏的态度与对方沟通，我们就会发现，原来沟通如此美好、这样简单，只需改变自己，不用强求对方，结果反而有可能尽如人意。

其实道理很简单，只要我们自己有所改变，对方一定会积极回应。除非对方不再愿意和我们沟通下去。

欣赏的真谛是尊重。首先，重视对方的存在及其想法；其次，对事不对人；再次，将对方的不同见解或对抗的行为视为一种有趣的东西，可以用来丰富自己的思维或阅历；复次，从对方的角度想问题，找出对方与我们自己相同或近似之处，做出明确的肯定；最后，以此为基础，努力改变其他东西以达成更多的共识。

用欣赏的方式和我们认为最难打交道的人沟通，看看对方的反应，想想我们自己的感受。如果连最难沟通的人都能与我们有共同语言，什么样的困难不能解决？

重要的是，我们必须采取适当的方法。

第二节　包容沟通

如果欣赏是一种态度，那么包容就是一种思想。

从本质上讲，人没有好坏之分，即使曾经伤害过我们的人，也必定有着他认为是正确的想法。如果换位思考的话，也许我们就能理解对方为什么会如此行事。

每个人所受的教育不同，所经历的过程不同，所得到的感受不同，所看待问题的角度不同，所诉求的利益不同，所沟通的方式不同，这都会使人产生认识与见解上的差异，产生矛盾与争拗，产生是非与对错。

如果我们能够这样想，当然也就更容易包容人间百态，而有了这份坦荡豁达之后，我们还有什么必要继续计较谁是谁非？

更何况，世界上既没有永远的敌人，也没有永远的朋友，在利益需求面前，一切都会改变。

因此，善良者会以平和的心态面对身外之物，会把所有的相识都视为缘分，即使对方曾经伤害过自己，也会试着从对方角度来看待此事，虽然答案并不理想，但这样至少能让自己变得更加宽容与豁达。

坚持善良与宽容能使我们活得更加心安。一旦明白善待与包容他人的道理，我们就会发现自己与人沟通的能力会大大提高。

第三节 换位沟通

产生沟通障碍的重要原因之一，是双方各执己见，都认为自己很有道理。

美国人在商务交往中强调一项原则，那就是“You Attitude”，翻译成中文就是“站在对方立场”，以对方的观点来看问题，以对方的处境来想问题，以对方的方式来解决问题。

这个原则对于解决沟通障碍十分有用，因为它减少了沟通上的反复，使问题变得非常透明，使彼此能够互相理解，使沟通过程变得极为简单。

一旦能够站在对方的立场来进行沟通，我们提出建议前就会充分考虑对方的利益，我们的想法也会因此显得更为合情合理，这是十分自然的事。

只要进行沟通，任何一方都不太可能拒绝对方的诚意和善意，都不太会有意挑起冲突而使对方为难，这就是换位沟通之所以能够产生效果的最重要原因。

掌握和运用换位沟通的方法时，我们需要注意以下几点：

1. 将自己的利益诉求想明白，再设想对方对这样的利益诉求、表达时机、表达方式会作出什么样的反应。

2. 换位思考，站在对方立场，设想对方会有什么样的利益诉求，会怎样表示出来，想达到什么样的目的。

3. 将双方利益诉求的共同点与差异点做个比较，求同存异，看看我们是否能够尽量满足对方的想法，同时又能让对方接受我们的想法，彼此容易达成共识和容易产生矛盾的地方在哪里，确定彼此可能做出的让步底线及坚持的原则。

4. 设定沟通的具体方式，用对方最容易接受或者喜欢的方式进行沟通。

站在对方立场进行沟通，不仅可以避免出现沟通障碍，还能因此获得相当不错的人缘。

第四节　理解沟通

真正的沟通是双方彼此理解、达成共识，就像法国作家福楼拜描述谈恋爱是感情谈判那样：真正的爱情就是双方无条件投降。

要想说服对方，首先得理解对方，这是一种态度，也是实用技巧。能够理解对方，意味着我们比较成熟，有相当的包容心和自我控制能力，也意味着我们比对方考虑得更为周全，比对方更希望达成沟通效果。

理解不仅仅是知道那么简单，更重要的是真正为对方着想，甚至像对方那样思考和表达。而要做到这一点，首先，必须有一种平和的心态；其次，要有极大的善意和足够的耐性；最后，要用心地思考与理解。

但得注意，理解并不是放弃我们自己的主张而无原则地迁就对方，理解更不是谁对谁错或谁占上风的博弈，如果一旦有了沟通中谁占上风谁吃亏的想法，那么理解也就失去了意义，其结果必然是一方内心失衡，甚至双方互不相让。

我们可以做这样的练习：与至少三位不同身份的人进行沟通，试图理解他们各自的想法，并把我们的理解要点记下来，与自己的既定想法做个比较，找出我们之所以能够理解对方的原因。

另外，试着和过去一直与我们意见不合的同事做一次理解沟通，看看用了上述方法后，效果是否会更好一些。

第五节 坦诚沟通

凡是训练有素的秘书，其行为举止往往会表现得非常职业化，以至于当我们用这种职业标准去进行沟通时，对方甚至还会因为我们的斯文得体而觉得难以靠近，担心自己的满腔热忱在我们的职业表现面前会显得有些低人一等。

这是一个比较普遍又十分有趣的现象。秘书的表现本身无可厚非，但在沟通过程中，却有可能产生意料之外的误解或隔阂。由此看来，只有适当改变一下沟通中的表现，才不至于让对方产生错觉，而最适当的改变就是坦诚相待。

所谓坦诚，就是直截了当，态度诚恳，不加掩饰，毫无保留。当我们坦然面对对方、说出自己的想法、倾听对方的想法时，我们就会给对方一个明确的信号：一切都很自然，我们彼此一样，可以心心相通。

所谓坦诚，不是刻意去迎合对方，而是有一说一，该怎么样就怎么样，即使对方有所顾虑，即使对方另有想法，我们都抱定一个信念：只要坦诚相待，就一定能让对方做出积极回应。

要想达到坦诚沟通的效果，必须坚持做好以下四件事：

1. 调整自己的心态，只有心态放松，坦诚才会自然。

2. 凡事想好再说，既说出深思熟虑的话，也说出内心真实的感受。前者是让对方知道我们表达的意思，后者是让对方觉得我们富有人情味而且非常坦率。

3. 对对方的想法给予理性思考和感性回应，只有积极的互动交流，才会对沟通产生有益的作用。

4. 自始至终保持我们的知性，使理智的沟通多一些轻松有趣的气氛。

◈ 第七单元　职业表达 ◈

本单元提示：

表达本身是一种情绪与信息的表示方式，它是沟通与交流的基本手段。

表达能力的高低，直接影响着一个人给别人造成的印象。当一个人的表达能力明显有缺陷时，其与人的交往一定会十分困难。比如，语言不通，表达起来就非常笨拙，势必要借助书写或肢体语言来弥补这个缺陷，结果有可能比划了大半天总算弄明白，也有可能还是不知就里。

其实，人一旦与社会接触，自然而然会逐渐具备表达能力并且对其加以运用，虽然这种能力未必十分清晰或者恰到好处。

对于普通人来讲，一般的表达能力已足够应付日常待人处世的要求，但是对于秘书及助理而言，恐怕这样简单的应付能力未必能够胜任角色的要求。

众所周知，秘书作为一个以沟通和办事来发挥作用的专业人士，丰富而且准确的表达能力无疑是确保其出类拔萃之职业表现的必要条件。

仔细想想，出色的表达能力真的不是常人所理解的那样简单，它需要调动我们全部的智慧、表情、词汇、想法、动作等，在最合适的地方用最恰当的方式技巧性地表现出来。

第一节　语言表达

有这样一个老掉牙的故事，说的是有个人请几位朋友吃饭，结果朋友来了，这位主人随意开了句玩笑说："怎么该来的都没来?"他的意思是说怎么都没带女朋友来，但是客人误会了，其中一位站起身就离开。主人脸上挂不住，忙对其他人赔笑脸："咳，怎么不该走的却又走了！"主人这么一说，其他的人都觉得没面子，纷纷找借口离席而去，留下主人一个人在那儿纳闷："咦，他们今天都怎么了?"

原本应该是一次很开心的朋友聚会，因为主人连续说错话而弄得不欢而散，可见语言表达的内容与方式有多么重要。

同样是用语言表达一种意思，能否适当说话也直接影响表达的效果。有位领导给几位下属布置工作，副手回答："知道了。"助理回答："我尽力而为，但只怕我能力不够，未必能让您满意。"秘书回答："连这种事都要您费心，那一定非常重要。"然后她稍做停顿，一字一句地说："既然是您要求我去完成，我只好全力以赴。"

三种语言表达，效果全然不同，稍稍品味一下，我们就会发现：

副手的回答过于简单，犹如程序性的知会，既没有回应，也没有表态，听起来让人觉得一下子没了脾气，没劲！

助理的回答则有些江湖，虽然也表示努力，但却已为自己留了条后路，似乎事先给领导打个招呼：成不成您都别怪我！听起来也有种怪怪的感觉，没戏！

秘书的回答则非常有策略，在突出此事重要性的同时，又巧妙地抬举领导，并且把领导的信任与工作的压力表现得恰到好处，听起来让人感觉其非常郑重其事，令人非常感动。

由此可见，一个意思应怎样正确而且恰当地用语言表达出来，实在是与态度无关而是与技巧有关的。有的人特别会说话，有的人特别会说错话，这并不是言多必失的结果，而是能否善于辞令的原因。

有效的语言表达方式包括两个方面：一是表达的内容，二是表达的方式。

语言表达的内容应该是能够让对方感兴趣的东西，我们想告诉对方什么，对方想要从我们这里知道什么，哪一些东西对方会特别关注，哪一些东西对方会不屑一顾。表达的内容只有切合对方的需要，才会引起对方的注意。

语言表达的方式应该是能引起对方好奇与兴趣的，有时候直截了当地告诉对方，会有一种冲击力，有时故意欲言又止，对方反而会更集中注意力想要一探究竟。不同话题应用不同的表达方式，关键在于哪种方式更能引起对方的关注与反应。

语言表达的目的就是让对方知道我们的想法，或者我们要告诉对方什么。

训练自己语言表达能力的方法如下：

1. 同一个意思用不同的说话方式说出来，体会一下自己的听觉，选择我们认为最恰如其分的话作为自己的基本句型并予以保留，在日后的工作与生活中有意识地用这些句型来进行语言表达。

2. 确定一些不同作用的语言表达方式，然后分别对每一种方式采用五个以上不同的表达内容进行表达，知道什么样的表达方式与表达内容才是相得益彰的。

3. 凡是要说出口的话，都事先打一遍腹稿，选择最有说服力和影响力的内容与方式说出来。

4. 使用对方能够理解的语言。

5. 使用描绘性的语言。

说得通俗一些，话就是要说得有用、说得好听、说得生动。

第二节 文字表达

鉴于面对面的尴尬或冲突，语言表达无法完整和传神地传递真实意思，这在生活及工作中是比较常见的。因此，有时为了郑重其事，或者让自己表达得更清楚，让对方更明白，人们必须借助文字这种表达的载体。

文字表达是语言表达的平面形式，语言表达是文字表达的声音形式，两者表现形式虽然不同，但表达的意思其实是一样的，只是语言表达侧重口语，而文字表达侧重格式。从这一点来讲，文字表达就是把要说的话用文字写出来，从听觉变为视觉。

语言表达要求生动精彩，文字表达则要求文采漂亮。所谓文采，指的是文字表达的风格很有味道。比如，为了提醒对方可用设问句，为了突出重点可用排比句，为了强调要求可用祈使句，为了通俗易懂可用短句。

经验告诉我们，运用文字进行表达时必须遵循一些规则，以便提高表达的效果。

1. 将我们想要表达的内容说一遍，同时用笔写下来。由于写字速度不可能比说话速度快，所以我们可以经常暂停，从前面的文字开始继续说下去，这种反复有助于文字表达的流畅。

2. 尽量使用短句，因为长句会引起对方阅读疲劳，增加理解难度。

3. 尽量使用陈述句，因为其他句型都会使表达内容复杂化，比如设问句会使对方不知道我们究竟是什么意思；但也不能平铺直叙，因为这会让对方感到乏味。最有效的方法就是完全口语化，虽然文章从表面来看平淡无奇，但对方一旦读下去，就会觉得十分生动。

4. 避免啰唆或长篇大论，一字多余都会增加对方阅读的困难，尤其是在需要对方迅速明白我们真实想法时。

5. 慎重使用标点符号，准确划分段落，意思停顿用逗号，意思完整用句号，一段意思成为一个自然段，并且尽量多一些自然段，这样的文字看起来就不会显得庞杂臃肿。

6. 要想打动对方，必须使用能够引起对方关注的特别词汇。文字表达时，由于视觉具有停留与联想功能，特别词汇很容易得到辨识与理解。如果这些词汇恰到好处地出现，不仅能吸引对方注意力，而且能使文字显得精彩。

7. 始终保持简洁隽永的原则，在通俗易懂的前提下惜字如金。

8. 写完之后完整地默读一遍，检查其内容是否完整，表达是否准确，用词是否恰当，可读性和生动性是否突出，感染力和说服力是否明显。一句话，认真检查文字质量，使之合乎表达要求。

秘书写的文字大多与应用文有关，应用文的特点是大量使用陈述性语言，尽量不用描述性语言，同时强调礼节上的要求和格式上的规范。

要想把应用文写得通俗易懂，使表达的内容能够顺理成章，我们可将其口语化，人们对朗朗上口的文字通常都比较喜欢。

认真揣摩与熟悉上述基本规则，经常做文字表达的练习。凡是能够用文字表达来代替语言表达的机会，都要充分利用，尤其是对我们的领导及同事，这样做的好处是比较郑重其事。

第三节　神态表达

人与人交往时，因为某种原因，有时候无法用语言正确表达想法与感受，但是又必须有所反应，于是便只能用表情神态来传达意思。

神态表达是一种明确或者含蓄的意思表达，虽然没有声音，但表情状态却传递着某种特定的信息。比如，反感时皱起眉头，疑惑时挑起眉梢，倾听时若有所思，会意时松开嘴角。

严格地讲，神态表达是指人的脸部表情，它的动作幅度非常小，但是生动性和传神性却是肢体语言远远不能企及的，因为人的脸部神经末梢极其丰富，所以它能够做出的表情神态也极其丰富。可以这样说，人类所有的内心情感都可以透过表情神态表达出来，这就是神态表达的奇妙之处。

人的内心活动是极为丰富的，而且每种内心活动因为程度不同，表现出来的状态也有所不同，正是这种极其微妙的差异和变化，使神态表达充满了生动性。

在训练表情时，我们可以面对镜子表现一些基本神态，例如沮丧、落寞、悲伤、哀痛、愤怒、惊讶、惊奇、震惊、得意、高兴、激动、会意、沉默等，然后对每种神态的程度做定格分析，从而细心揣摩此时心态的尺度和表现出来的神态分寸，以此把握神态表达的精妙神韵，以便在今后日常工作中有意识地使用。

需要提醒的是，神态表达只是语言表达的补充，通常只适用于不便或无法用语言表达的时候。也就是说，我们既不能因为不太方便而在表情上麻木不仁，让别人忽视我们的存在，也不能因为说话而使自己处于被动，所以我们只好用神态来做出恰如其分的表示。

第四节　身体表达

身体表达又称为肢体语言，它是人在一定状态中无法用语言表达感情时的一种形体动作，比如说拥抱、接吻。

身体表达因为涉及动作性，因此具有十分明确的含意，而且也有严格的使用限制。对经常出入社交圈，整天在单位里与领导、同事或客户打交道的秘书来说，准确并且恰当地使用身体语言，不仅能够丰富其表达方式，使其真实想法和不同态度能够得到最合适有效的体现，同时也能增强其感染及影响他人的能力，使其工作更为得心应手。

身体表达有着特定的含意，了解并且掌握这些含意，我们才能游刃有余地使用这种交流工具。比如，双手交叉抱在胸前，表示与对方保持距离，或是不信任对方；手托下巴，表示思考；抓耳挠腮，表示左右为难；双手叉腰，表示有些不耐烦，或者是站久了有些撑不住；双手抱拳作揖，表示拜托或包涵；双腿交叉站立，表示内急，或者暧昧意思，或者站久了换换重心；等等。

诸如此类具有特定意思的身体语言还有不少，当无法明说时，我们的身体自然而然就会做出某种反应。

相比较口头语言或文字表达的方式，身体语言比较容易引起对方的误解，除非当时唯有那样做才最恰当，否则不要轻易使用。

第五节 借代表达

如果语言、文字、神态、动作姿态都不能表达某种意思时，那么还有一条路可以选择，那就是借代表达。

借代表达就是借助人本身之外的其他物品来表示某种特定的意思，通常用于表达感情。比如，向对方示爱，用玫瑰花代替千言万语；向对方求婚，用钻戒代替海誓山盟；与对方绝交，用破镜片表示无法挽回；向对方求助，用鸡毛表示十万火急；等等。

探望朋友时送水果是表达关爱之意，鲜果丰硕滋润，寓意生活美满身体健康；给小孩子送书本文具是表示呵护之心，书本象征知识，文具代表方法，意思是学业进步；但如果别人正在打麻将，而我们却不识时务地送其几本书，那肯定会使其非常不悦，因为书与“输”同音，此时送“输”给他，他怎么可能领情？

采用借代表达的方法应该注意以下三点：

1. 借代物与表达的意思必须非常清楚，众所皆知，不会产生误解。

2. 除了用借代物来表达意思，其他方式都不合适时，才能使用借代表达。

3. 借代物的选择要非常适合我们所要表示的意思，稍有差池就会贻笑大方。

第八单元　职业记忆

本单元提示：

人们总是抱怨自己的记忆力在衰退或下降，随着工作压力和年龄的增加，这些自然现象很容易成为困扰人们的问题。有时候需要回忆往事，有时候需要想起一些数据，却总是想不起来，或者即使想起来了却又不够准确。

好记性是一个人与众不同的财富。虽然记忆力会受到许多因素的影响，比如压力和疲劳，比如琐事纠缠，但这并不能完全反映一个人的智力水平。事实上，记忆力需要经常性地开发与使用，即使有着最惊人记忆力的专家，其实也并非靠记性才会有如此出色的成功，重要的是掌握正确的记忆方法。

有专家认为，记忆是复现和辨认所学习或经历过的东西的一种能力。也有学者认为，人的一切智慧财富都与记忆相联系，一切智慧生活的根源都在于记忆。有人做过研究，一个人的记忆力是非常惊人的，因为人脑的记忆容量相当于五亿本书籍的知识总量，而且这种记忆还可以保持到八十岁以上。

但为什么绝大多数人仍然只能记住非常少的东西，而且绝大多数东西又总是过目即忘呢？这是因为缺乏正确的记忆方法，并且忽视了对记忆能力的有意识改善与提高的缘故。

人的记忆力不是天生的，而是通过后天培养的。凡是经过记忆训练的人，往往会表现出很强的记忆能力，他们掌握的方法比较合理，能够激活大脑皮层的神经，使其很容易建立起暂时的神经联系，同时，良好的暂时遗忘与瞬间回忆功能又使这个记忆系统变得非常合理与有效。

记忆的快慢与人的暂时神经联系形成的速度有关，记忆时目的明确、注意力集中，大脑皮层的优势兴奋区域里新的条件反射形成得快，记忆的速度也快。

记忆的持久性也与不断强化和巩固有关，经常地复习和回忆，巩固暂时神经联系，减少遗忘的可能性，记忆才能持久。

记忆的目的是信息利用，其利用的方式是检索，要使回忆时迅速地想起有关的信息，就必须在记忆时按照检索的程序结构进行记忆，也就是对记忆的信息进行加工整理与组织，成为一种符合知识和程序性要求的内容，这样才能保持长期有效的记忆。美国有学者因此认为，人类记忆的首要问题不是储存而是检索，而检索的关键在于重新组织获得的知识。如果这些知识没有纳入人们头脑中已有的知识结构中，那么早晚会被忘得一干二净。

所以心理学将记忆的过程概括为识忆、保持、再认或再现，并且强调遗忘对于记忆的积极作用，因为只有遗忘才能淘汰大量无用的信息，从而使需要记忆的东西有足够的存储空间。有所遗忘才能有所记忆，这就是取舍的关系。

下面着重介绍五种改善记忆和增强记忆的方法。

第一节 帮助记忆

在秘书的日常工作中，所有的文件资料以及各类事物，大多都是由信息与数据组成的，有的信息和数据及时得到处理，弄完了无需再去储存，而那些具有重要价值或必须在今后予以处理的，则必须将它们用记忆的方式保存起来。

也许有人会说，打印成文，存入电脑，用时再调出来，秘书完全没必要用大脑来记忆，给自己增加负担，因为计算机、办公自动化软件，甚至电子记事本能够比人更出色地发挥记忆功能。计算机技术的应用已经使记忆变得十分简单。

以上话语没有错，但是，存储在计算机中的重要信息究竟有哪些？它们在什么时候与什么情况下应该加以利用与发挥作用？如果我们的记忆没有一点印象，那么仍然会一头雾水。比如上司的日程安排就需要凭借记忆来起到提醒的作用，否则一旦出差错，我们总不能怪罪于计算机的失职吧！

计算机技术的应用只能帮助我们记忆，却不能完全代替我们的记忆，尤其是对这些记忆的“记忆”。

因此，有必要设计一个符合自己实际需要、用起来非常顺手、检索非常简单的高效率的记忆系统，把一切必要的记录、信息、数据、内容、备忘都加以整理后输入并存档，并确保在我们需要的时候能够快速轻易地找到自己所需要的东西。然后把那些与记忆有关的东西记在我们的大脑里，否则，时间一长，我们自己也会遗忘甚至找不到这些东西，再要从计算机上搜索与浏览，恐怕就会贻误时机。

为所要保存的资料和信息开发一个功能强大的文档系统，并且为这个系统的使用记住一切必要的程序及要点，这一点十分重要。

秘书应该为自己设计一个最为合适的文档存储与检索系统，

并且建立相应的自动提示与提醒程序。然后根据自己的记忆能力和工作习惯，确定计算机帮助记忆和自己记忆的界限，即哪些东西应该借助计算机，哪些必须靠自己的记忆。

即使有了计算机记忆系统，我们仍然不能忽视对自己的记忆进行有意识地训练，比如记住清单上的数字，记住稍纵即逝的信息，记住随时随地冒出来的想法或者感觉。往往正是这些难以即时记录的东西，恰恰就是我们最不能掉以轻心的，而且必须牢牢记住的，因为这些东西所包含的价值，有时甚至会比郑重其事的东西更为宝贵。

第二节　联想记忆

有能力记住自己想要记住或者需要记住的东西是很令人羡慕的，但我们千万不要以为这种能力是我们的天赋，因为记忆能力是通过后天培养才能获得并加强的。为什么有的人忘性大，有的人记性好，主要原因还在于是否用心。

用心并不是要死记硬背，事实上，记忆力超强的人对于十分枯燥乏味的数字也能记得津津有味、滚瓜烂熟，正是由于采用了正确的记忆方法，比如使被记忆物生动起来的形象记忆法，将要记的内容和其他事物联系起来的联想记忆法，才会产生特别明显的记忆效果。

联想记忆是利用事物之间的联系，运用联想进行记忆的方法。具体来讲，又可分为接近联想、类似联想、对立联想这三种。

形象联想，就是将某些平面的符号或者数字的读音形象化，使记忆内容具体地物化，成为某种方便记忆的东西。运用想象和联想，可以极为容易地获得生动的印象，使记忆的内容更加牢固。具体的方法是：

1. 先将需要记住的材料分类，对容易记住的要点结构化。

2. 对于要点之间的难以记忆的内容，以最直接的方式展开想象，看它像什么，是什么，或者类似于什么，这是指视觉上的联想；另外，也可以先将内容读出来，从声音上进行联想，感觉它的特点，通常这种声音会以节奏或音韵或顺口溜或一段近似于熟悉曲调的方式表现出来。

3. 将需要记住的材料与联想的借代物联系起来，确认两者之间的每个联系点。

4. 将全部材料由头至尾整理一遍，它由哪些要点、哪些联想、哪些形象或声音组成，默诵一遍，烂熟于心。

5. 隔一段时间，尝试回忆，加深印象，巩固记忆成果。

设定某份材料，试着用上述方法演练。熟悉与掌握这套联想记忆法，可以先从简单内容开始，然后，逐渐加大内容的含量和难度，直至我们能用这套方法习惯性地记忆任何材料。

第三节 感官记忆

顾名思义，感官是指人的感觉器官，包括视觉、听觉、触觉、嗅觉。研究发现，人的感官对外界的反应之敏感远远超过人的大脑，虽然这种感觉最终是由大脑得出结论，但第一时间仍是感官的感觉首先获得接触到的信息。

有趣的是，同样是感觉，记忆的效果却存在明显的差异。现代记忆比率的实验证明，同样一份材料，采用纯听觉的方法，三小时后能够记住 60% 的内容；采用纯视觉的方法，三小时后能够记住 70% 的内容；如果视听并用，边听边看，三小时后能够记住 90% 的内容。而三天以后，上述三种方法的记忆比率则分别降低为 15% 、40% 、74% 。

这就说明，如果要改善自己的记忆，有意识地借助感官功能将获得出乎意料的效果。

人对气味的印象是记忆深刻的，这也可以解释，为什么有些书籍在印刷时掺进某种香味的香水，成了香薰读物，恐怕不仅仅是为了突出书的时尚品味，而很可能是凭借某种特定的香味来加深读者对这本书以及其中内容的记忆。

人的触觉相对而言比较迟钝与麻木，事实上只有具体的物体才有可能调动触觉去进行记忆，比如火的灼热、雪的冰冷等等。

感官记忆的方法分为综合感觉记忆、朗读记忆、抄写记忆，这是由感官对记忆的影响及作用所决定的。

综合感觉记忆是指在记忆过程中，多种感官功能并用、互为补充地帮助识记和记忆的方法。比如眼看、耳听、口念、手写，凡是有用的方式都集中使用，这种记忆方法对记忆大篇幅的文字资料非常有效。

朗读记忆是指对需要记忆的材料一遍一遍地出声朗读、直到读熟为止的记忆方法。因为朗读能使我们的肌肉产生运动，使我们的大脑受到刺激，大脑因为避免读错而处于紧张状态，就会作用于注意力，使之保持高度的集中，从而由注意力引发强烈的记忆。

另外，由于朗读时不仅发出声音，而且听觉也在强迫接受和辨识这种声音，两种活动同步进行，发音器官和听觉器官同时运动，必然会增强对大脑的刺激效果，形成记忆的最佳状态。

抄写记忆则是一种“笨”办法，虽然有些费时，但却非常有效。抄写记忆是指为了记忆而用笔记来加深印象，强迫自己接受需要记忆的信息的方法。它的好处是不仅能记忆一次，而且之后能复习无数次。在抄写过程中，还会有助于理解、激发思考。常用的抄写记忆方法包括：摘录、索引、批注、评注、心得。

将一本书平放在面前，然后分别使用视觉、听觉、嗅觉、触觉去体验感觉的微妙差异，我们会发现，此时除了心灵格外宁静外，自己还能非常神奇地感知面前的内容，并且记得十分清晰。

第四节 重组记忆

加深记忆的印象，最好是用脑子认真想一下。经验证明，凡是仔细想过的东西，总是更容易记住，因为原始材料经过思考，已经成为我们自己的想法，而一个人的想法往往不是轻易就会淡忘的。

这就告诉我们，主动地将记忆的对象按照自己的思路来重新组织和整理，吸收与消化，其结果就会成为我们自己的意思而被郑重其事地放在记忆深处。这种重新组织和处理记忆材料的方法有很多种具体的表现形式，它们名称不同，做法各异，但效果却是相同的。

（一）归类记忆法

对记忆材料进行分类，然后根据内容的不同属性分门别类，对号入座。这种方法能够使错综复杂的内容变得非常简单而且具有概括性。

（二）提纲记忆法

把记忆材料分成若干段落，然后拟出相应提纲。

提纲是对内容的高度概括，它不仅便于记忆，而且便于回忆时寻找线索。

提纲记忆法的要求是直观性、概括性、条理性。意思就是说，在重组过程中，我们应该保持内容的基本，不能随心所欲，断章取义。

（三）网络记忆法

把记忆材料理解透彻，然后根据其内容各个部分之间的关系，用一张网络表来形象化表示。

关系是线，关键是线与线交叉的点，而线与点则构成一个记忆整体。

(四) 分段记忆法

把记忆材料分为几个段落，先记熟一段，然后再记一段，而记忆所用的语言则是我们自己对段落大意的理解。

(五) 缩略记忆法

在充分理解记忆材料的基础上，从中寻找出一些能够对回忆起到提示或概括作用的关键字或关键词，也就是核心要点，然后通过牢记这些字或词，使记忆变得非常容易和简单。一旦需要回忆，我们只需利用这些关键要点来进行提示与概括。

缩略记忆法有两种，一种是提示缩略，即强行记忆每一句中某一个最有代表性的字，回忆时只要一想起这个字，就会想起全部内容。另一种是概括缩略，即对提示字进行数量概括，比如三从四德、五讲四美，就是非常典型的概括性提示。

我们可以分别使用上述记忆方法，对自己手头所能找到的材料进行练习，从中体会各自的特点，并且养成用自己的话来说出记忆材料内容的习惯。

这种练习必须随时随地，长期坚持。

第五节 应用记忆

其实说到底，所有的记忆方法都不如应用记忆的效果来得明显。有句话是这样强调的：讲千遍不如做一遍，记千遍不如做一遍。用在此处极为贴切，一旦应用了，感觉和印象是完全不同的。记忆的东西毕竟只是理性的，只有亲身经历才是感性的，而实践证明，人的记忆对感性的东西最能包容。

从认识论的角度分析，应用过程是知识或信息转化为技能或技巧的过程，知识与信息容易遗忘，技能和技巧则印象深刻。

从记忆过程分析，应用记忆的内容是对内容的具体感知和保持，也是对内容的再认和再现。当我们将记忆内容实际应用时，我们必须为其设定应用程序和应用标准，而这个再创造的过程，已经由被动摄取迅速转变成了主动付出，这是至关重要的。它不仅使应用本身成为实践的过程，而且也使应用的有效保证本身成为创造的过程。两个过程的高度吻合，肯定会使我们的记忆更加深刻牢固。

当然，应用记忆的方法也是需要根据记忆材料的特点来区别对待的，有些我们可以亲自动手，有些我们只能借助想象。如果我们一味地强调应用记忆的实际运用，就会在资源不足的情况下增加失败的可能性。

由此可见，各种记忆方法都是人们根据记忆的一般规律总结出来的经验之谈，虽然经过实践验证，它们都是有效的，但于我们是否合适，则另当别论。

记忆作为一种特殊潜能，因人而异，但是通过训练，确实能够有效地改善和提高记忆能力。对秘书而言，我们的工作中确实存在着比其他职业更需要记忆的东西，但具体采用什么样的方法对我们更有效，最好还是自己亲身体验一下，然后形成适合自己实际情况的最佳的记忆方法。

第九单元　职业思考

本单元提示：

在我们的同事及朋友当中，总是会有这样一些人，做事说话都很用心，凡事常常会三思而后行，绝不人云亦云。这种人虽然活得比较辛苦，但是活得十分明白，活得很有想法、很有质量，也因此会让人非常羡慕与欣赏。

与他们相比，其他人则显得与世无争、平平淡淡，凡事习惯于看别人怎样做，然后自己再照着做，这样既踏实又保险。至于别人做的是否正确，则不愿过多考虑，最典型的自我安慰就是，即使错了，也不是只有我一个人做错。

这种普遍的从众心态，严重影响着人们的思维方式与行为习惯，以至于经常出现传销和邪教这些十分愚蠢丑恶的社会现象。

当绝大多数的人都懒得用心、都不愿意思考的时候，舆论便成了少数人引导多数人的工具，于是也就产生了“舆论导向”这个现代词汇。这个词汇的频繁使用，不仅证明了绝大多数人放弃了思考的权利，一切想法均以舆论为根据标准，同时也证明了少数人的意见已经影响并主宰着多数人的意见。

思考习惯的淡薄，无疑是人类发展最大的悲哀。

思考当然不是这样的。无论是形象思维，或者是逻辑思维，都是正确思考的方式之一，而要使思考的结果十分有效，思考的方法就显得十分重要。

第一节 直觉思考

从人对事物的本能反应来讲，直觉是一种条件反射的思考，虽然直觉听起来似乎没有什么道理，而且远没有合乎逻辑的思考更能使人信服，但直觉本身的瞬间思考过程，或者依靠直觉进行的思考过程，却同样充满了智慧。

直觉思考是触击式思考，与横向推理思考或逆向思考不同，它是过去经验积累的反弹。正是这些潜意识的直觉，帮助人们对某些无法解释或把握不定的事物做出排他性的判断。

直觉思考的结论只有是与非的选择，在第一时间，直觉告诉人们行与不行。直觉并不是一种错觉，而是人的过去全部相似经历或经验在这个是非问题上的条件反射。阅历越深，经验越丰富，这种直觉思考的准确性就越高。

千万不要小觑人的直觉，尤其是秘书，所有该发生、该经历、该体会的，都会成为直觉的资本。即使直觉只是一种潜意识，但在这时候冒出来，总会有它的原因或道理。

“为什么偏偏是它而不是别的？为什么它会顽强执著地从脑海深处迸出来？它有什么含意吗？”

我们就这样不断问自己，就这样继续想下去。结果不言而喻，我们所想知道并且得到的结论，正是我们思考以后唯一正确的答案。

对于秘书来讲，培养自己直觉能力的有效方法，首先是让直觉无所顾忌地出现；其次是对直觉进行提问，解答提问的过程就是分析思考的过程；再次是用类似经历来论证直觉的准确性；最后用思考的定论来验证直觉。

我们可以试举几个自己工作中运用直觉思考的案例，仔细琢磨与领悟其成败给予自己的启示，并且试着对身边发生的人和事做一些直觉思考训练，然后根据上述方法逐一对比，从而形成自己的直觉思考习惯。

第二节 推理思考

在秘书的日常工作中，推理思考是使用最为普遍的工作方法。

比如制订计划，我们必须先写下自己的目标，然后将实现这个目标所需要的资源、条件、时间进度及分配等写下来，随之评估所有的事实，包括可能发生的事情和潜在的后果，再进行逻辑推理，证明其可行与否，最后将思考结果写成结论。

人们经常说的逻辑思维，其实指的是正确的推理能力，逻辑包括分析与综合、抽象与概括、归纳与演绎等，它是事物符合其应有演变规律的正常过程。

所谓符合逻辑，就是符合事物的前因后果，有什么样的前因，必然会有什么样的后果，如果不是这样的后果，就称之为不合逻辑。

运用逻辑推理的道理来进行思考，就能用令人信服的理由以及确定的事实，排除其他的可能性，从而得到唯一正确的结果。

当然，运用逻辑推理进行思考，未必都是成功的结果，因为许多不确定因素的影响，或者几个关键理由的缺乏，或者某个程序的失误，都会造成不合理的结果。这就要求我们，必须选择正确的推理方式，注意可能的变数，把握所有的细节，明智地处理每一种可能出现的异常现象。

运用逻辑推理进行思考，一是可以帮助制订计划，二是可以有效评估计划，三是可以采用适当方式完善计划。

秘书的优秀品质之一，就是能够善于运用推理思考方法来理智地处理各类复杂的关系与棘手的问题，不仅检查他人，而且审核自己，使所有的事情都能以合乎情理的方式获得处理。

我们可以把自己工作职责中涉及推理思考的内容挑选出来，

认真想一想，正常情况如何推理思考、非正常情况下又如何推理思考，以此锻炼与提高自己的推理能力，比如试着对上司的某种我们认为是不可思议的决策或行为进行推理思考，上循其真正动机，下究其可能的结果。然后再想一想我们认为不可思议的理由，从中得到一些有价值的启发。

第三节 多向思考

如果把思考的出发点视为一个坐标的原点，思考的行为就会出现方向性的现象，这对解释与理解思考的角度与作用十分有益。

如果说推理思考是由一个点经过多个点到最终一个点的线式思维运动的话，那么多向思考则像一个点和以其为中心的一个可能很大的圆。从这个点出发，在结论这个范围内，可以横向，也可以纵向，更可以逆向，不同的方向可能会得出不同的结论，但不同的结论最终都能证明其中一个结论的正确性。

多向思考就是运用各种技巧，对原来就已存在的固定的或者传统的思想进行改进或改变，比如思考那些与众不同之处来获取超过原来思想的价值，或者思考那些类似之处举一反三来启发其他的思路，甚至思考那些与此毫不相干的可能性来重新建立新的可取之处。

挑战已被其他人接受和认同的思想，并得到新的有所改进的方法，这就是多向思考的作用。

曾经有这样的一道高考题用来测试考生的思考能力：有两个连起来的圆，它表示什么意思？它像什么东西？

考生都尽可以展开丰富的联想与多向思考，结果答案竟然有三十多个，考生能从一个简单的图形思考出三十多个答案，足以证明多向思考之丰富有趣。

当然，多向思考并不是胡思乱想，我们不要把杂乱的、极端的、不切实际的、毫无意义的想法与创造性想法混为一谈，因为只有与问题本身有关的想法，才能丰富我们的思考。

要想使自己比别人更聪明，最好的办法就是保持多向思考的习惯，并且把思考的结果与原来的东西作一番比较。具体做法是：首先，确认原来已有的想法；其次，以此为基础展开横向、纵向、逆向思维，尽可能想得复杂些、大胆些、离谱些，一旦感觉到某个想法颇有意思，立即加深思考，使之成熟并具有可行性；最后，把思考成熟的多个想法摆在一起，与已有的想法作比较，找出异同，加以完善。

任何已有的想法都是可以改变的，只要我们能够证明自己思考后的想法比它更为优秀。

我们可以找出自己工作中经常感到困惑的问题来进行多向思考，看看有什么更好的解决方法。我们也可以对上司的某个决定做多向思考练习，提出更为合理有效的建议，并且养成代替上司思考的习惯。

第四节　提问思考

如果我们觉得上述这些思考方法有些复杂，可能会影响自己的工作效率，那么，有一种最为简单有效的思考方法，可以成为我们的职业习惯，这就是提问思考。

所谓提问思考，就是将各种需要改变的东西，各种不解的现象，各种要求处理的事宜，都以提问的方式变成问题，然后，试图解答这些问题的过程就成了一个思考过程。如果思考的过程与结果，都能说服自己，那么思考就是正确的、成熟的；如果不是，则说明还有问题，还得深入思考，或者换个角度或方式思考。

提问思考通常有三种格式，在使用过程中，只要将一定的核心词汇放在里面，就会产生自然而然的提问效果。

第一种格式，凡事问一声“为什么”。比如，上司为什么要做出这样的决定？同事为什么会一反常态？客户为什么提出如此疑问？一切都照计划进行，但结果为什么会是这样子？

第二种格式，把情况交代清楚之后，问一声“怎么办”。比如，部门之间的误会明显影响了整个单位的正常运作，怎么办？要在如此短的时间内办妥这件事几乎是不可能的，怎么办？上司这样行事，明显违反了单位的制度，怎么办？所有的尝试都做过了，结果仍然达不到要求，怎么办？

第三种格式，多此一举地再问一声“有没有”。比如，在按照计划去做之前，有没有考虑过所有可能出现的情况？万一你的决定没有产生预期效果，有没有想过补救措施？我有没有深思熟虑地妥善处理这些问题？我有没有尽力收集可能收集到的全部事实来帮助自己得出正确的结论？

从上述例句中可以发现，无论是“为什么”，还是“怎么办”，或是“有没有”，都会强烈地促使我们按照提问的方式去试图作出回答，当我们不知不觉顺着提问的意思试图给出答案时，思考自然就会产生。

很显然，这的确是一种非常简单但却有效的思考方法，只要有意识地根据思考要求选用合适的提问句，结果就会如愿以偿。

因此，我们可以把自己目前面临的问题用提问的方式来加以设定，帮助自己做出正确的思考。或者将同一件事用三种不同的提问句来加以提问，体会一下不同提问句所引发的思考会有什么样的差异，然后体会一下其中的微妙，从而掌握不同的提问句分别应该在何种情况下使用的方法。

第五节 整合思考

我们知道，简单的思考只需考虑是非，但是对于重要的、决定性的事情或决策，仅仅这样做是远远不够的，当思考得出的决定涉及众多资源的占用和相当成本的耗费时，任何一点思考上的失误都会带来无法估量的损失。

因此，我们有必要对那些必须慎重行事的决定进行整合思考。

所谓整合思考，就是根据思考对象的特点，将多种思考方式中最有利于思考并且最有助于得出正确结论的因素整合在一个程序中，使思考过程具有多样性、综合性、准确性，这比用一种方式反复思考以及多种方式轮换思考具有更明显的优势：一是效率高，二是针对性强，三是方式得当，四是更加合理。

常规的思考方式往往是从起点到终点，无论怎样反复，始终是一根单线。整合思考则是将各种有用的线都牵到起点，然后整理组合成一条比单线更粗的线，并且尽量缩短起点与终点之间的距离，使之成为远比单线短得多的近似直线。说它是直线，是因为线越短，效率越高；说它近似，是因为可能存在变数，思考毕竟不会那么简单。

通俗地讲，整合思考就是在思考之前先对思考本身进行资源配置与方式重组，形成非常规的特定的思考方式，然后用这种量身定制的方式力求迅速而且准确地完成思考过程，得出应有的结论。

一般来说，常规性的问题可用其他思考方式，因为这样比较简单，也更有效率；而非常规性的问题，或者事关重大的问题，则最好用整合思考的方式，因为这样更为周全，也更为有效。当然，判断常规还是非常规，有赖于我们的直觉和经验，秘书工作做久了，很容易分清这种差别。不过，如有可能，还是应该都用整合思考的方法来处理，以提高我们在这方面的能力。

其实，所有的思考都可能是非常快速迅捷的，想得太多，结果未必正确。所谓深思熟虑，只是就过程而言，只要方法对头，思考也会非常简单。

第十单元　职业交际

本单元提示：

交际本身是一种利益需求的交换行为，人们为了寻求他人的理解与共识，通过感情交换的方式来获取自己需要的东西。当彼此的依赖性大于对立性时，双方就会成为朋友，反之则会成为路人甚至敌人。培根说过这样的一句话："真正的友谊是互惠的，彼此都会因友谊而受益。"由此可见，利益关系是人际关系中起决定性作用的因素，或者说人际关系的目的就是为了利益。

明白了这个道理，我们就不必有什么顾虑，把人际关系建立在利益需求的基础上，本来就是天经地义的事。

但是作为秘书，我们所建立并保持及处理的人际关系，并不都是我们心甘情愿的。当我们受人之托时，会不得不面对许多只能勉强为之的微妙关系。因为职业要求，我们必须建立起更为广泛的人脉，以便使自己的工作能够更为顺利。

人际关系是需要努力经营的。掌握和运用正确的交际手段，增进交际的质量，使自己的存在显得举足轻重，使自己的作用能够点石成金，这是一个秘书的终生课程。

指望获得非同寻常的人缘来使自己的职业表现更加完美，使自己的影响力更加明显，当然要了解人性的特点，懂得满足人性的渴求与欲望，并且帮助对方如愿以偿。

具体而言，提高自己的交际能力可以从以下五个方面做足工夫，无数实践证明，正是这五种基本方法，对人与人的交往沟通最容易产生积极的影响。

第一节　仔细倾听

人际关系是建立在良好的沟通之上的，当我们试图让对方真正理解我们之前，要想让对方对我们充满兴趣与好感，我们就必须善于倾听对方。

倾听是了解的基础，关于这一点，造物主最明白，所以人的嘴巴只有一张，耳朵却有两个，造物主的意思就是要人少讲多听。

其实善于倾听的人才是最为聪明的人，一是不会因为自己的多嘴多舌而惹麻烦。古训云：言多必失，祸从口出。二是能够通过倾听更多地了解对方。弗洛伊德曾经说过："如果你能使别人谈得足够多，他简直无法掩饰其真实的情感或真正的动机。"所以，如果想要探知对方不为人知的秘密，了解其内心世界的所思所想，最好的方法就是鼓励对方说话。三是能够充分满足对方的人性欲望，使他在倾诉的快感中更加感激和信赖我们。人性的弱点告诉我们，相对于欣赏别人的优点，人更乐于自我表现。一旦有人愿意倾听其讲话，他就会觉得自己受到了别人的重视。

莎士比亚说过这样的话："你的耳朵可以倾听所有人的谈话，但你的声音仅能给少数人而已。"

这正是秘书的处世经典。

当我们成为一个善于倾听的沟通对象时，我们的表现一定会给对方留下深刻印象。这是因为每个人都觉得自己的讲话十分重要，当我们专心致志地倾听对方讲话时，对方一定会感觉我们才是天底下最懂得尊重和欣赏他的人，并由此对我们产生好感与信赖。

能够产生强烈好感的倾听方法，主要包括以下几种：

（一）表示极大诚意

倾听对方需要真心实意，敷衍了事只会破坏对方的心情。倾听对方当然会占用我们的时间及精力，但既然我们已经打算倾听了，就应该表现出积极的态度，让对方感受到我们发自内心的诚意，否则还不如找个借口不听更好一些。

（二）体现极大耐心

对方所讲的内容未必都是我们感兴趣的东西，有时候对方的啰唆以及想法还可能引起我们的反感，但我们只有宽容地对待对方，相当耐心地听完对方的话，才有可能真正了解对方的意思，才能做出恰当地回应。如果我们稍有不耐烦或心不在焉，或者急于打断对方的话题，对方就会因为感觉不舒服而产生隔阂。

（三）保持真正兴趣

任何一个人的话语中总会有某些有价值的东西，这正是能够引起共鸣的敏感内容。要想得到更多这样隐藏着重要信息的东西，最好的方法就是对那些值得引起注意的内容做出好奇或关注的反应，让对方因此而卖弄甚至炫耀一番，从而透露出更多与此有关的话题来证明其讲话的重要性。

（四）给予积极回应

让对方兴致勃勃、滔滔不绝地讲话，需要我们做出一些适当的反应。比如用脸部表情来对对方的某些说法表示吃惊或恍然大悟或疑惑，对方必然会对我们的回应作进一步的解释，以加深我们的印象。

再比如用一些简短的语句来说出我们的感觉，如“这是真的?”“不会吧?”“这样子噢!”“我有同感。”“您讲得很有道理。”“完全正确。”这些短句带有强烈的祈使效果，能够十分巧妙地促使对方产生说话的兴奋感，形成非常融洽的谈话情绪。

（五）进行适当反馈

如果整个倾听过程我们只会“哦”、“哦”地点头，对方一定会越讲越没劲，即使我们全神贯注地看着对方，这种平静和平淡仍然会让对方逐渐乏味。因此，有意识地在对方讲话的阶段性停顿时，通过适当的插话来表示我们的理解，或者在某些重要意思表达不清楚时打断对方，比如“您刚才的意思是不是?”希望对方重复或给予回答，会有效地激发对方的兴奋点，从而提高对方讲话的兴趣。

交际培训的第一步就是学会倾听对方的方法，这对建立与保持交际关系具有举足轻重的作用。

我们可以用一些对方感兴趣的话题来引导对方讲出自己的想法，然后适时鼓励对方继续讲下去，借以训练和提高我们的倾听能力。如果对方一反常态，说话时间超出了过去的习惯，这就证明我们的方法运用得当，而且丝毫不用怀疑，对方在感到从未有过的愉悦时，也会加深对我们的好感。

第二节　由衷赞美

在交际过程中，用最简单、最平常的语言来赞美对方，对我们来说也许只是轻而易举的事，但对于对方来说，其意义却非同凡响。这是因为人的内心深处都有一种强烈愿望，都想要得到别人的认可，得到别人的赞美，以此证明自己的存在会对别人产生重要的影响。

无论出自什么样的动机，赞美对方的结果都能感动对方，并且拉近双方的感情距离。其实赞美对方不仅会使对方感觉良好，而且也能够使我们自己感觉美好，当我们由衷地赞美对方时，真的会从心里产生一种宽容的快乐。

千万别以为赞美对方有些肉麻或庸俗，其实，赞美本身只是一种策略及态度，目的是改善交际状况，提高沟通效率，净化谈话心灵，引发共同话题，增进双方感情。

赞美对方是一种促进交际的有效方法，只要双方都能感受愉快，内容并不重要。如果过分在乎赞美对方的语言表达及表达方式会有这样或那样的别扭，那么，不是感觉出了问题，就是动机出了问题。

赞美对方无需成本，赞美是最为经济的交际方式，只要这种赞美不是小和尚念经那样有口无心地常挂在嘴边，而是郑重其事地在不经意间明确告诉对方的，它就会产生意想不到的沟通效果。

赞美对方就是恰到好处地抬举对方，当我们有意与对方搞好关系或达到某种目的时，不用任何人来教我们，我们也会表现得非常不错。

但是，想要使赞美对方的行为达到真正感动对方和激励对方的目的，还是有必要强调以下几点原则。

（一）赞美要真心实意

勉强的敷衍及客套的恭维都很容易被对方识破，前者显得心不在焉，后者显得做作。只有发自内心的真实感受才有可能打动对方。因此，赞美对方时要调动一切情绪，从心底涌出强烈的感情，真诚地说出我们的感觉。

（二）赞美要恰到好处

赞美能否达到良好的目的，一看场合的选择，当众赞美总比私下夸奖更有效果；二看分寸的掌握，不到位的赞美如隔靴搔痒，过头了的赞美难免庸俗；三看时机的把握，雪中送炭般的赞美远比锦上添花更让人印象深刻。

（三）赞美要恰如其分

好话人人都会说，但要使好话既让对方听着心里舒服，又激发起他的自信心和斗志，则应该使用合乎对方身份及文化程度的用词，否则不仅我们自己觉得别扭，对方也不好受。

（四）赞美要投其所好

每个人对赞美的话都会有本能的取舍，只有找到对方最希望被赞美的内容，也就是兴趣点，这种赞美才会得到对方的认同，对方才会接受。因此，必须用对方喜欢听的话来赞美，并且用对方喜欢的方式讲出来。

（五）赞美要强调内容

没有内容的赞美只是应景之作，不说也罢。要想让对方重视与享受我们的赞美，我们就必须准确无误地以某个实在的内容作为赞美理由，让对方感到我们是认真的。

（六）赞美要讲究方法

郑重其事地赞美当然比随意地夸奖更能打动对方。

实践证明，在赞美方法上多用些心思，无疑会大大提高赞美的有效程度，尤其是那些特别的赞美方式。比如引用重要人物的观点或人们的公论来证明对方是当之无愧的有影响力的人物的间接赞美方法；或者自己不说，而是通过别人说出来的借代赞美方法；或者用欣赏代替夸奖的含蓄赞美方法。这三种赞美方法运用得当，都能体现秘书的职业素养。

当然，任何方法都依赖于对对方的尊重，也有赖于我们自身的影响力，只有具备这些条件，我们的赞美才有可信度，才能发挥作用。

第三节 认真关注

交际的目的是为了建立人际关系，以便从中获得自己的利益需求。因此，如果初次与人交往而记不住对方的名字，就意味着我们失去了可能有利于自己的潜在价值。

秘书总是会习惯性地向初次结识的人做出礼貌性的表态，相互交换名片，询问及了解对方的有关情况，认真地谈一些对方感兴趣的话题，然后将对方的资料记录下来，给予持续适当的关注。

对秘书而言，每个人都很重要，只是有些现在比较重要，有些将来才会比较重要，或者重要的程度有所不同而已。问题是，我们对他们的态度不能有任何明显的亲疏，尤其不能唯利是图，否则他们就会识破我们的意图，进而冷落我们。

所以，聪明的人总是不露声色的，始终如一地在细节上下工夫。比如记下对方的个人详细资料，甚至其亲友的相关资料，经常性地更新这些资料，第一时间掌握对方的近况，一旦再次见面就能给对方一个意外的惊喜。

另外，保持适当的联系，在对方最容易忽略的细节上给予关注，同样能够不断加深对方的好感。比如在对方生日的时候送去一份贺礼，在对方遭遇不快时致电表示关心，甚至通过一些小小的举动郑重其事地关心他的生活细节，特别是在对方没有在意的情况下保持我们的关注程度，这都会使对方非常感动。

人就是这样，对惊天动地的举动只是做出理所当然的反应，细水长流的行为才会铭记于心。认真保持这种关注，经常与对方通个电话，发个电子邮件，或者见个面喝喝咖啡，谈一些轻松话题，甚至适当地谈一些自己的困惑甚至心事，或向对方请教，都会让对方觉得他才是你最值得信赖的朋友。一旦对方意识到自己的重要价值，接下去的事就容易得多了。

当然，所谓关注，也要因人而异，而且要表现得十分自然，否则就会弄巧成拙，引起对方的警觉及怀疑。一旦对方认为我们的关注另有企图，那么我们的努力就会变得十分滑稽。

因此，秘书必须为自己设定一个标准，什么样的人需要关注？什么样的关注方式才最合适而且最有效？这不仅仅是合理地使用资源，包括精力、时间、费用，而且也是依据价值来做正确的事。

做一件正确的事比把一件事做正确更重要，处理人际关系时尤其如此。重要的是让对方觉得我们非常重视他。

关注的方法分为三个步骤：一是建立联系，二是保持联系，三是加强联系。后两者都是通过利用弱刺激力来保持对方对我们的记忆，并且积小胜为大胜，逐渐积累感情，由量变到质变的过程。尤其是无微不至的关心，非常认真的关注，通过秘书的专业性表现出来，会让人无法抗拒。

第四节　热情帮助

在对方请求帮助时尽力提供帮助，这是一种职责；当对方需要帮助但还犹豫不决时，能够及时给予其帮助，这是一种美德。

帮助从来都不可能是无私的，如果不是为了对方今后的回报，就是为了满足自己现在付出所得到的快乐。

帮助对方意味着我们在乎对方，也意味着我们有能力提供帮助，帮助是为了使对方如愿以偿地实现他自己的想法。

每个人都有力不能逮的地方，每个人也都有脆弱的时候，在对方最为无助的时候给其一臂之力，于我们而言可能只是举手之劳，对对方而言可能是雪中送炭。

帮助对方绝非送些东西或接济些钱物那样简单，因为在人际关系交往中真正需要获得帮助的，无外乎四种情况：一是处理问题，二是解决困难，三是化解危机，四是实现理想。正是当对方凭一己之力不可能应对这些情况时，才会需要借助他人的能力来帮助自己。

大多数人不到迫不得已的程度，不会公开求助，因为公开求助会说明自己无能。这就为我们提供了两种选择，一种是在对方请求帮助的时候，毫不犹豫地按照对方的需求去做；另一种则是对方未有表示，但我们觉得有必要，便以对方能够接受的方式提供其帮助。

最能令对方感动的当然是后者。很显然，意料之中的帮助理所当然，对方早已有心理准备；出乎意外的帮助令人激动，因为它更能体现出施助者无微不至的关心。

因此，帮助对方最好的方法就是：

1. 充分了解对方的现状，对那些可能需要提供帮助的地方给予特别关注。

2. 在对方感觉无助的时候及时提供帮助，并且让他知道这是我们力所能及、理所当然的表示。

3. 帮助的内容应郑重其事，帮助的方式轻描淡写。这也就是说，帮助的价值能够超过他的预期，但帮助的行为本身非常低调。

4. 明确告诉对方，帮助他是我们深思熟虑的正确的决定，如果他拒绝，必然会影响彼此的交情。如果他客气，当然也在情理之中。

5. 提供帮助之后，只关注对方的结果，绝不再提及任何有关帮助的话题，无论是在对方面前还是在他人面前。

6. 只要对方仍有需要，就继续给予帮助，直到对方完全不需要这种帮助为止。

第五节　真诚感染

感染力是一种在潜移默化中征服人心的精神力量，也是交际过程中令人无法抗拒的一种魅力。

具有感染力的人对他人总会产生相当大的吸引力和影响力，这是因为别人被他的人格魅力和气质风度所深深折服，不知不觉地欣赏甚至崇拜他，心甘情愿地相信且听命于他。

在交际能力中，感染力是唯一一种没有行为性和强制性，却能够积极影响他人的能力。

那么，感染力到底具有哪些特点呢？

（一）人格魅力

人格魅力是感染力最本质的东西，它包括坚忍的意志、执著的信念、善良的心灵、真诚的态度、正确的人生观、强烈的正义感、丰富的学识、出众的才华、高尚的品质、优雅的情趣，这些东西的每一项都可以单独写成长篇大论，可见内容的丰富整合会产生多么巨大的感召力和影响作用。

（二）气质风度

气质温婉恬静，风度优雅脱俗，都会令人佩服得五体投地。

一般来讲，气质温婉的人情感比较含蓄细腻，待人接物比较通情达理，其内涵的深厚与内心的安详，颇有“随风潜入夜，润物细无声”的功力，从骨子里渗透与弥漫出来，令人陶醉，令人沉迷。

风度优雅的人，谈吐比较斯文，举止相当得体，谈笑风生之间透出大智若愚的聪慧，举手投足之间显示与众不同的修养。

（三）成熟性感

真诚坦率的性格恰如其分地流露，能够有效控制沟通的现场气氛。凡是性情中人都有非凡的才能来影响他人，而成熟就是把握分寸，使感染力能以最合适的方式发挥作用。

人类就是感性的动物，感性能给予人愉悦和审美快感，感性所蕴蓄美的魅力摄人心魄，它能净化人的心灵并使之更加美好。“士为知己者死，女为悦己者容。”一切健康美好的自然现象都是生命的本质，它所产生的感染力是最原始的，也是最强烈的。

对于秘书来讲，拥有感染力并非一种奢求。

事实上，有些工作经历的秘书，或多或少都会有些感染力，这是与人打交道的职业特性所造就的。但是，原始的积累远远不够，当我们希望在同事中树立起自己的威信，在工作中发挥更大的协调与领导作用时，我们就会明白，感染力会有多么神奇的作用。

培养自己拥有更强的感染力，可以从以下几个方面用心：

1. 使自己的性格获得更多人的喜欢。

2. 保持自己的独立见解。

3. 与别人保持适当的距离。这是指接触的程度而不是心灵。

4. 以宽容大度的心态处理人际关系。

5. 总是能在别人需要的时候提供帮助。

6. 在任何时候、任何情况下都不失态。

7. 随时以自己的阅历及经验为别人提供正确的建议。

8. 对自己很讲究，对别人不计较。

9. 小事糊涂，大事清楚，注重细节，强调结果。知道怎样取舍。

10. 学习别人的优秀品质尤其是感染力，将其融入自己的表现之中，成为自己鲜明的个性。

11. 凡事为别人着想，并且适当地表现出来。

12. 改变自己不是要求改变得面目全非，事实上，我们也不可能使所有的人都对我们心悦诚服，只要大多数人能够认同我们，就已经是相当不错的成绩了。

13. 培养感染力的时间过程可能非常漫长，除非我们是天才或者有惊人的天分。但如果坚持不懈地长期努力，结果一定会水到渠成。

我们可以对自己现有的感染力做一次评估，看看我们在家庭、单位、社会上具有怎样的感染力。方法很简单，以十人为限，他们当中多少人对我们有兴趣，尤其是对我们的想法及行为会有怎样的积极反应，以此作为测评标准，比例的多少代表我们感染力的影响程度。

第十一单元　职业应对

本单元提示：

和上司或领导打交道，这是秘书职业性质所决定的，应对得体，就能得到上司或领导的赏识；相处得当，就能获得上司或领导的尊重。

与上司或领导共事，应对之道在于做人要尽量职业化，做事要足够专业化，只有这样才能应对自如，进退随意。

当然，不同的人和事，自然要用相应的态度去面对，要用相应的方法去处理，这就叫因人而异，因事而宜。

而所有这一切，都必须建立在对人性充分了解的基础上。

第一节 直属领导

和上司建立并保持一种良好的关系是秘书的头等大事，传统的秘书只是上司的助手，现代的秘书则更像是上司的搭档，这种互动关系决定了秘书必须全心全意地了解上司，全力以赴配合上司的工作。

每个人都有个性，上司更是如此。大凡掌握权力的人很少会顾及别人的感受，也没有时间和心思去考虑别人的想法，很容易随心所欲。所以身为上司者，在秘书看来，个性往往都很鲜明。

对待不同个性的上司，当然要有不同的方法，如果我们只顾自己的习惯，由着自己的性子做事，肯定会让我们的上司无所适从。这种主次颠倒的结果必然是自己迟早得离去。

对于秘书而言，了解上司的性格、脾气、爱好、习惯、生活以及工作方式，是做好自己本分、发挥自己能力、辅佐与配合上司开展工作的重要前提。对上司了如指掌，我们就能做出最为准确而且最为清晰的反应。

态度温和的上司，秘书能容易与之沟通；性情暴躁的上司，秘书则需避实就虚；有条不紊的上司，秘书相对轻松，完全可以按照上司的思路行事；而毫无章法的上司，秘书就要费些心思，帮其分清主次，然后请上司定夺。

一般而言，上司个性开朗，秘书就容易与之相处；上司信任部下，秘书就比较辛苦；上司事必躬亲，秘书就不用操心。

秘书与上司是一种互补关系，而上司的不足之处，也正好是秘书发挥自己的经验和能力予以弥补及协助的大好机会。

秘书与上司的关系犹如左右手掌，上司是那只起主导作用并且最为有力的手掌，秘书则是另一只积极配合给予呼应的手掌，彼此配合度越高，呼应力越强，拍出来的掌声就越响。

秘书与上司的关系好比鱼和水的关系，鱼有水而活，水因鱼则清。如果上司是水，秘书则是鱼，上司需要秘书面面俱到、一丝不苟地发挥作用；如果上司是鱼，秘书则是水，秘书应为上司提供畅游的空间，让上司的才华尽显。

配合，当然会有矛盾，秘书与上司意见相异甚至发生争论都是很正常的事，只要秘书有责任感并且认真，这种矛盾和争论就不可避免，除非秘书缺乏主见，又不愿意操心。

秘书不能忘了自己的身份，毕竟只是秘书，从职务上，从情理上，我们都位居其次。因此，在方法上，必须以上司考量为依据；在策略上，必须让上司知道我们的本意。

具体来讲，一是要设身处地站在上司的立场考虑问题。基于对上司的充分了解，辅之以我们从旁观者的角度作出另类的判断，然后以适当的方式在恰当的时机向上司提出来。二是要切实有效地向上司提供建议。仅仅有看法还不能解决实质问题，事实上，上司在我们帮他重整思路时，更需要我们委婉或者直截了当地提出不同的解决方法。

秘书的重要价值在于其不仅能够帮助上司考虑周详，而且能为上司出谋划策；能够在帮上司小忙的同时，又帮上司的大忙，上司对我们秘书的依存与依赖程度，自然可想而知。

与上司保持适当的距离，在他需要我们时悄然出现，在他不需要我们时悄无声息。让他既知道我们的存在，又感到我们的知趣，这是秘书维系自己与上司关系的重要之处。

无论是协助还是配合，秘书对上司的影响都是确实存在的，重要的是把握好“三要三不要”的原则：一要了解上司，二要体谅上司，三要帮助上司；一不要给上司压力，二不要试图改变上司，三不要经常提建议。

第二节 大小领导

上司上头还有上司，当上司的上司要我们去办某件事时，我们的上司当场会如何表态？我们又该如何对待？

不过，现实生活中，大上司这样越权指挥的情况很少见，如果不是万不得已，他还是会顾忌下级的面子的。一般来讲，他会通过我们的上司表达这种意思，或者直接向我们的上司提出来，由我们的上司决定。

如果大上司总是越权指挥自己下级的秘书，他也不会甘愿让我们当他下级的助手，早就会把我们调到他身边成为他的秘书了。所以，大上司因为我们的缘故而做出让小上司为难的事，基本上不太可能会发生。

但是仍然不能排除在特殊情况下，大上司和小上司会分别嘱咐我们去做他们交办的事。即使大小上司都有交代，我们也没有什么好为难的，我们为谁当秘书，当然就得听谁的指示，这是天经地义的事，任何人都会懂得这个道理。如果我们碍于情面而讨好大上司，大上司也会对秘书冷落自己的上司而曲意逢迎自己的这种品德表示怀疑。一个对自己的上司不能全力以赴的忠诚的人，本质上应该“枪毙”！

所以，最好的办法就是尊敬大上司并对其保持应有的距离，听命小上司而且毫不犹豫地去处理他交代的事。

只要我们有礼有节，分寸得当，举止得体，在全心全意为小上司服务的基础上，由小上司来安排我们为大上司做点事，那么我们就能“大”“小”兼顾，都不得罪。

第三节　多头领导

有些单位里的秘书或助理并不是专为某个上司服务的，比如接待秘书、行政秘书、公关秘书、部门助理、行政助理等，这种不限定具体服务对象的综合性职务，让秘书在实际工作中常常会遇到不知听从哪位上司才好，不知在上司之间如何处事的困扰。

只有一位上司，秘书当然相对容易一些，因为我们只需揣摩一个人的禀性脾气和做事风格，工作起来当然不必那么操心。但多位上司则会性格不一，即使我们察言观色、善解人意，也很难在同一时间里因人而异变换心情，让每个上司都对我们满意。

实际上，身为上司，都喜欢让部下为自己做些具体工作，分担自己的压力，哪怕这个部下并非只为他一人服务，但只要有机会、有可能，尽量独占部下为自己效力，仍然是每个上司的本性。

这就会让做秘书的非常为难，厚此薄彼，虽然身不由己，但其他上司未必会对此表示谅解与宽容，万一不小心忽视或怠慢了某位上司，不仅会遭其怪罪，其他的上司也不一定会为我们说好话。

这是有关上司关系协调的学问，只有掌握与运用好这个本领，我们才有可能巧妙地周旋于多位上司之间，既不得罪任何一位上司，又能发挥秘书的作用，还能得到大家满意的评价。

上司关系协调既包括秘书与上司之间的关系，也包括上司与上司之间的关系。当我们面对多位上司的指示或要求可能无所适从时，最好的对策就是依下列准则来进行处理：

1. 专心致志地为自己的直属上司服务，首先对他一人负责，帮他树立形象和解决问题。

2. 专心致志地为最高上司服务，众多上司中总有地位最高的上司，当意见和指示众说纷纭时，服从最高上级的肯定没错，其他上司对此也不会有什么异议。

3. 不参与上司之间的是非纠纷，不在直属上司面前议论其他上司，也不在其他上司之间议论是非。

4. 当上司之间发生矛盾时，巧妙劝导自己的直属上司退出冲突，避免事态恶化；或者设法劝导职位稍次一些的上司，给职位较高的上司一点面子。比如，转移其注意力，用其他的事岔开上司争吵的话题；或者多说说另一方的好话，引导上司多角度思考问题；或者先肯定其说法有道理，然后再婉转提出自己的建议。充当“和事佬”的角色，让矛盾双方都有台阶可下。

5. 认真做好各类文字记录，严格按照既定的规章制度和操作程序行事，不偏不倚地做好自己的本职工作。对事不对人，保持客观公正的立场，当好办事员，而不是当多位上司的佣人。

6. 充分发挥秘书的作用，加强上司之间的信息沟通和感情交流，减少上司之间因为沟通不畅所造成的误会。

7. 在协调过程中既尊重对方，又做好服务，更及时指出问题。站在对方的立场理解对方的意愿，消除对方的误解，解决对方的困难。把自己视为管家而不是仆人，我们就会知道该如何去服务众多的上司。

第四节　问题领导

（一）任人唯亲者的应对之道

上司重用自己信得过的人是天经地义的事，秘书对此应该处之泰然。

上司能够唯才是用，当然最好，但如果上司任人唯亲，也并非什么大不了的事。如果我们过分计较上司在用人问题上任人唯亲，只能说明我们不谙人情世故。

任人唯亲还是任人唯贤，是并非所有的人都能很好地解决的问题，我们要理解上司的苦衷，用自己信得过的人听话，用听自己话的人顺手，任何一位上司都会这样做，了解这一点非常重要。

对秘书来讲，我们只能影响上司，不可能改变上司。关键在于我们怎样让上司明白，任人唯亲应该适度，如果过分，受伤害的会是他自己。

上司任人唯亲，原因无外乎三种：一是对别人不放心，二是别人伤害过他，三是他手下确实缺少有能力的人。

其实任人唯亲未必都是坏事，只要重用的人忠诚能干，明白事理，懂得分寸，关系密切的人反而会更有帮助。但有时候上司也会看走眼，把庸才、蠢才、奴才留在身边，却把那些有德有才的人弃之不用。因为有德有才的人通常都很有个性，容易伤到上司的自尊心，平庸的上司往往无法忍受这些个性。结果，被重用的人倒是很听话，但办起事来却难免无能。

上司任人唯亲，秘书应该顺其自然，在可以容忍的范围内，不妨依足上司的意思行事，让上司信任的人发挥作用，通过事实来让上司了解任人唯亲的利弊。

聪明的秘书会鼓励上司任人唯亲，同时积极设法帮助上司提高任人唯亲的质量，在任人唯亲可能造成问题的时候，提醒上司作出及时、适当的调整，拓展上司用人的视野，让上司多一些选择。

秘书需要把握的原则是对事不对人，如果在人际纠纷或人事是非里纠缠不清，不仅容易给自己带来麻烦，也会影响到上司听从我们建议的可能性。

上司一旦选择了任人唯亲的做法，秘书就应该做到对有德有才者的充分支持，对有德无才者的尽量帮助，对无德有才者的提高戒备，对无德无才者的敬而远之。

总之，上司的任何决定总有其道理，秘书应该和上司保持一致，对上司的失误给予宽容，对上司的错误给予弥补。顺着上司的性子，让上司在任人唯亲的过程中逐渐形成一种良性的思维方式和判断标准。

（二）不负责任者的应对之道

不负责任的上司大多是一些非职业人士，因为没有根本的利益牵扯，对他们来讲，责任是一种负担和制约。了解这一点后，秘书就可以据此判断自己的上司是否负责任。

不负责任是小人的品德，而这种小人往往比普通人更加道貌岸然。

有两种办法可以帮助我们判断自己的上司是否负责任，一是需要他负责任时，他是否会扬长而去；二是确认他应该负责时，他是否会强词夺理。凡是对分内之事轻描淡写、对身外之事冷眼旁观的上司，当属不负责任之列。

面对不负责任的上司，我们也要分清以下三种情况：一是他原本就负不起这个责任，我们怪罪他也是冤枉；二是他应负责但不愿负责，我们强迫他也是白搭；三是他已负责而没有真正负责，我们恨死他也是没用。

应付不负责任的上司，我们要清楚他的为人，因为这种人太过自私，根本不值得信赖。如果接受他的指示，或者分担他的责任，我们必须要大声重复一遍，最好让其他人也能听到。这样做的好处是当他不负责任的时候，我们不会为他白白牺牲；或者干脆另谋高就，远离是非。为不负责任的上司做事，秘书始终会胆战心惊、如履薄冰。

秘书当然要替上司受过，但前提是上司值得我们这样去做。如果上司要求我们承担不应该承担的责任，对我们来讲无疑是一种伤害，对单位来讲也未必有什么好处。

（三）人品粗俗者的应对之道

人品粗俗的上司通常文化不高，因为率性，所以待人处事比较随意；因为不太有文化，所以缺乏修养，没有涵养，做人做事也难免有些不堪入目。

人品粗俗的上司的格调都比较低，为了引人注意，人前喜欢讲些黄段子，人后喜欢讲些是非。因为粗俗，所以一旦不顺心，态度往往会十分粗鲁，说话往往会没有分寸。

粗俗的人只要发火，腔调一定非常难听，如果和这样的人争执，有可能像捅了马蜂窝，其形很惨，其状更惨。

样子粗俗的人从表面就能识别，人品粗俗的人接触后才能知道。人品粗俗的人骨子里就有一种近乎野蛮的庸俗，他和别人打交道时，即使想扮斯文，感觉也很别扭。这种粗俗非常霸道，也根本无道理可讲，我们若要想和他论个高低，那真是愚不可及。因为和这样无可救药的人纠缠，我们也会和他一般见识，变得没有教养。

人品粗俗的上司对部下不会讲礼貌，即使他想善待部下，但憋不了五分钟就会故态复萌。他会随时随地顽强地表现出他的本性，他想让部下对自己心服口服，唯一的办法就是征服部下。如果别人不愿和他一般见识，正好让他随心所欲地发泄淫威。

人品粗俗其实是一种文化缺失导致的病态，也是一种性格扭曲，有这种毛病的人可能也很想改一改，但无论他怎样努力，结果总是不尽如人意。

粗俗有时候会被误认为直率，但直率很可爱，粗俗却很讨厌，两者的区别在于本质，毫无掩饰的真性情往往最能说明问题。

和人品粗俗的上司相处，我们可以守住这样一条底线：无论他怎样粗俗，我们都应保持自己的高贵优雅和独善其身。只要他粗俗，就不搭理他，只谈工作不谈其他。对他的粗俗不屑一顾，对他的粗俗一笑了之。

我们越从容淡定，越泰然处之，他就越在意，越会小心翼翼，生怕我们瞧不起他。当他觉得在我们面前总是有些俗的时候，当他感觉到和我们的温文尔雅格格不入时，他自然会有所收敛，并且从此对我们肃然起敬。

人品粗俗并不难对付，关键是我们要以自己的行为举止向上司清楚地表明我们讨厌粗俗的态度，因为在上司的眼中，自己的秘书无疑是一杆标尺，既能衡量他的人品，又能衡量他的水准，如果连自己最为心腹的秘书都会嫌弃他，那会令他非常自卑。

（四）心胸狭隘者的应对之道

心胸狭隘的上司心眼儿必定很小，当别人在一起说话时，他也会怀疑别人是在议论他。

心胸狭隘的上司往往私心极重，因为私心重，所以就会苛刻他人。只要别人稍微不如他的意，他便会记在心里，一笔一笔地找时间算账，绝对不会轻易忘记。

心胸狭隘的上司特别记仇，谁要是得罪了他，哪怕是一丁点小事，别人早已忘得一干二净，但他也会视为烙印，只要一有机会，他一定设法报复，否则他心里会特别难受。

心胸狭隘的上司很计较，只要他自己觉得吃亏，就一定会争个明白。如果别人想占他便宜，那就像掘了他的祖坟，不和别人拼个你死我活，他恐怕一辈子也不会原谅自己。

心胸狭隘的上司猜忌心特别重，凡是不合他口味的人，基本上都会被打入另类，无论是否有事，他总会怀疑别人在和他作对，哪怕对方毫不知情，他也会找碴儿来修理对方。

要想知道自己的上司心胸是否狭隘，我们可以注意看他的眼神是否鬼祟，表情是否暧昧。相由心生，大凡心眼儿比较小的人，五官都比较紧凑，神态都比较拘谨，谈吐都比较局促，举止都比较别扭。因为他始终要防着别人，不仅要用心思，而且要用心机，久而久之，人也会变得很不自然。

和心胸狭隘的上司相处确实是一种痛苦，所有正常的事情到了他那里，都会被他狭隘的心胸压扁变形，由正常变成了不正常，而我们还得习以为常，装作毫不在乎，即使心里不情愿，还得按他的意思去办，一点儿也不能含糊。

真是怎一个“唉”字了得?

其实应付心胸狭窄的上司，也有一些办法可以选择:

一是装作若无其事，对上司的禀性满不在乎。我们大大咧咧、没心没肺，上司如果再和我们玩心思，那他自己也会觉得很没意思。

二是具有博大胸怀，包容上司所有的缺点。我们不妨自己劝自己，大人不计小人过，他那也是一种病，何必与他计较。

三是针锋相对，表面上决不软弱。因为我们越忍气吞声，他就越得寸进尺、肆无忌惮。如果我们以为惹不起躲得起，不和他一般见识，那就错了。因为凡是心胸狭隘的人，别人越忍让，越会使他生疑。我们只有正颜厉色地对待他，才有可能迫使他大度一些。只要我们行为端正、处事公道，谅他也不敢无事生非。因为对他而言，自己的秘书若是和他对着干，会让他很没面子。秘书忍无可忍，说明上司的确过分，这必定有损上司的领导形象。抓住这一点，我们就可以制约他。

至于究竟采用哪种方法更合适，实在是见仁见智，只要上司的心胸并非狭隘得很离谱，那么第一种或第二种方法就足够了。

（五）不够检点者的应对之道

现实环境中，上司在举止上表现轻佻、语言上庸俗低级的情况并不少见。严格地讲，办公室的性骚扰大多是由这类行为不检点的上司造成的，这也给女性下属带来了非常大的困扰。

行动上的骚扰容易回避，但是语言上的挑逗较难躲避，这类貌似成人笑话的骚扰，对别人不好启齿，诉诸法律又无凭无据，而且对方是我们的上司，我们又不便翻脸或者发火，否则对方会认为我们假正经、神经过敏。

但如果我们不加以制止，他又会得寸进尺、变本加厉。

怎么办?

应付这种喜欢占异性便宜的上司，可不能让他太难堪，否则他会恼羞成怒。因此，最好的办法是尽量避免和他单独相处，尽量和他保持适当的距离，同时用正气凛然的态度表明我们的反感，或用毅然决然的行动表示我们的厌恶。

我们必须记住，任何隐忍的想法或暧昧的态度都会姑息、纵容对方，最终令自己受到伤害。

用幽默化解的方法则比较明智，因为聪明的职业女性都知道，女性的神经不能总是处于高度戒备状态，把自己弄得太紧张，实在太辛苦，对工作也不利。所以，最好是把轻微的骚扰在嬉笑怒骂之间化解成风趣，这样既能使上司不丢面子，又能让他明白我们的立场。

（六）缺乏诚信者的应对之道

生活中不讲诚信的事屡见不鲜，受此社会风气影响，上司也难免会有这样的弊病或恶习。

某单位接了一个订单，领导见大家干得热火朝天，忍不住对秘书说了声："别忘了告诉大家，做完这单我要论功行赏，每人发五百元奖金！"

秘书很高兴，赶紧把领导这个意思传达下去，大家干得更欢了。任务完成之后领取工资，大家见自己的工资单上并没有什么变化，于是有些纳闷，便纷纷来问秘书。

秘书也觉得奇怪，但以为领导会另外单独发奖金，就劝大家再等等。

下个月发工资时还是老样子，大家沉不住气，又来问秘书。

秘书见领导一直没动静，找个机会提醒领导，没想到对方满脸讶异，反问一声："我有这样说过吗？"

秘书当场恨不能晕过去。

领导说话不算数，本没有什么稀奇，秘书要如此当真，岂不有些幼稚。秘书一旦把自己的诚信押在领导身上，到头来苦的还是自己。

如果上司缺乏诚信，唯一的对策就是对他所有的话都表示半信半疑，以此来暗示他的诚信有问题。或者把他说的话记录下来，以此防备他以后赖得一干二净，或者干脆辞职离去，因为继续做这种人的秘书，一定会苦不堪言。

（七）心情沮丧者的应对之道

上司心情沮丧往往是因为事情办得不顺利，或是因为工作及家庭的压力太大。

其实，上司心情沮丧只是一种偶发现象，过于为他担心毫无必要。如果上司天天如此，他自己不郁闷成病才怪。所以大多数时间，秘书不必为他操心，只需用自己的好心情去营造一种闲适宽松的氛围，让上司无忧无虑。

但上司一旦真的心情沮丧，秘书也不能完全听之任之，因为上司心情不好，不仅会把所有的东西都看成灰色，而且还会因此影响到其他人的情绪，导致整个工作团队很郁闷，做起事来很没劲。

一般来讲，人在心情沮丧时比较低调，不会像心情暴躁那么张扬和激烈，但心情沮丧时的表情由上司脸上体现出来，就会很难看。活在上司心情沮丧的阴影之下，那滋味确实不好受。

要想帮助上司摆脱这种毛病，秘书必须做好以下两件事：

一是为上司营造一个开心的氛围，替上司处理各种棘手问题，让上司顺心顺意，少一些烦恼。我们把所有的事都安排得当，处置妥帖，上司怎么可能还会沮丧？

二是一旦上司因事烦神心情欠佳，我们就用自己的乐观开朗去感染和影响他。

（八）不识好歹者的应对之道

某房产公司是个家族企业，在市中心要盖一个豪宅楼盘，由于自有资金不足，所以工程施工一拖再拖，施工质量也一塌糊涂。水泥地面还未干透，施工人员就在上面铺设实木地板，没多久，地板全部受潮，拱起足有半米高，这样劣质的楼盘，即使排场再大，名字再好听，销售起来也十分困难。

因为如此，公司很难回笼资金，员工有几个月都没领到工资了，老板的秘书见状，有些着急，便帮老板找银行的朋友贷款给公司。贷款下来后，秘书以为老板会尽快补发欠薪，并且解决施工质量返修问题，再把周边环境好好布置一下，等时机成熟便可借势促销尚未卖出去的楼盘，以此回笼资金、摆脱困境，然后进入良性循环。

但等了好几天，老板仍没采取行动，却用这笔贷款买了辆新款奔驰。秘书担心欠薪太久会直接影响员工的情绪和销售业绩，于是找机会提醒老板，没想到老板回她一句："不是你自己闹情绪吧？难道老板买车还要征求员工的同意？笑话！告诉你，三条腿的狗难找，两条腿的人还怕没有？谁不满意，就让他走人。"

秘书本是为老板着想，还找关系帮他融资，但老板却不赏识，把这些救命钱用来满足其虚荣心。

员工当然敢怒不敢言，毕竟现在找份工作实在不容易。

没想到开盘日期临近，楼盘现场仍没搞好，还需要花钱买些必要的东西。在这之前，员工们已私人垫付了一部分钱为公司支付必要开支，公司也没有给予报销。在这种情况下，当然不可能有人再挺身而出。可是老板走过来一看，仍然吩咐员工们掏钱垫付，秘书实在忍不住，把老板拉到一边，轻轻地说："老板，我们已经几个月没发工资，实在垫不出来了。"

谁知老板用惊讶的目光白了她一眼，当场挖苦她："你连一千元也拿不出，还做什么白领?"说完扬长而去。

秘书被气得差点喷血。

第五节　性格领导

（一）独断专行者的应对之道

上司独断专行，必然有其主观原因，凡是对自己的能力充满信心，同时对部下的无能非常失望的，都会有这种毛病。

简单判断上司是否独断专行，其实并不明智，因为在弱势团队中，强势上司的领导能力举足轻重，如果没有上司的超常能力和果断性格，一个单位若要讲求效率是非常困难的。

应该看到，上司并非都愿意独断专行，如果部下确实能干，而且又肯背负责任，上司当然乐见其成，因为部下表现出色也是上司领导有方。但如果上司经常看不到部下有出色的发挥，无奈之下，他也只能挺身而出。久而久之，这种习惯便成了自然，其想不独断专行都难。

当然，部下对上司的过分依赖，或者部下碍于上下级关系而不愿冒犯上司，或者部下习惯于服从而不愿承担责任，这些都是造成上司独断专行的客观原因。

关键是在最需要一锤定音的时候，如果众说纷纭议而不决，以致贻误商机或者影响单位的正常运作，上司不采取及时有效的措施，那才是失职。

让一个人说了算，看上去是有些霸道，但在上司的能力和经验明显高于其他人的时候，这样做却更有效率。因为决策时发扬民主集思广益，执行时干脆利落注重效率，这是大家都能认同的道理。对单位本身的运作来讲，民主是最没有效率的东西。一旦扯皮，没有人会承担责任。从这一点上说，上司的独断专行也是无奈之举。

身为秘书，我们对上司的独断专行应该秉持这样的态度：既充分理解上司的难处，又能清醒认识上司这样做的局限性和后果。因为独断专行的上司不仅容易打击部下的积极性，也会因为主动决策和被动执行之间脱节而出现许多问题。

有时候独断专行本身也是一种策略，上司在维护自己的权威时很容易用这种行为来掩饰自己的优柔寡断。了解这一点非常重要，因为有时候我们所看见的独断专行，很可能仅仅是一种假象。

需要指出的是，偶尔独断和一贯独断是有区别的。对于前者，秘书应视其为上司一种必要的领导手段，在执行过程中进行技术处理，避免独断专行行为可能造成的失误。对于后者，秘书则只能任由他去，因为这是上司的个性使然，我们无法改变。

应付这种自恃聪明能干不愿相信他人的上司，只有一个办法，那就是凡事只要他想插手就由他来做。这样我们既可以不用承担责任，又可以落得清闲，还可以满足他的成就感，让他觉得自己非常了不起。一举多得，何乐而不为？

秘书的职责就是替上司补漏，在上司独断专行之前，尽可能地提醒上司考虑周密；在上司独断专行之后，尽可能地帮助上司协调并执行。

聪明的秘书从来不做事后诸葛亮，也不会在事前和上司对着干，点到为止、顺其自然才是明智之举。

（二）反复无常者的应对之道

对反复无常的人，不能用常理来对待，因为这种人性格有缺陷，为人处世往往变幻莫测，令人难以捉摸。

反复无常的人缺乏定力，想法前后矛盾，行为出尔反尔，令别人非常困惑或无所适从。

反复无常的人总是喜欢强词夺理，不仅是在说服别人，也是在欺骗自己。

反复无常的人毫无诚信，如果把他的话当真，苦的肯定是我们自己。

但奇怪的是，反复无常的人却又非常自信，习惯用故弄玄虚来增加自己的神秘感和权威性，而且乐此不疲。

与常理相悖肯定是一种病态，只是反复无常的人自己并没有这样的感觉，相反，他还觉得别人的不能理解才是不可思议。

问题就在这里，正常的人和非正常的人在一起，连最正常的人恐怕也不清楚自己究竟是否正常。如果恰好上司如此反常，那么当秘书的就必须格外小心了。

反复无常的上司明知部下非常讨厌其所作所为，但他仍然会故作镇定，并且心安理得地享受这种反复无常给别人造成的困扰和给自己带来的快感。

一旦遇上这样的上司，只能怪自己命苦，因为他把折磨部下的智商视为一种乐趣。

和这样的上司相处与共事，最好的办法是同他保持距离。只有保持神秘感，对任何问题都不轻易表态，对他说的任何话都慢半拍做出反应。他热情时我们冷淡，他冷淡时我们热情，让他捉摸不透，让他老是要费神猜测我们的心思，让他因此而在乎我们的感觉，他才会逐渐改掉他的毛病。

另外，在他要求我们这样或那样时，我们要做足必要程序，对他的每一句话都尽可能记录在案，请他签字，请求他确认。理由是作为历史资料保存，将来如果他成为伟人时就会有历史价值。我们在这样做的时候，一定要装得很认真、很仔细，使他难以拒绝，否则，他一旦察觉我们的真实用意，就会对我们产生成见。

我们这样做当然是为了在必要的时候保护自己，避免麻烦。因为反复无常的上司经常会把自己的过失怪罪到部下头上，我们这样做虽然不可能和上司秋后算账，但至少可以让他知道自己错在哪里。

在这样的上司身边当秘书，我们一定不要太把他当回事，只需心知肚明，给足他面子，对他的出尔反尔会意一笑，对他的反复无常就当其发神经。

总之，千万不要和这种上司争论是非曲直，以免他恼羞成怒。

（三）缺乏主见者的应对之道

上司缺乏主见是因为其对自己没有信心，对所要处理的事情没有把握。经验不足，能力不够，都会导致其拿不准主意、拍不了板。

缺乏主见的上司对部下有一种本能的依赖，因为在他看来，只要主意不是他自己想出来的，即使出了事也可以安慰自己。归根结底，缺乏主见还是因为怕负责任，责任重于泰山，这种负担令他谨小慎微，不敢轻易做主。

缺乏主见的上司其实非常可怜，如果部下能干一点，则还可以帮助他，如果部下也很无能，那么他真的会很悲惨。尤其是面临重大抉择时，他的迟疑和胆怯往往会让人觉得心酸。

缺乏主见必然导致优柔寡断，当断不断，反受其乱，这样的例子非常多。

不过，上司缺乏主见反而有利于秘书充分表现，我们可以借此发挥自己的能力来影响上司，帮助上司作出正确的决策，帮助上司树立决断的自信。聪明的做法是鼓励上司当机立断，凡是因此成功的，结果都归功于上司；凡是因此失误的，教训都算在我们自己身上，以此来慢慢培养上司的信心。

如此行事，上司一定会对我们刮目相看。

（四）草率粗心者的应对之道

其实，草率粗心的人并非什么事都是马虎大意，他只是不愿意在自己认为并不重要的事情上花心思，因为他把主要精力集中在大事情上，所以对平日的小事不会放在心上。因此，这种人特别需要秘书的帮助，也特别依赖秘书，这种性格互补、职责互补的现象，也更凸显秘书对于上司的重要性。

天性草率的人往往是性情中人，为人处世略显粗糙，没什么心机，人绝对不坏，就是有点忘性，率性而为时也从来不讲究方式，更不顾及别人的感受，常常一吐为快，口无遮拦。

和这样的上司共事，我们可以非常坦率，只要认为他有不对的地方，用打趣的方式提醒他也行。但是我们也别指望他会在我们的劝导之下有多少改进，因为他天性如此。我们不妨做一把伞，为他挡住草率带来的一切后果吧！当然，在这样的上司手下工作，正好可以发挥秘书心思缜密办事周到的职业能力。

（五）性情古怪者的应对之道

上司性情古怪，在刚认识他时是看不出来的，如果我们能够察觉，恐怕就不会当他的秘书了，因为会担心会受其影响。

某领导参加了一个人力资源潜能激发的培训班，回单位后异常激动，大加赞赏，随后居然又去参加了两次，一心一意要把培训班那套激励方法学会并运用在自己的单位里。这天下午，他郑重其事地召集了四十多位中高层干部开会，旨在让各位干部重新认识团队中逆境求存和互相关爱的重要性，“全体干部现在听令，把你们身上的钱包、证件、手机全部交上来，真正做到身无分文，然后由单位派一辆大巴把你们送到四十里开外的市中心，你们自己想办法在一个小时内返回单位，无论是乞讨，还是求助，反正什么手段都行。”

这些干部在大热天经过一个下午的一番折腾后，终于疲惫不堪地回到单位，大家精疲力竭地坐下来，该领导便让人送上盒饭，然后要求他们男女搭配互相喂饭，每吃一口还要真诚感谢对方的关照。

大家以为该领导疯了，但他却极其认真，还带头作了示范，所有的人目瞪口呆，哭笑不得，但在该领导的要求下，只能万般无奈地照此执行。

结果，第二天，好几位干部辞职，在接下来的一个星期里，先后走了二十七人！该领导却并不以为然，反而觉得剩下来的这个团队经受住了考验。

那位领导原来并不是这样古怪的人。

奇怪的是，凡是那些文化素质不高、心理状态不稳的人，最容易被这种心理暗示的游戏所迷惑，原本正常的人，思维与行为从此变得古怪起来。

遇上这样的上司，有药可救的应帮他一把，讳疾忌医的应赶紧走人。否则，用不了多久，我们也会变得神经兮兮。

（六）朝令夕改者的应对之道

喜怒无常、朝令夕改，这两种作风的上司最令秘书头疼。

喜怒无常的上司以女性居多，女性天生的情绪化往往会影响其日常的待人处世之态度。女性的情绪化受生理与环境的影响，女性较少顾及别人的感受，常常是忍不住就发作，发作完了就好。即使有些小心眼，也是藏在心里，不会轻易地流露出来。

女上司的喜怒无常更多的是心情的原因，当她心情不好或不稳定时，尽量远离她，凡事等她心情好时才办理，才不会惹她心烦。

那么，如何掌握这个分寸呢？办法很简单，我们只要发现她的眼神放光，此时肯定是她心情最佳时，反之则否。

至于喜欢朝令夕改的上司，主要是由于其心眼太活，主意太多，朝三暮四。也是由于他习惯在没有最后定夺之前，把他想到的所有想法都讲出来，生怕自己一转眼忘记。想法一多，这样也好，那样也可以，自然就会既肯定又否定，反反复复。

应付这种类型的上司，最好在他做决定时不马上去办，免得他一改再改、反复再三。我们干脆保持沉默，等他催促三次，非要那样做时，我们再做也不迟。否则即使我们累死，他也不会领情。

（七）左右为难者的应对之道

对秘书来讲，上司毕竟只是上司，而不是大师。大师开宗立派，能够自圆其说、自我解脱，而上司则只会就事论事，和普通人一样。所以，上司也会犯错，也会左右为难。

香港某老板买下东莞某皮具厂时，曾一心想要将其打造成一个现代企业，他发现工厂里人力惰性状况非常严重，于是便下决心整顿改革，以求彻底改变现状。

然而，他的改革意图却得到了工厂管理层的阳奉阴违，因为大家都不愿意承担比过去更多的压力与责任。原本踌躇满志的老板怕影响正常生产，也不敢强行整顿改革，结果在和管理层之间的博弈中，该老板因为左右为难而暂处下风。

对此，该老板经常紧锁眉头，秘书见状便向他建议："老板，既然您这么为难，为什么不换个方式解决问题呢?"

"你有什么高招?"老板一听很感兴趣。

"如果您的想法影响到管理层的利益，他们一定不会支持您的改革，而且他们在这个工厂里彼此共事多年，互相影响，很难感受到外界压力和刺激。我想您干脆以行政命令要求他们分批到人才大市场去应聘。每人给半天假和五元钱，买一份求职登记表，然后告诉他们，如果谁能找到与他现在同样职位和待遇并且被对方正式聘用的，您当场送他三个月薪水作为奖励，因为他有本事被别的老板看中。我相信这种可能性基本没有，但重要的是这样可以激发他们的好奇心与好胜心。只要他们去过那里，在拥挤着上万求职者的人才大市场里体验僧多粥少的滋味，感受求职的艰难和被别人无数次冷淡拒绝的痛苦，那种效应足以让最骄傲的人都怀疑自己的能力。他们就会珍惜现在的机会，开始愿意听从您的安排。而您既不用花什么钱和精力，也不用再顾虑这些干部会怎样反对您，我相信任何打工者去过那个挣扎求存的地方，一定不会再敢和老板较劲。"

老板高兴得拍案而起，连声称赞："有道理，有道理！就冲你这个点子，我要拜你为师!"

秘书的职责就是为上司出谋划策，排忧解难，并且在必要时承担责任。如果还能帮助上司坚定信心，做他自己想做的事，那这样的秘书绝对会让上司佩服。

（八）亲力亲为者的应对之道

上司亲力亲为，通常会由两种因素造成：一是上司自恃能干，对别人的表现不满意，又懒得花时间管教，干脆自己动手做；二是上司是个完美主义者，特别注重细节，不愿让别人把本可以做到更好的事处理得有遗憾，所以，挺身而出，包揽下来自己做。

亲力亲为的上司一定十分辛苦，因为他太能干，什么都要干，所以越来越能干；而他的部下却因为上司都替他们做好了，不用费神费力，所以也就越来越懒，越来越不能干。结果上司做牛做马，做得心甘情愿，却因此便宜了他的部下乐得在旁边清闲。

这样两极分化，缘于上司喜欢亲手摆布一切、掌握一切的权力欲望，也缘于其十分挑剔的办事风格。

某单位领导虽然给下面各部门主管授权，明确把自己的职能工作分解给他们负责，自己只做拍板的事，但他又喜欢随时关心下属的工作进展程度和他们的做事风格，一旦看不顺眼，讲了几句觉得不行，索性拿过来自己操作。于是他办公桌上的文件越堆越多，电话也越来越多，连秘书与助理也插不上手，只好替他做些打杂的工作。

为这样的上司当秘书，恐怕只有两种选择：一种是任由他的性子折腾，甘愿做好他的手下；另一种是帮助上司检讨其做法，让他明白各司其职的重要性。

帮助上司改变不良的工作习惯，使其分工明确，职责对位，让权力回归。以团队的合力来做事，这是秘书辅佐上司最重要的职责。

上司如果还不开窍，不妨埋怨他一句：雇员拿钱，领导干活，为什么要这样？

（九）性格固执者的应对之道

上司大多都很有个性，而其中性格固执的恐怕占多数。

上司性格固执通常由两种原因造成：一是遗传基因，二是个人经历。

作为上司，性格固执还有另一层原因，那就是权威。大凡有些权力的人总是期盼立竿见影，总是希望说一不二，总是强调绝对服从。这种高处不胜寒的孤独和愿赌不服输的倔强，往往很容易使其性格变得日益强硬而执著。

最典型的表现就是听不进别人的意见和建议，一旦他决定了的东西就很难改变，有时即使明知有错，他也不会承认或放弃，大有撞了南墙不回头、无论如何也要撞垮对方的狠劲。

其实性格固执有利有弊，好处在于意志坚定、坚韧不拔，决策较少优柔寡断，做事较少半途而废。在这样强势的上司身边当秘书，工作会很有激情。坏处在于上司脾气倔强，容易偏激，决策包含太多个人意志，做事太多直来直去。在这样霸气的上司身边当秘书，会很难有所发挥。强势上司需要的是弱势助手，这样的互补才会相得益彰。

为性格固执的上司当秘书，其实就是做附庸品，但如果我们能巧妙地运用策略，也能让上司在不知不觉中受到影响，进而意识到我们的重要性，有时也会依照我们的意思来改变他自己。

这个策略就是：

当上司固执己见时，当着他的面表示犹豫："真要如此？"

当上司毅然决断时，当着他的面表示佩服："真厉害！"

当上司心生懊恼时，当着他的面表示同情："真可惜！"

第十二单元　职业效率

本单元提示：

秘书当然最清楚，效率究竟意味着什么。每天面对大量的日常事务，傻瓜也明白该怎样让自己不必太辛苦。

时间效率与工作效率有所不同，前者以时间为单位进行计算，后者以工作成绩进行计算，但两者关系密切，因为后者必须依靠前者得以实现。因此，人们通常习惯用前者来概括，因为时间一去不复返的特点更加容易强调效率的重要性。

秘书必须明白，秘书的价值就在于做好上司的助手，协助上司处理各项事务，使上司摆脱这些日常琐事的纠缠，能够有更多的时间与精力去思考更为重要和更有价值的事情。

但这并不是说秘书就可以理所当然只顾做日常事务，其他事都不用管了，恰恰相反，秘书必须在有限的时间里以正确的思维方式和有效的做事方法，对日常事务进行合理运筹，按照轻重缓急的分类方法提高工作效率，以便腾出时间去处理其他更为重要的事务。

提高效率，是在单位时间内多做一些卓有成效的事情。

让时间变得有价值，是让每一分钟所做的事有价值。

合理运筹时间，是让自己在主要的时间里做一些重要的事。

分清轻重缓急，是对事务的先后顺序进行合理的安排。

如何提高工作效率？这是一个职业表现范围内的选择题，别人无法替我们解答，但别人的成功经验却能给我们启发，下面这些方法已为许多事实证明行之有效，相信同样也能帮助我们。

第一节　控制时间

效率与时间密切相关，控制时间就能控制效率，那么，究竟如何控制时间呢？

（一）合理安排时间

时间控制需要周密的计划安排，一是安排好各时间段内应该做什么事情；二是计划好做一件事情应该用多少时间；三是安排好做事情的时间进程和具体步骤。

找到这三者之间的平衡点，意味着时间安排的合理性。

（二）统筹利用时间

提高时间效率的巧妙方法，就是在同一个时间里同时做几件事情，而且并不影响事情的效果。

秘书应该专注做好每一件事，当琐碎的杂务在迅速予以处理时，有些并不重要的日常性工作还是完全可以同步去处理的，这不仅是熟能生巧的缘故，也是人的大脑、感觉器官和四肢能够同时使用并且互相协调促进的原因，比如一边接听电话，一边浏览电脑资料；或者边看书边听音乐边吃东西；甚至在写报告或函电的同时思考一些其他的问题。

这种脑力与体力结合或大脑不同功能区活动的方法，一举两得，既使时间加倍运用，也提高了时间的单位值。

（三）合理分配时间

所有的工作都可以被迅速地分成三类：第一类是日常性工作；第二类是偶然性工作；第三类是计划性工作。

研究证明，用15%的时间处理第一类工作，用25%的时间处理第二类工作，用60%的时间处理第三类工作，可以大大提高时间效率。

这是因为，在这三类工作中，计划性工作是最为重要的、最有价值的，它对提高工作的有效性，完成既定的工作计划具有决定性影响，值得我们加以重视。

至于极个别的特殊性工作，则可以利用第三类所占用的时间资源给予适当处理，就总体而言，60%的时间分配中已经有了足够的利用空间。

（四）借用他人时间

一是借用他人成功的经验来缩短我们自己摸索与尝试的时间；二是利用社会分工，分配角色，分担责任，分别操作，协调整合。比如业务外包，将无关紧要的工作委托交办或授权给我们的助手去做，借此节省出宝贵时间，去做更为重要、更有价值的事。

从人力成本角度分析，如果我们的人工成本大于助手的人工成本，那么把日常琐事交给助手去做绝对是值得的，这就是时间价值的作用。

把工作的一部分授权给别人，我们就能在有效的时间里集中精力去完成最主要的部分。而要做到这一点，我们必须先将自己的工作划分为三类，第一类是我们可以自己做也可以交给别人做的，第二类是我们必须亲自去做的，第三类是我们应该授权给别人做的。

我们可以就此问自己几个问题：我现在做的工作有哪些是可做可不做的？我现在做的工作有哪些是只有我自己才能完成的？我现在做的工作有哪些是别人比我更合适而且做得更好的？

把这些工作一一对号入座，然后分别采取措施，将第一个问题的答案全部交还给有关人员，将第二个问题的答案用100%的精力与时间去对待，将第三个问题的答案毫不犹豫地授权给最合适的人选。

（五）留出空余时间

把自己的时间安排得滴水不漏，只会使自己成为时间的奴隶。当我们的精力全部耗尽在已经没有空余的时间中时，我们的应变能力也会大大降低。

身为秘书，我们必须经常问自己这样一些问题：我有没有留出足够的时间去考虑宏观或者微观的问题，并且可以深思熟虑地向上司提供我的建议？我有没有留出足够的时间调整自己的情绪，去预见和控制事态的发展？我有没有留出足够的时间去应对可能发生的变化，并且处理好这些变化带来的主要问题？我的办公桌上是否经常杂乱无章？我是否经常处于多宗事务急需处理的困局？我有没有时间观察上司的工作细节，甚至可以听见背景音乐？

秘书确实是个事务主义者，但如果陷在事务堆中，势必会分不清轻重缓急，眉毛胡子一把抓，最终导致工作低效。

秘书的日常工作有着明显的计划性，不仅是自己的工作程序，还有上司的计划。按照计划行事固然十分重要，它能够减少工作的盲目性，但是如果因此而将所有的时间都安排得满满的，那么一旦出现意外或临时性的工作，整个原定计划都会因此全部拖延，这不但会影响计划的实际进程，也会因为调整而浪费不少成本。比如，原定的约会或会议，有关人员的时间也要做出调整，一些事情甚至会被耽误或取消。

所以，留一点适当的可以自由灵活处理的时间，反而能够确保我们控制全部的时间，若果空余时间中没有意外发生，我们也可以做一些程序性的例行公事来松弛一下自己的情绪。

第二节 简化程序

把时间合理规划之后，必须确保在既定的时限内尽可能地提高绩效，换句话说，我们必须保证提高时间的单位效率。而要达至该目的，唯一可行的方法就是简化程序。

所有既定的程序在熟练之后，都有可能被科学地简化。程序作为一种必要的工作流程和顺序标准，对规范操作以达到较高效率确实起到了很大的作用，然而，在一个固定的时限内要做出比原定目标更高的结果，就必须精简程序，使程序变得更为简单而且更为合理。

简化程序的基本步骤是：

（一）自我提问

原有的程序是否合理而且有效？

如果仅保留其中最重要的程序内容，整个程序还有用吗？

有没有可能重新做一套更简单的程序来取代原有的东西？

这些程序的内容与要求都是必不可少的吗？

这些程序的内容对最终结果分别有哪些作用？

如果进行简化，哪些内容必须保留，哪些内容可以取消，哪些内容可以合并？

（二）列出程序

将原有程序一一写明其关系、做法、要求、作用，并且将相同点、近似点、差异点写清楚，正是这些区别与界定可以帮助你合并同类项或进行优选，使重要内容更加突出，使可有可无的内容更加明显。

（三）重组程序

果断地将程序按照一条准确快捷的发展思路进行重新整合，粗化节奏，细化要点，使程序中各个环节的分界更为清晰准确，范围也更广，起点与终点趋向直线以缩短距离。

（四）强调简捷

所有的出发点都是为了简化程序、提高时间效率，有时候必须牺牲一些规范与标准，这是一个非常值得的选择，虽然有些困难，比如多年形成的工作习惯，尤其是秘书要求的具体标准。但是与效率相比，过于死板的陈规旧俗实在微不足道。在这一点上，科技创新型企业用自我变革与不断突破现状的方式来加强企业活力及核心竞争力的生动案例，可以给我们最好的启示。

（五）模拟论证

用想象的方法对新的程序模型作案例演示，使初步设定的程序在实际运用中得到检验，并据此做出适当的调整和完善。最终使其定型。

需要提醒的是，程序虽然不是一成不变的，但仍然应该保持相对的稳定性，尤其是当这套程序涉及面较广及相关人员较多时，游戏规则的制定就必须考虑到共同约定与相互熟悉的因素。

我们可以对自己现有的工作程序进行评估，以时间效率为标准看看是否有简化的可能，如果确实存在这种可能，该如何简化?

我们也可以为自己上司的工作程序做一次简化，并且把简化的必要性告诉上司。任何一位上司都不会拒绝自己的工作程序日益简化，只要我们能够让上司意识到时间的宝贵和不可复制性。

第三节 改变方法

提高效率的一个简单方法就是改变方法。

我们知道，看问题的角度不同，处理问题的方法不同，结果一定有所不同。前者是指长期从事同一项工作，形成的固定思维模式会局限当事人的判断能力；后者是指已经习惯了的方法定式，往往会使问题的解决一成不变。

常规的工作方法总是就事论事，按照事务发生的实际情况来做出处理，当然这也没错，但从效率而言，任何自己无法控制的工作都会严重影响整体工作绩效，而方法的改变只需我们稍稍用些心思，其结果也许会出乎我们的意料。

所谓改变方法，一是指改变应对方法，二是指改变处置方法。前者针对非常规性工作，后者针对常规性工作。

改变方法就是采用与过去完全不同的应对或处置方法，对眼前的工作做出不同于以往的处理，目的当然十分明确，要比过去做得更好而且更快。改变方法可以从以下三个方面入手。

（一）评估重要性

根据重要性程度，工作大致可以分为三类：非常重要、重要、不重要。重要性限制了时间与精力，往往会使我们想当然地分配资源，但如果对评估方法也做出必要的改变，从时间的迫切程度思考，是否可以使我们在首要时间去完成紧急的工作，从而既减轻压力，又能恰当地处理工作呢？

（二）处理时限

一般来讲，人们总是习惯用这样的方法来决定自己的行动：做这件事需要多少时间。结果绝大多数人往往会把所有事情延至最后时刻才做，以致前松后紧，弄得结束时还手忙脚乱。但如果我们改变一下决定的方法：在什么时限之前必须做完这件事。也许结果就不会是这个样子了。

（三）有所取舍

专业人士都明白有所得必有所失的道理，过去我们可能习惯亲力亲为，但时间有限，我们不可能把每件事都做得那么出色。现在我们只做那些必须由我们做的事，虽然工作量减少了，但是每件事的工作品质却提高了。

有所舍的工作我们并不是不做，而是将其放在次要时间以次要精力去做。或是本来就是重复劳动，根本没必要再去操心。

我们可以用创造性思维对自己的工作方法进行思考，提出一些能够提高工作效率的方法创意，只要这种方法是我们过去从未使用过的，那么即使别人已经习以为常，对我们仍然会很有帮助。

我们也可以针对自己的日常事务性工作，分别设想三个以上的处理方法。比如，起草函电文件或规章制度，可以把格式样本输入电脑，一旦需要，调出来加以局部修改与调整，改头换面，就是一份非常实用的东西。诸如此类的改变，只要保证品质并节省时间，都是值得尝试的。

第四节 建立系统

任何工作都有它自身的运作规律和相对固定的处理方法，关键在于根据这些规律寻找出更为有效的工作方法，然后建立一套适合自己思维习惯和行事风格的操作系统，帮助自己驾轻就熟地开展工作。

建立系统就是设定程序，第一步先做什么，第二步再做什么，每一步需要哪些什么资源及成本，需要注意哪些问题。系统的目的就是帮助我们减少失误与反复，让每项工作都能合理、准确、迅速地完成，这也是提高效率的重要手段。

比如上班，开门后先观察一下办公室内有无异样，如有异样，迅速锁门保护现场，等候同事相助；如无异样，则一路进去，左手整理这个，右手提那个。顺路顺手边做边进去，边做边想着另一些马上要做或刚发现要处理的事的做法，就像纺织厂的挡车工那样迅速地眼观六路，耳听八方，眼明手快，干净利落。

再比如，用足左右大脑，用心记住一切相关的事物和信息，养成记笔记与迅速分门别类办理之事，起草文件、打电话、打印文件、了解情况、找人说话、倾听上司指示、主持会议、外出公务、接待客户等等。在自己的大脑中迅速合并同类项，先干什么，接着干什么，最后干什么，马上做出准确反应，归类排序，马上制订一个新的行动计划。

这样做，脑子是够累的，但是也得到了锻炼，而且可以少走很多弯路，人既不辛苦，工作效率又高，何乐而不为呢？

会动脑子的人不累，因为用的是优选法，用的是技巧和方法。只有那些不动脑的人才累，因为用的是体力，而体力是最吃力的事。

勤奋的人不一定成功，但掌握窍门的人一定会成功。

把已被事实证明有用的东西拷贝下来，在今后的工作中加以复制使用，也能大大提高工作效率。比如，一些规章制度和格式文件，大体都是相同的，我们把它们储存起来，一旦上司需要，就能从电脑里调出来加以局部修改与调整，做成一份令上司满意的资料。这不但减少了我们自己的工作量，提高了效率，也增加了上司对我们工作能力与实际表现的好感与信赖。现在资讯手段如此先进，我们完全可以充分利用这些手段改善自己的工作条件，从物质上保障自己有效提高工作效率。

我们在工作中是否已建立起这样一套行之有效的效率系统？毫无疑问，这套系统作为秘书的职业本能，应该被我们放在重要的地位并加以重视。

除了自己设法提高之外，我们还要善于调动与发挥部下及同事的工作积极性和能力，帮助他们探求更好、更迅速有效的工作方式，同时用紧张有序、忙而不乱、井井有条的工作心态去创造高效率的工作氛围。

具体做法如下。

（一）设计流程

流程是一件事物自始至终最合理的过程，设计流程就是按照复杂问题简单化的原则，从开始到结果之间，用最合适、最有效、最短时间、最低费用的评估标准，确定一个最佳的做事顺序。每个环节的位置、作用、内容、操作程序、执行标准，都做到有条有理、井然有序。过程做对了，结果自然会有效。

设计办公流程当然应该对办公事务进行分类，因为不同类型的事务所采用的程序和标准是不一样的。

事务性工作分为两类：一类是例行公事，每天这个时候都要做的；另一类是偶发急事，一旦发生了就必须立刻予以处理的。

对于前者，流程设计应该用简要的但却必不可少的环节加以设定，做什么，怎么做，用什么标准加以规范，每个程序、每个环节、每个做法都细致精准地给予明确。对于后者，流程设计以应变原则加以设定，减少可能会耽误时间或有损结果的程序与环节，只是在最关键、最接近结果的地方走必要程序。

需要指出的是，当例行公事与偶发急事需要在同一时间内进行处理时，一般情况下均应以偶发急事为优先处理。

流程设计有以下几个原则必须明确：

1. 简练原则。如果为了强调规范或是加强权威，而将流程弄得十分繁杂，规矩太多，势必会弄巧成拙，让人无所适从，甚至忍无可忍。

2. 清楚原则。流程的过程与结果，流程的每个环节的相关做法与要求都要交代清楚，否则就会乱套。

3. 畅通原则。流程从头到底都要畅通无阻，每个环节的点在其中都是起着加速度的作用，即使是非常充分的理由造成的停顿，事实上都在影响着结果。

4. 标准原则。流程从头至尾都应该执行同一操作标准，因为一致，理解与处理就显得顺理成章。

5. 效率原则。如果效率不能达到最佳状态，那就证明流程还有改进的必要。流程的作用是让事务处理简单化、程序化、规范化、速度化。

秘书的岗位犹如一个系统集成平台，所有的办公事务都有可能在第一时间汇集到这个平台上，经过秘书的分类处理，或直线放射到其他有关平台，如行政部、人力资源部、财务部、市场部等，或就地给予分解整合，或直接处理完毕。

我们必须将此过程用结构表的方式表示出来，告知与此有关的部门或人员，使大家一目了然，有章可循。

其实，办公流程的设计并非难事，只要做一个月时间的秘书工作，经验也能帮助我们将那些程序性的东西整合成一套流程。但困难的是，在日常工作中按既定流程处理办公事务时，既不能刻板固执地死守流程，不会应变，又不能随心所欲地改变流程，这就需要我们有超常的随机应变能力与随时调整的能力。

（二）制订标准

任何事情都是有成本的，单位内部运作的环节更是如此。因为有了成本，人们就会设定标准来加以控制与规范，同时对结果进行评价。所谓标准，就是人们公认的规则与尺度。

同样道理，在办公流程中，每个环节的实施也应设定恰当和合理的标准，因为只有依据标准，我们才能知道自己的操作正确与否。

什么叫训练有素？“素”就是规范，就是标准。

办公事务的处理标准在确保办公流程正常运作中起着举足轻重的作用。办公事务处理过程中所有的细节都应非常专业、规范、合理，任何一个细节的疏忽或随便，都会影响事务处理的结果，都会引起人们对秘书专业水准的质疑。

办公流程所涉及的方方面面，比如职业着装、行为举止、形象外表、接待礼仪、函电收发、信息处理、文件的起草打印收发传阅落实、办公费用的预支与报销、上司交办事项的跟踪落实等等，都应该制订相应具体的操作细则及标准。

只有程序化和规范化，我们才能淡化个人色彩，突出职业水准，使单位内各部门有关人员能在事务处理平台上以统一标准彼此配合，形成有序有效的合力。

这就是简称 SOP 的作业流程和操作标准体系。

其实为办公流程的每个程序、每个环节制订标准并不是一件困难的事，用职业性约定俗成的规范加以细化，完全能够清楚确定。制订办公标准应根据办公事务的种类与它们各自的处理流程，分别分解操作程序，并对每一步程序都确定操作要求和操作方法。

当然，要使标准能够成为共识，始终指导和约束有关人员工作，那么必须正确把握制订标准的四项原则：

1. 时间原则。对办公事务在第一时间作出准确恰当的反应绝对是正常的，以最快的速度对事务进行归类与轻重缓急的安排，才不至于耽误整个流程的正常运作。

2. 规范原则。规范是专业的行为规则，规范明确应该怎样做事并且受人欣赏。

3. 效率原则。同样是处理办公事务，有的需要细致入微，有的只需点到为止。在正确的时间做正确的事，这就是效率。

4. 成本原则。任何事务的处理都是有成本的，处理过程本身就在耗费资源，千万别因为办公事务大多是例行公事，没有直接产生经济效益而忽视它，当办公效率低下或事情做得不尽如人意甚至乱七八糟时，价值标准就会影响上司对我们的取舍。

重要的是，对实施标准进行精细化处理，使其具有可操作性。

第五节　优先处理

有效地运筹时间意味着优先处理重要的事情，事实上，纵有天大的本事，我们也不可能同时处理手头上所有的事情，因此，有经验的秘书都明白这样一个道理：在开始另一项工作之前，先完成手头的工作，千万不要顾此失彼，因为始终会有新的工作需要我们去做。把不重要的事务暂时置之脑后，千万不要纠缠在细枝末节上，从而忽略了其他更为重要的东西。

面对千头万绪的日常事务，我们必须分出轻重缓急，然后安排先后顺序进行处理。

优先处理的方法首先是根据事务的紧迫性和重要性进行分类。所谓紧迫性是指必须马上处理，不得拖延的事务；所谓重要性是指有价值、有意义、有影响的事务。

以此来看，日常事务可以分为以下四类：

（一）既重要又紧急的事务

比如，客观存在的危机、突发性事件、期限临近但却未能完成的工作等，这些危急情况只是偶尔发生，但若不予重视或迅速处理，后果可能非常严重，因此务必将其放在首要位置给予足够的时间和精力。

（二）重要但不紧急的事务

比如，为目标制订战略计划、为上司的商务谈判准备文件、为单位的人力资源开发做程序性工作等，这些事务基本占用了大量的时间，实际上也值得如此对待。

（三）不重要但紧急的事务

比如，客户来访、即将召开的会议、已经允诺但只是一般性质的社交应酬等，这些事务作用不大，但很耗时间，往往容易影响工作的效率，日常事务大多属于这种情况。上司力图摆脱这些事务的困扰，所以才需要秘书协助处理，但如果秘书自己也陷在事务堆中，则有可能因分不清主次而忽略了其他重要的工作。

（四）既不重要也不紧急的事务

比如接听电话、整理文件等，一般这类事务都比较容易区分，虽然没有人会拒绝做，但当其他事情出现，谁都知道孰轻孰重。也有些秘书把这类事务的处理视为精神调剂，事情做了，头脑也放松了，两全其美。

集中精力先做最重要的事，在单位时间内其成效最高，效率也相应最高，其中很重要的原因是因为众所周知的二八定律。

意大利著名学者帕雷德发现，重要的东西从数量上只占少数，但其影响及作用在整体上却占多数，这个比例是20%∶80%。

以企业为例，往往是20%的员工创造着80%的业绩，而80%的员工却只获得20%的薪酬。

同样的道理，20%的事务代表着80%的问题，而我们却在用80%的精力处理着20%的事务。

运用二八定律的有效方法，就是用主要精力处理最重要的事务，因为只要将这20%的事情做好，80%的问题就能得到解决，这就是效率。

因此，我们完全可以清楚界定自己职责范围内的工作，分清轻重缓急，区别对待与处理。我们也完全应该帮助自己的上司理清需要优先处理的事务，并且用二八定律的法则来协助其提高工作效率。

第十三单元　职场标准

本单元提示：

官场讲究规则，商场重视信誉，职场强调规范。

职场行为以规范约束，职场作为则以标准衡量。换句话讲，在职场上打拼，做人要依规范，做事要按标准。

我们评价专业人士的出色表现时，经常会用“训练有素”这个词，这里所谓的“素”，就是标准。

现在各行各业都在重视与实施标准化，秘书作为职业人士，当然要严格按照职场标准行事，一招一式，一板一眼，一丝不苟，绝不含糊。

第一节 入职标准

如果我们凭借自己出色的表现而被上司任命为秘书，那么上司一般都会直接告诉我们，或由单位人事部门及行政部门通知。

此时，我们应在第一时间答复对方，一是表示感谢，二是表明欣然接受或婉言拒绝的态度，三是借此确认一下具体入职报到的时间。

按照报到程序，单位的人力资源主管会为我们办理聘用合同的签约及其他有关手续。我们的上司也会和我们再一次见面，向我们介绍有关情况或者交代任务。

我们必须明白，这些介绍有的清楚全面，包括单位的规章制度、薪酬标准、假日安排、上班衣着等，有的则不会那么详尽，需要我们在日后工作中慢慢了解。

入职初期，上司会尽可能将自己对秘书的要求一一告诉我们，因为上司最希望我们能在第一时间进入角色帮助他。我们所要做的就是将上司的介绍记在脑子里，将上司的交代记在本子上。好记性不如烂笔头，更何况认真对待的态度最能获得上司的赞赏。

凡是全神贯注听取上司介绍的，上司一定会有非常好的印象。

作为秘书，我们要特别注意清楚了解上司对秘书工作的具体要求，明确知道秘书应该按照什么程序和依照哪些规范进行工作，一旦有问题应该找谁，等等。走马上任伊始，尽可能详细了解和熟悉这些内容，有助于我们及早胜任秘书工作。

作为一位新人，我们必须尽快融入所在单位的团队中，适应团队文化，熟悉团队成员，在团队中发挥秘书应有的配合与协调作用。因此，在入职初期，我们要集中精力做好以下四件事：

1. 熟悉情况，熟悉上司和同事。只有熟悉，我们才有可能从容应对。

2. 把所有与本职工作有关的人和事分类记录，做好备注，随时提醒自己。秘书的管家功能决定了我们事无巨细都必须亲自处理，如果记性太差，挂一漏万，我们的工作能力必然会受到质疑。

3. 根据单位环境布局、人员安排等，迅速设计一套有利于自己迅速并且有效开展工作的业务流程和操作方法，建立这套模型可以帮助我们找出工作规律并且有效运作。

4. 与人交往保持适当的距离和谦和的心态。秘书无疑是单位人际关系中的润滑剂，单位内部矛盾爆发时的灭火剂，上司头脑发热时的清凉剂，单位人力资源的催化剂，单位优势资源的合成剂。当我们还未能成功地使自己成为单位中仅次于上司的举足轻重的人物时，当我们在同事们中还未能建立令人信服的威信时，我们只能以自己出色的工作和良好的人缘来努力。

任何一个单位内都会有各种利益集团错综复杂地共生共存，我们新人的进入，一定会成为某些人争取的目标，也一定会对某些既得利益者构成威胁。因此，初来乍到，未知深浅，我们最好的处世方法就是洁身自好，少说多做，只听命于直接上司，不得罪任何人，对他人保持适当距离，保持耳顺的心态和愉悦的表情。

面临任何问题，我们都要迅速做出准确判断，并且能够立即设想出上策、中策、下策三个可供选择的解决方案。

养成这种思维习惯，对我们提高自身工作能力极有好处，因为环境迫使我们必须尽快从外行变成内行，复杂问题简单化处理的方式，无疑会使我们的工作效率以及工作质量都大有提高。

在入职过程以及之后相当长的一段时间内，规矩始终都会困扰着我们，我们既要小心翼翼地遵守规矩，又不能完全拘泥于规矩而影响自己的工作效率与质量。因此，我们必须需要极大的耐性与智慧去适应规矩和利用规矩，这也是一个秘书在职场上的生存之道。

第二节 离职标准

离职是每个人都会经历的事，无论因何种原因离职，秘书都应该尽可能淡化离职这件事，使它的负面影响降到最低，这是因为秘书作为上司的高级助手，知道的事情比较多，身处的位置比较敏感，一旦离职，很容易引起其他人的兴趣和猜测。

任何单位都十分忌讳雇员离职可能会给单位以及其他员工造成的影响，所以，如果我们离职，那么，无论什么原因，都应该不露声色地离去，尽量不要惊动其他同事。这样做于人于己，于过去的雇佣单位和今后的雇佣单位，都是一件好事，这也是秘书为人处世的原则。

入职有规矩，离职更讲规矩。秘书因其职务地位及其作用的重要性，离职时不可避免地会特别受人关注。因此从职业角度而言，秘书更要严格按照下列离职程序执行，以免遭人非议：

1. 提前一个月向上司呈交辞职申请书，简要解释辞职的原因，并对过去在此学到的东西、获得的经验、得到的帮助表示真诚感谢；对今后因故不能继续为上司提供服务、不能继续和同事共事表示无奈和遗憾；同时建议上司尽早物色与安排合适人选接替我们的工作，并承诺在这一个月内会竭尽所能帮助后任熟悉工作。申请书的末尾要注明我们拟正式离职的具体日期，以及请求上司予以批准的祈求句。

无论上司是否允准，按照程序，递交辞呈满一个月，原则上我们都可以告辞。而在这一个月内，我们仍应一如既往、不动声色并且尽心尽责地做好本职工作。同时也要做一些有关信息的备案分类工作，以便一旦离职却没有合适后任接手可能给上司带来的不便，使上司或同事能利用我们精心准备的这些备忘录及索引按图索骥，临时客串一下秘书角色，填补我们离职所带来的职位空缺。

2. 正式离职之日，我们应填写一份物品及文件资料的移交清单，和接收人员共同清点后签字，办妥移交，双方各执一份以备核查。

3. 凡是尚未完成的工作，我们都应通过书面方式交代清楚事务的来龙去脉，便于后任继续落实。

4. 所有因工作关系结识的客户都属于单位而不得再行私自联络，所有与客户有关的资料都应毫无保留地交还给单位。作为秘书，我们在任何情况下都不能利用职务便利为自己谋私，因为这会破坏行业的规矩。

5. 彻底干净地了结与上司、同事、单位之间的所有公私事务，尤其是钱财。

6. 办妥所有人事、财务、社保等手续，结清所有应得薪酬、福利。

7. 请上司为我们写一份工作鉴定书，并且由上司本人亲自盖章签字，以示尊重。这样一份工作鉴定书，既是对我们过去这份工作的评价，也是我们今后求职的有利佐证。

8. 从离职日起，我们不再与原单位有任何瓜葛纠缠，那么当然也没任何必要去议论原单位的是是非非，这是做人原则，也是职业道德。

在离职这件事上，秘书往往有着更多的主动权，因为秘书特有的综合能力会使其具有更多的选择机会。只要基本称职，确实很少有上司主动辞退秘书的事情发生，但秘书因为种种原因而主动辞职的情况却并不少见。

当然，能够长期固定地为某上司服务十年或二十年，甚至更长时间，未尝不是一种福气。重要的是在我们帮到上司的同时，还能从上司那儿学到许多对我们来讲十分重要的东西。秘书和上司这种彼此依存的工作关系，证明了秘书更加需要慎重对待离职、妥善处理离职的事宜。

总之，善始善终，给人留下一个好印象，到哪一家单位都是一样的。

第三节 上班标准

上班时提前十分钟到办公室，打开门后先观察一下，看办公室内与前一天离开时对比有无异样。这种防患措施是十分必要的，如果有意外发生，既可以保护现场，又可以保护自己，以便采取应急应变对策。

是否由秘书负责开启单位办公室的大门，这并无规定，但上司办公室的钥匙一般都是由其秘书负责掌管的，这样也便于为上司提供尽可能周到的服务。

作为秘书，理应比自己的上司提早到达单位，并且做好以下这些事务，以便上司一来就能在良好的环境里开始工作：

1. 开窗通风透气，接通电源，打开饮水机冷热开关，打开背景音乐。

2. 为室内的花卉植物浇水，整理枯叶。

3. 收拾并整理好所有放在桌上的物品，将废纸杂物等扔进废纸篓并倒掉。

4. 扫地或吸尘。

5. 用干净的水和抹布擦抹所有的办公桌椅，先上司，后同事，再自己。

6. 调节室内温度和湿度，把空调设置在恒温程度，适当喷洒些空气清新剂。

7. 调整百叶窗或垂直帘的角度，使其保持一致。

8. 检查墙上饰物和柜架上书籍资料是否摆放整齐，时钟是否准确。

9. 将报纸杂志堆放排列整齐，准备好各类办公用品，将日历翻到当天。

10. 用酒精或消毒液给所有的电话机听筒消毒。

11. 把日程安排表和必要的文件资料及当日报纸放在上司

桌上。

12. 在卫生间里进行个人卫生，然后换上职业装，准备工作。

如果某天因为个人原因而上班迟到，我们应该当场向上司明确说明迟到的原因，请求上司的原谅，同时向临时代我们做了上述工作的同事打声招呼，感谢对方的帮助，然后迅速接手工作。

如果因为外出公务原因晚到或不到办公室上班，我们应事先委托某位同事代替我们临时处理相关事务。

无论所在单位是否实行午休制度，秘书大多没有权利享受，也绝不能在这个时间段内放松自己，因为上司随时随地都可能有用得着我们的地方。

如果确实有事需要离开片刻，则应将手头工作或可能的来电来访交代身边的同事帮忙，以此满足上司的不时之需。

第四节　下班标准

毫无疑问，秘书协助上司处理好当天的事务，让上司安心离开办公室后，自己才能下班。如果下班后没有活动或应酬，正常情况都是如此。

每天准点收工应该成为秘书的工作习惯，这既是对工作时效的强调，也是对个人私生活的尊重。秘书经常加班加点绝非正常现象，如果不是人手不够，那就一定是我们的工作方法有问题。

当然，从道理上讲，当日事情必须当日完成，加班加点对秘书而言也是很自然的事，我们总不至于为此和上司计较。既然选择秘书作为我们的职业，对此理应无怨无悔。

不过，人的精力毕竟是有限的，长期超负荷的加班加点会逐渐使我们身心交瘁、疲惫不堪，进而影响到我们对工作的热情和对事物准确的判断。如果情况确实如此，我们也许应该考虑将自己的工作节奏加快一些，流程简化一些，动作紧凑一些。在效率原则下尽量压缩工作时间。

做一个优秀的秘书，并不意味着我们应该牺牲个人时间，只有不懂得方法的人才会把自己弄得很累。

另外，和上司加强沟通，和上司一起养成正常下班的习惯不失为明智之举，因为能做到秘书这个级别的人，大多都正在恋爱或已经结婚，如果不能维持正常的家庭生活，势必会影响其职业表现。重要的是，不要让偶尔的加班加点变成家常便饭。

下班前，我们应征询一下上司是否需要我们加班加点，如有此类要求，我们就迅速调整好自己的私人时间，妥善安排，并对相关事宜进行处理。

如不需要，我们可先将自己手头尚未完成的工作整理一下，按主次放好，以便次日一开工就能继续。然后将次日的工作日程预做安排，有些给予确认，有些则作补充。

如果上司习惯提前一天获得次日的日程安排表，我们就先打印一份送呈上司，让他事先心中有数，早做预备。如果上司习惯每天一早踏进办公室就能见到当天的日程安排表，那我们就在当天早晨再将日程安排表放在上司桌上。

当上司和同事们都离开办公室后，我们便可以换下职业服装，关闭所有办公设备，切断主电源，关好门窗，确认无误后，锁门离开办公室。

第五节 名片标准

名片的作用是介绍身份，同时也有保存记忆和联络的功能。

随身携带的名片应放在专用名片夹中，向别人递交名片时应双手捏住名片两角，将名片正面和字体正面朝向对方，郑重其事地呈递：“这是我名片，请关照！”

说这句话时，咬字吐音要清清楚楚。我们郑重其事，对方也会同样认真。如果我们漫不经心，对方必然也会无所谓。赠名片目的就是让对方留下印象，如果不是如此，那又何必献丑。

接受对方的名片时，即使对方很随意，我们还是要郑重其事地接受，并且要用欣赏的口吻认真读一遍名片内容，然后看着对方说：“很高兴认识您!”

这样做既让对方感到十分受用，也帮助我们加深对对方的印象，尤其是在熙熙攘攘的公众场合，很短的时间内要和众多的陌生人士打交道，这一招确实有效。

如果对方给我们名片，而我们自己的名片恰好没带在身边，或者刚好用完，那么我们应向对方说明并表示歉意：“对不起，我的名片刚用完，改天我再补给您!”“实在不好意思，我的名片放在车上，回头我给您送去!”当然，如果承诺了对方，必须言而有信，事后将名片设法给对方。

如果对方因疏忽或没在意，没有把自己名片给我们，而我们出于需要，又必须得到对方的名片，我们就只能主动向对方索要。向对方提要求时应郑重其事，要让对方有种受宠若惊的感觉。如果对方在这种情况下仍没有给我们名片，那我们也不必强求，因为对方不给，必然有其道理，我们也不用强人所难。

名片可用来留言，当拜访未遇时，在自己名片背面写上几句简单的话，托人转交再行联络，也可免却我们往返奔波之苦。

名片也可以用来表示问候，如庆贺对方结婚、生日、升迁等喜事时，可在名片右下角写“敬贺”，左上角写对方姓名，背面写上祝福的短句。用名片代替便条或贺卡，往往显得别具一格，比较郑重。

名片还有许多用途，比如送礼时附上名片，等于自己亲自前往；拜访长辈或地位较高的人士时，可请他人转交名片以作通报；如果我们调动工作或迁居，可向有关人员寄发名片以示招呼；等等。

递交名片要主动，为的是广种薄收，这对工作有利；索要名片也要主动，为的是广结人脉，这同样对工作有利。

◆第十四单元　职务标准◆

本单元提示：

秘书的职能并不仅仅是职务的功能，它还包括职务本身所需要具备的能力。

从这个意义上讲，秘书的职能是超越秘书的事务性工作，从一个单位运作的整体需要来发挥作用的高层次行为。

如果仅仅是担任上司的助手，可能一般行政人员就能胜任。但如果我们的存在是对上司能力的补充，我们的作用是为上司出谋划策、排忧解难，那么我们就必须具有超凡的能力和丰富的经验。

优秀的秘书与平庸的秘书，最大的差别就在于思想的不同，这无关职能，但却通过职能表现出来。

很多位高权重的领导都是秘书出身。有些秘书虽然职务未变，但职权却很大，虽然不能左右局势，却也足以影响上司。

秘书职业生涯最好的结局是做高层管理，而要具备这种统揽全局的素质和能力，在秘书的职能结构中，就应该有意识地培养与建立起宏观的思考方式和微观的处世方式习惯，培养和建立起出类拔萃的独立意识、合作精神、整合思维、创造能力、应变心态。

秘书是一种特殊职业，说它特殊，是因为秘书必须将微不足道的事做到完美无瑕，将举足轻重的事做到无懈可击。

第一节 独立标准

秘书工作的独立性非常微妙，作为上司的助手，秘书既不能自作主张，又不能自说自话，其在单位日常运作流程中所起的作用就是承上启下、左右逢源，这种环节关系不容许秘书有任何独立性，否则就会与整体格格不入，就会遭到别人的排斥。

但是绝大多数上司所要求的秘书，都是那种在关键时候既能唯命是从又能独当一面的人才，所以，当我们想方设法淡化自己的个性时，我们的表现很可能会让上司感到失望。

这的确是个两难的问题。

这就好比一个木桶，秘书的职能要求我们既不能成为其中的短板，以致整个木桶的水平降格以求，又不能成为其中的长板，因我们的能耐而影响与他人的合作。

秘书工作确实需要八面玲珑的圆滑、左右逢源的机灵。既能与任何人交往，也能与任何人共事，看起来似乎如水银泻地一样随形无声，但这并不意味着唯唯诺诺、没有主见。

出类拔萃的秘书都是非常有个性、有主见、自制的人，秘书本人的独立性与秘书工作的独立性都是非常必要的，关键是如何把握好辅助性、合作性与独立性之间的分寸。

在秘书的职能中，独立性可以理解为以下三个方面：

（一）思考的独立性

当我们身为上司助手时，应该向上司提供最准确的信息和最周全的建议。

怎样在浩如烟海的信息中筛选出有价值的东西，怎样使建议更有价值、更有可行性，这都需要我们运用自己的智慧与经验来进行独立思考。

当然，与上司及同事或其他专业人士进行探讨，不失为一种很好的思维碰撞方式，集思广益也确实能产生非常好的想法，但是独立思考仍然是我们与他人互相影响的本钱。只要我们在思考，就一定会与众不同，而正是这点不同，才能弥补上司某方面不足，才能帮助上司进行正确的判断与决策。

（二）职能的独立性

秘书职能的独立性是相对其在决策层和执行层之间的位置而言，是为决策层提供辅助，为执行层提供协调，必要时甚至提供指导。

秘书工作是一种独立的办事职能，它在服务上司的同时，也保持着自己特定的行政管理作用。

（三）表现的独立性

秘书是上司的助手，但不是上司的跟班，秘书在本职岗位上所表现出来的，应该是一种敬业精神和专业水准，既能包容一切不同意见，又能坚持正确主见，同时还能耐心地沟通、说服、影响他人，集思广益以达成共识。

由此可见，真正的独立性体现在既能坚持自己的专业水准，又能适应与他人的互动合作上。

需要提醒的是，在强调秘书职能的独立性时，必须把握以下四点原则：

1. 所谓独立，应该是在上司允许的范围内。凡是与秘书职能有关的事项，均应由上司说了算，而秘书的任务就是和上司界定与确认权限。

2. 不要因为秘书职能的权威性和特殊性而过分看重自己的独立性。在无法明确权限的微妙场合，感觉反而会弄巧成拙。

3. 在人事是非中保持超然的公平和就事论事的态度是完全正确的，但在坚持己见时也要注意沟通，使有关人员心服口服。总之，任何伤害他人自尊心或者可能激化矛盾的做法，都是不成熟的表现。

4. 大事清楚，小事糊涂，这是聪明人的处世方式，但秘书工作就其性质而言，并没有大小之分，哪怕只是一件微不足道的事，都有可能牵一发而动全身，影响到整个大局。因此，任何事情我们都得全力以赴，认真处理。

第二节　合作标准

现代社会的分工越来越细，这种专业性的分工使资源配置更加优化、资源使用更加合理、资源效应也更加突出。

分工虽然使每个职业角色都有可能发挥专业作用，但同时也增加了彼此互动的协调性困难。

对一个团队而言，其内部的分工是否明确、合作是否默契，直接影响到该团队的运作。

在团队运作中，秘书的作用可谓举足轻重，无论对上司而言，还是对单位内各个部门而言，或者是对本部门的同事而言，秘书其实都扮演着合作者与协调者的角色。

与上司合作，使决策得以尽快地落实；与同事合作，使工作得以顺利地进行；与部门合作，使关系得以协调地发展；与外界合作，使业绩得以正常地体现。

秘书工作的有效性很大程度上取决于秘书与他人合作的有效性，这一点已被越来越多的事实所证明，而在与他人合作共事的过程中，上司绝对是秘书最重要的合作者。

不要因为显而易见的上下级关系而忽视了平等与合作的关系，从团队角度来看，上司与秘书的角色安排只是团队内部的分工而已，在本质上都是为了尽自己的职责而把自己的分工做好。

好的上司是秘书不可多得的教练，他为我们做出榜样以及对我们进行指点，这足以影响我们的职业生涯。即使他并未专门抽出时间来指导或训练我们怎样思考、如何行事，但他对待工作的态度、思维方式、行事风格，仍然会给我们非常有益的启示。我们不仅能学到上司对宏观的把握能力，也能在帮助上司实现宏观把握的过程中学会用微观来处理细节，而且通过上司来丰富或发挥我们的想法，这就是一个团队最佳的运作状态：互动合作。

众所周知，传统秘书的封闭性由其职业特点所决定，而现代秘书的开放性则由其社会分工所决定。在现代社会，秘书并不是一个只为上司提供服务的独立性职业，秘书正在扮演着承上启下、左右协调、前后呼应的重要角色，说它是每个重要职务的搭档并不为过，说它是组织结构中的关键枢纽未尝不可，说它是行政关键或许更恰如其分。

但是，相当多的秘书至今仍然停留在传统秘书的思维定势上，仍然未意识到自己的角色性质因为社会分工而有了很大的改变，也根本不知道自己应该采取什么样的合作意识和合作态度来处理秘书与上司及同事等各方面的关系。

其实学会与他人合作并不困难，一是调整心态，二是掌握方法，三是遵守规则，四是加强沟通。

那么，究竟如何才能顺利地开展合作呢？

（一）分配角色

要演好一个单位日常运作这场有声有色的大戏，每个角色的人选都要合适，职责要明确，彼此关系要清楚。分工越明确，责任越清楚，每个角色演起来才能个性鲜明，得心应手。

（二）承担责任

扯皮或推诿都是不负责任者或怕负责任者的本能反应，要指望让众人形成合力，非得让每个人都负起应有的责任，不仅对自己负责，也是对他人负责。

（三）互通信息

合作的基础是彼此信任，合作的关键是信息共享。合作者之间积极地传递信息，才能保持团队的透明度，使团队达成共识，统一行动。

（四）提供信赖

众所周知，缺乏信赖的关系，双方会彼此猜疑与不和，内耗使一个人的力量小于一个人，而彼此信赖的关系则促进团结，使一个人的力量大于一个人。信赖合作者，坦诚相待，可以给合作者一种信心，双方互动犹如一人。

（五）协调运作

合作过程中会出现很多认识上的差异与做法上的不同，这就需要秘书进行积极的沟通与协调，协调就是存大同求小异，合力促进团队的正常运作。

合作才能产生双赢，协调才能形成合力，秘书亲力亲为的所有努力，就是在团队中让所有有关人员在一起共事，为一个共同的愿景做好各自的工作。

第三节　助理标准

秘书的本职工作通常分为两大类：一类是事务性工作，如接听电话、接待来访、处理信件、收发公文、起草文件、拷贝资料、整理报刊、收集信息、管理档案、操作电脑、安排会议、安排日程、安排差旅；另一类是辅助性工作，如办公室管理、财务管理、行政管理、人力资源管理、采购管理、客户关系管理、公共关系处理、客户服务、媒体应对、项目策划、市场调查、商务谈判、活动企划、广告设计、社交应酬以及上司交办的代理权限性质的临时性工作。

很显然，事务性工作是秘书的本职工作，而辅助性工作则是秘书的管理工作。一个秘书从普通文职人员成长为高级管理人员，都必然要经过这么一个工作重心逐渐转移的过程。

为上司担任助理工作无疑是秘书梦寐以求的事，也是秘书职业脱胎换骨、提升自我的必然趋势。也许正是由于这个原因，1942年在美国成立的“国际秘书协会”，于1998年8月改称为“国际行政专业协会”，其成员不仅包括秘书，也将秘书职业生涯发展空间中的最佳选择都包括在内，比如行政助理、执行秘书、办公室主管、资讯专员、相关行政人员，而更高层次的提升空间，就是职业经理人。

因此，现在的秘书早已不是把全部精力集中关注在事务性工作上那么简单，必须顺应时代发展的要求，拥有专业知识，拥有非凡能力，逐步增加自己角色的厚度与纯度，不仅做好本分工作，而且要以一位高级助理的身份与相应能力，在决策与管理中发挥积极作用。

秘书身兼重任，又要参与决策层的工作和执行层的协调，而且深获上司的信任，接触与处理的大多是机密性的疑难问题或棘手问题，因此，很容易历练成为名副其实的高级助理，这是秘书晋升为职业经理人得天独厚的原因。

但是如何胜任助理工作，将自己的专业经验和综合能力发挥到极致，需要我们费尽心思。因为助理工作与秘书工作有一定的区别，从开头所介绍的两大类内容就可以看出，秘书的依附性与被动性比较明显，而助理的独立性与主动性则比较突出。在职能上，助理通常会有分工，即分管或主要负责哪方面的独立性事务，但秘书却不会如此明确。

与上司共事，最关键的是领会上司的意图，才能真正帮到上司。

上司的意图通常会以三种方式表现出来：一是明说；二是暗

示；三是没有任何表示，全凭秘书领悟和揣摩。

明说的意图易办，除非话里有话，或者口是心非，否则很容易理解。上司一旦口是心非，要么是他还未考虑成熟，只是本能地自言自语；要么是他另有隐情或尴尬，不得不如此掩饰；要么是他有意混淆别人的判断，故意套取别人的看法。总之，上司言不达意，一定有其道理。

处事果断的上司，大多会用明说而不是暗示的方式来清楚表明自己的意图；而喜欢暗示的上司，如果不是因为处事谨慎，那一定是比较讲究策略。

没有任何表示，其实也是一种态度。捉摸不定，犹豫不决，左右为难。有些城府和自制力的上司往往会在表面上不露声色，让我们难以察觉他内心的想法。这样的上司，说句实话，比较难伺候，因为我们的聪明过头与反应过慢，都会导致他的不满。

其实，领会上司的意图，以下几种方法可供借鉴：

1. 察言观色。即使表演天分再高，人的眼神表情及肢体语言也总会在不经意间暴露出他的内心变化。长期跟随上司的秘书，只要稍微长个心眼，就能很容易记住并识别上司一些非常有特征的表情及动作，从而作出相应的判断。

2. 听话听声。上司说话时的用词、声音、语调、口吻、节奏，甚至隐藏其中微妙的感觉，其实都在传递一种特定的信息。秘书的听话能力和辨别能力，就是能在各种语言状态中抓住要点，抓住其中真正的潜台词，因为很多时候，上司说出来的话并非完全是他的真实想法。

上司直接交代的都是明示性意图，即在正常情况下明确表达的想法，这种领会比较容易和简单，我们照办就是。

上司间接交代的都是非确定性意图，即在言谈举止中流露出来或是通过暗示的方式表现出来，甚至什么也不表示，但意图却很明显。在这种情况下，我们就必须综合自己对上司一贯的为人处世习惯的了解，以及对当时当地特定状态的判别，感悟并领会上司的真实意图，消化上司的真实意图，并就此做出准确有效的处理。

领会上司真实的意图之后，秘书有三种选择：一是直接挑明，请求上司确认；二是心照不宣，按照理解执行；三是婉转暗示，诱导上司明示。

至于究竟采用什么方式，还得根据我们与上司的共事习惯而定，尤其是根据上司的感受和做人风格而做决定。

和上司事先约定这种默契是不可能的，关键在于我们的用心。

比如会客，无论事先有约还是临时安排，上司约见来客的时间都是有限的。正常情况下，秘书必须事先告知来客，上司有多少时间可以和他见面交谈。

上司同样也应知道这一点，否则谈兴所至，难免会耽误下一位来客的约见时间。每一次超时都可能打乱上司的工作日程，影响其他来客的情绪。因此，除非情况特殊，秘书轻易不要让上司违反既定的时间安排。

如果上司自己提前中止会客，当然最好，这无需我们做出任何提醒，但我们也需要对此引起重视：为什么这次安排的约见时间会比实际的约见时间长？今后如何做出应有的调整？时间安排上出现真空，意味着上司的工作效率受到了影响。

然而，让上司自己当面向来客提出约见时间已到并请客人离开，毕竟有些为难，尤其是对那些身份特殊，或者关系微妙、不便当场打断对方唠叨或纠缠，或者坐在那里就不想起来的来客，这时如果秘书出来打圆场和解救上司，就显得十分必要。

帮助上司排忧解难也是一种技巧，而且要表现得非常得体、规范。

为上司化解尴尬和打圆场，秘书事先应该和上司对此作出约定或默契，或者了解上司的性格脾气，做出恰当的配合。如果上述准备都没有，那就必须在实际情况发生时善于察言观色，对上司的意图做出准确的判断，并给予合适的反应。秘书应当清楚了解上司的表情神态及相应的心理活动，当上司自己不便表示会客到此为止时，他会用什么样的方式来暗示这个想法，他指望我们用什么方式提供帮助。

无论上司谈兴如何，一旦到了时间，秘书都应该口头提醒上司，这样做的好处是既帮助上司掌握时间，又帮助上司借故起身告辞，还能在上司继续和来客谈下去的这段时间里，让来客感到上司给予的面子。

中止上司会客通常有以下三种方式：

1. 电话提醒上司。上司如果为难，他只需在来客面前对着电话说“是”或“不是”，不必说出自己的意见。上司如果需要，则可借题发挥，说些让来客觉得不好意思再逗留下去的话。

2. 纸条提醒上司。将有关事宜写在纸上，走进上司办公室递交给上司，什么话也不说，上司自会处置。

3. 当面提醒上司。以约见时间已到，下面还有事情急需上司处理的理由，当面提醒上司立即中止会客以免影响后面已经安排好的工作。或用下一位来客已在等候的理由帮助上司结束上一位来客的约见，但不必提及下一位来客的姓名及事由。

适时提醒是一种必要程序，关键在于从上司对来客的反应中揣摩出上司的心思，在上司最需要我们有所表示时出现并呼应他的想法，而不是让他因为少了我们的默契而在来客面前度日如年。

秘书的助理作用也表现在陪同和社交上。

陪同上司外出，秘书一般应走在上司左侧。中国古代礼仪讲究“左为下，右为上”，谦恭地走在上司左侧是对上司的尊重和礼遇。

如果是引导，则应走在上司左侧前45°角左右的两米以内，之间的距离以我们与上司之间的上下级关系熟悉程度而定，通常以半米至一米为宜。如果是陪同，则应走在上司左侧平行距离，两人的间距以肩与肩保持半米至一米为宜。如果是随从，则应走在上司左侧后45°角的一米以内，以能够跟上上司的步伐为宜。

不必刻意丈量我们与上司之间的距离，因为随着我们和上司的亲疏程度，我们会很自然的做出相应的反应。但是，用距离来表现出与上司同行时应有的为臣之道，也是一种礼节上的讲究，上司不会提醒我们应该这样或那样，但我们如果太过随意，会让别人感觉我们不懂规矩。

陪同上司出席各种活动，在场面上我们必须站在上司的左侧身后，只有当客人站在上司面前时，我们才可以根据当时情况，选择站在客人的左侧。

陪同上司外出通常会坐车同行，我们应当后上先下，为上司做好接应与招呼。正常情况下，秘书应为上司打开车门，等上司上车后，为其关上车门，然后从车后绕行至另一侧车门上车，或直接在司机旁侧座位开门上车。

车子一般有四至五个座位，后座左位为上司专位，司机右位为秘书专位。但上司有个人喜好的例外，有的上司就会要求秘书坐在后座右位，同自己并排，有什么事情也好交代。

关键是从一开始就确定并且习惯同行的规矩和礼节。既注重规矩，也考虑方便。

正确的社交礼仪能够帮助双方建立良好的社会关系，也能提高彼此知名度和美誉度。

据统计，在正常情况下，一个单位的领导，会用20%的时间处理日常事务，用40%的时间处理商业事务，还有40%的时间则用来社交应酬，可见社交在上司工作中的重要性。

秘书作为上司的助手，不仅需要为上司安排社交活动，还要协助上司处理以下社交事宜：

1. 代上司发出社交邀请。社交邀请分正式和非正式两种。正式邀请指郑重其事的以单位或上司的名义约请对方，此类社交活动比较正规，讲究形式。邀请时需用规范的外交辞令，礼数周到，程序清楚，并用正式的请柬。非正式邀请则比较随意，一般口头约请，内容也比较轻松。

请柬有自制与外购两种。自制请柬要注意措词得体，格式规范；外购请柬要选择内容恰当、外观精致的印刷品。如邀请某重要人物，秘书可建议上司在打印件上亲笔签注，或亲笔书写邀请函，以示诚意和敬意。

2. 代上司答复社交邀请。凡是别人发来的社交邀请，秘书都应报告上司，待上司决定之后，再根据上司的定夺作出相应的处理。

无论接受与否，答复对方都是必需的礼节。秘书必须注意，应根据对方的名义作出相应的正式答复。如对方以个人名义邀请，答复也要用被邀请者的个人名义；如对方是以单位名义邀请，答复也要用公务信函。

接受对方邀请的答复，应先表示感谢，然后明确表示愉快接受邀请的意思；无法接受对方邀请的答复，应先表示感谢，再解释无法应邀的原因，然后表示遗憾，最后希望谅解。

3. 为上司处理社交应酬。除了宴请和聚会之外，社交应酬中最多的是彼此祝贺和馈赠礼物。

庆祝与贺喜是场面上讲究礼节的事，用贺信、贺电的文字表达方式比较斯文有礼，用送花篮、工艺品等礼物的方式比较大方得体，将这两种方式结合起来运用则比较郑重其事。究竟采用何种方式，可根据上司与对方关系的亲疏程度而定。

礼品的选择必须考虑对方的爱好与需求，锦上添花毕竟不如雪中送炭更能令人印象深刻。

社交中的赠礼，礼品的品质和赠送的方式都需要讲究，这也是一种礼仪上的规矩。最能打动对方的未必是厚礼，而恰恰是与众不同、价廉物美、有些讲究、非常实用的东西。

要让馈赠的礼品发挥其应有的心意作用，秘书务必将上司的名片或亲笔信附在一起，或者陪同上司，或者代表上司，专程上门，当面赠送。

4. 协助上司办理公益善事。公益性的捐赠与赞助本身也是一种社会交往活动，它们可以建立该单位承担社会责任、热心助弱扶贫的公众形象，同时也能帮助塑造单位领导的社会形象。

当然，如果上司自己能够意识到这类善事的重要性，秘书只需帮着张罗即可，最多是提醒上司注意量力而行与巧妙扬名的问题。但如果上司一直疏于此类善事，而秘书又发现上司非常需要通过这些善事来达到某些目的时，就应该适时建议上司做些造福社会又获口碑的事。

具体操办中，财务处理和效果评估是秘书特别需要把握的事情，它们对上司的决策行为有非常重要的影响。

5. 陪同上司出席社交活动。陪同上司出席各种社交场合举行的活动，例如舞会、酒会、晚会、宴会、联欢、沙龙、表演等，也是秘书经常的工作内容。

秘书犹如陪衬鲜花的绿叶，其作用就是协助上司讲究礼仪，帮助上司左右逢源，提醒上司礼数周到，照顾上司的方方面面，并且心领神会、非常默契地配合上司，在社交场所内得体的应对和周旋，让上司给现场人员留下好印象。

特别是要记住所有的重要任务和有助于上司的人士，为上司日后的事业发展建立起最具价值的人脉。

第四节 协调标准

一个单位要想创造良好的工作氛围和工作业绩，内部关系的协调是十分重要的。

内部关系包括上司关系、同事关系、部门关系。关系越简单，越容易协调，关系越复杂则越困难。协调就是建立良性互动，保持利益平衡。

上司关系协调既包括秘书本身与上司之间的关系，也包括上司之间的关系。

有时候我们可能会面临多位上司而无所适从，这时就只能依循下列准则进行处理：

1. 专心致志为自己的直属上司服务，帮其树立形象，解决各类问题，对其一人负责。

2. 不参与上司之间的是非纠纷，不在直属上司面前议论其他上司，不和其他上司的助手议论是非。

3. 认真做好各类文字记录，严格依照程序操作，加强上司之间的信息沟通和感情交流，避免产生因沟通不畅造成的误会。

4. 当上司之间产生矛盾或冲突时，巧妙地劝导自己的上司，转移其注意力，多说说对方的好话，充当和事佬，化解矛盾。

秘书与各部门主管属于同一层次，分工不同，但运作目标都是一致的，如果出现不协调或不愉快的现象，我们应该从大局出发，放弃个人成见，避免情绪化，主动和对方沟通。一是尊重对方，二是做好服务，三是及时指出。协调时站在对方立场，理解对方意图，消除对方误解，解决对方困难，与其和谐共事。

关系协调不利，必然导致失调。很多失调现象往往不是浮在表面，而是隐在深层，那些显而易见的问题掩盖了更实质的问题。有些问题也许只是简单地失去平衡，有些问题可能就蕴涵着危机，秘书要善于发现问题所在，善于发现失调的深层原因及可能的最坏结果，及时妥善准确地给予协调处理，避免一般性的问题发展成危机。

当然，协调时还要注意以下原则：

1. 从属原则。秘书的职务与工作性质决定了我们是专为上司当参谋做服务的，因此，秘书主要是协助上司做好协调工作，这是一个从属角色，既要主动，又不越权；既要负责，又不专权。

2. 依法原则。协调是一个消除分歧、化解矛盾、理顺关系、统一认识的过程。但不是无原则地搞调和，也不是靠上司意志去强行影响，而是按规矩办事，秘书特别要帮助上司意识到这一点，因为很多上司往往喜欢把复杂的问题简单处理，低估了问题的严重性，随意做出草率的判断和决定，结果，表面上看起来双方关系之间平安无事，但其深层关系却很糟糕。问题不能通过协调获得真正解决，必然会日积月累形成痼疾，最终会出现难以收拾的并发症。

坚持依法就是坚持原则，公正公平，只有这样，我们的协调才会产生理想效果。

3. 调研原则。任何矛盾的产生都应采用实事求是的态度进行调查、研究、分析，充分考虑双方各自立场，找出矛盾并加以化解，找出共识并加以确认，找出分歧并加以协调，这样才有针对性、实效性、公正性。

4. 平等原则。平等协商，相互尊重，坦率交流，彼此理解。协调就是协商和调解，这既需要中间人，也需要双方作出让步。

5. 分级原则。秘书在协调时应分清职责权限，依照职权范围，分级做好协调，尽量避免将矛盾激发到上司那儿去，尽量在他们各自负责的范围内通过协调将各部门的矛盾予以解决。如果什么事情都要请上司做主的话，上司一定会认为下属无能。

当然，对于确实应该由上司出面解决的问题，我们也要及时汇报，并提供相应的参考意见，为上司出面协调做好服务。

在所有的协调方式中，最重要和最有效的是管理协调，它是指运用各种管理手段进行协调。众所周知，管理本身具有基本的协调功能，它是计划、组织、控制、引导等手段与人、财、物、信息等要素整合后的工作方法。

管理协调分为目标计划协调、执行措施协调、工作安排协调、督促检查协调、运作节奏协调。这些协调方法可以通过明确制度、制定程序、设立标准、稳定秩序来实现协调的目的。

任何一个单位不可能不产生矛盾或者冲突，有时候平安无事未必是件好事，水至清则无鱼，对管理者而言，适度的矛盾可以产生问题，有了问题的存在，就会随之有解决问题的方法。方法越多，问题就越少，自我净化和自我完善所必需的免疫功能也越强。

再者，适度的冲突也可以激活内部运作，这也是一个单位富有活力的表现，我们把这种适度冲突称为良性冲突，因此进行的协调就是要避免冲突恶化，避免冲突太频繁，避免冲突程度过分，掌握好适度与过度之间的平衡，使整个单位能够相对健康平稳地发展。

其实，秘书的主要精力大多集中在冲突协调上，因为问题大多是以冲突的方式表现出来的。

冲突协调分为三种类型：事权冲突、利益冲突、情绪冲突。

事权冲突是指权利分配不当、用权不当、权力交叠造成的冲突，秘书应该根据不同的情况做出相应的协调：权利分配不当造成的冲突，应报告上司予以调整；用权不当造成的冲突，则以相关文件作依据，由各权利方再行明确；权力交叠造成的冲突，则应居中协调，或者建议上司直接研究协调。

秘书虽然不是仲裁的主角，只是一个专责沟通与疏导的协调角色，但其责任同样重大。

利益冲突包括局部与整体、局部与局部、个人与单位、个人与个人、单位与单位之间某一方面或某一阶级利益的冲突。冲突的原因多种多样，但我们只要把握好信息动态，充分考虑各方利益的合理分配，并且在冲突发生时协助上司重申与强调各方根本利益的一致性，引导各方着眼于大局和整体利益，客观公正地用协商的方法制订合理的方案、做好平衡，这种冲突就会烟消云散。

情绪冲突本身往往是由其他冲突引发的，也是因为每个人的价值观、思维方式以及情绪的差异而造成的。我们在处理这种冲突时，一要及时协调冲突表象，采用一切方法来淡化冲突，缓和对抗情绪，控制局面；二要最终协调冲突实质，理清矛盾的性质、原因、程度和各方基本要求，协助上司调整相应的措施，解决矛盾。

当介入情绪冲突中进行协调，尤其是处理那些非常情绪化甚至接近丧失理智的冲突时，秘书需要有极为丰富的经验和高超的技巧缓和气氛、平息怒气，同时也要控制好自己的情绪，避免出现因缺乏耐心或者沉不住气所造成的冲动，如果连我们这个协调者都身不由己地搅和进去了，那才真令人哭笑不得呢。

在这种时候，成熟老练的秘书大多会用风趣幽默又得体的话语来缓和气氛，促进协调，或者巧妙地转移话题，引开双方的注意力，寻找适当时机再做协调工作。

第五节 应变标准

人的反应能力可以说是天生的，但人的应变能力则是后天培养的。适应变化并且随之对自己的想法及行为做出适当调整的能力，都是实际经历的结果。

人在生活中的适应能力被称为职业能力，对于秘书而言，我们所面对的各种关系处理和各项事务处理充满着太多的变数，而任何一种变数都会产生无法预料的结果。我们要试图控制这些变数，试图把握这些结果，就必须具备相当的应变能力，不然会被种种变化弄得非常辛苦。

应变能力是秘书最基本的也是最重要的能力之一。说它基本，因为几乎所有的工作都可能因为某种意外而发生变化，甚至看似平常和简单的日常事务，都会经常给我们出难题。昨天还证明行之有效的经验，今天就有可能行不通。如果不能随机应变，我们几乎无法应付这种局面。说它重要，是由于相当多的变化事关重大，以常规应变根本难以应付，我们必须具备超乎常人的智慧与经验，以及非常的应变能力和应变方法，才有可能妥善地解决这些变化所带来的一系列问题，使这些变化得到最合乎我们愿望的结果。

所谓应变能力，其实就是应变方法具体运用的能力，不同的变化需要采用不同的应变方法，不同的方法会产生不同的结果。了解变化的种类及可能产生的后果，掌握并且运用以下这些应变方法，我们就能够胸有成竹地面对各种复杂的变化，采取下列恰当的应变措施：

1. 顺势应变。当事态发生变化时，以一己之力无法影响或改变这种强势，最好的应付之策就是顺势应变乃至借势应变，在这种应变中保存自己有限的资源，借外界之力过渡到结果中去。

2. 变通应变。通过改变自己的某些习惯和定势来适应变化的发生。

3. 不变应变。当我们认为自己的做法并没有什么错，而且恰恰相反，我们的执著正是变化本身所需要的内容时，我们当然没有必要趋炎附势、随波逐流。

4. 破局应变。如果周围的环境已经沉闷古板，没有丝毫生气，变才是唯一的出路，那么最好的办法就是打破一切原有的状态，做一次革命性的改变来适应外界的变化。

5. 多元应变。当一种应变措施无法适应或显得势单力孤时，尝试用多种不同的应变措施就不失为一种痛快。俗话说，条条大路通罗马。多种应变措施总会有一种是能起关键作用的，而其他则是配合、衬托、呼应这种应变，使应变的有效性大大增强。

第十五单元　前台标准

本单元提示：

办公事务的处理看似琐碎，其实也有程序与标准的要求，正所谓熟能生巧，这“巧”就是一些由专业经验提炼与积累的操作模式和必要的细节。

无论对内还是对外，无论对上司还是同事，也无论是正在发生还是未发生的事务，秘书的娴熟应对和恰当处置都反映着一种专业标准，这种经事实无数次证明是行之有效的工作规范，对管理流程的标准化和日常事务的效率化当然是毋庸置疑的宝贵经验。

事实上，无论办公条件如何改善，办公环境如何变化，办公内容如何调整，基本的程序性的标准还是万变不离其宗的。

这就犹如大学教育的必修课，我们要成为社会承认的专业人士，就必须去学习它、适应它、掌握它、运用它，使它成为我们职业生命中的一种生活方式，一种职业本能，一种习惯。

第一节　接待标准

日常接待是秘书最基本的也是最频繁的工作，这事看似平淡普通，其实不然，因为接待工作是一个单位与外界沟通的重要环节，它既有事务性的特点，又代表着单位的形象，如何接待来访客户，将直接影响到外界对我们所在单位的印象。

（一）做好充分的准备

事先做好充分的准备，可以帮助我们在客人来访时不至于手忙脚乱。这些准备工作包括：

1. 准备一份原始约见登记本，或者计算机登记系统，根据以往客户来电来函来人的预约记录，整理出当天已事先预约的来访者姓名、单位、职务、时间、事由、接待者，做成一份当日来访预约表。如有必要，可通过电话方式再次确认及提醒来访者和被访者。

2. 建立来访者名片索引系统，用名片扫描仪将来访者的名片资料储存在计算机里备查，配合来访登记记录，合并成一套来访资料系统。这样既便于完整记载已发生过的来访及结果，也便于上司有事联系客户时，我们可以迅速地借此检索并提供准确的信息。

3. 了解并掌握单位内部可以接待来访者的人员姓名、部门、职务、分机号码。这意味着单位内部并不是所有的人都有资格在工作时间和工作地点接待外来者，它有着相当严格的限定，否则办公室成了会客室，管理就会失控，秘书就是失职。

当来访客户未指明所访何人时，我们应该清楚判定应由哪个部门、哪个人出面接待，并且先用内部电话与该同事联络，获得确认后再作安排。

4. 准备笔和便条纸，如果来访者拜访的人不在，可请其留言以便转交。

5. 在面向办公室内部的墙上设置留言板作为备忘之用。我们可以请有关人员外出时做个留言，或者自己代劳，这样可以帮助我们在忙碌工作的同时也能随时掌握有关人员的行踪和有关情况。当来访者登门拜访时，或者上司有事找有关人员时，我们不会因为一问三不知而十分被动。

6. 有意拉开接待处与会客区的距离。除非特许，外来者不得进入办公区域。常规的做法是设立专门的会客区或等候区。凡是来访者，无论是否有约，也无论陌生还是熟悉，都应请他们在会客区就座，奉上茶水，请他们稍候，然后回到接待处或自己的办公地点，用内部电话与被访者联系，征询对方是否接待和何时接待的意见。当被访者因故不想见来访者时，我们可以找借口应付和支走来访者。

分开两个区域，不让来访者听见我们和被访者的通话内容，这也是避免尴尬甚至冲突的良策。会客室内应放置当日的报纸杂志，使来访者安心等候，也可以转移来访者的注意力。总之应避免在来访者面前打电话给被访者。

必须强调指出，小型企事业单位里的秘书往往兼有办公室文员和行政助理的职责，小型企事业单位中职务功能的区别并不是很明显，身兼数职的事也很普遍。因此，秘书通常就坐在办公室入口处负责接待，询问来访者是否有约、是否有要事，了解被访者是否在、是否愿意接待，然后给予相应安排和处理。虽然每个单位都会热诚欢迎客人来访，但却没有一个单位会允许来访者随心所欲地东张西望或在内部随意走动，秘书坐镇门口就是起安全审查与接待处理的作用。

大型企事业单位则不同，由于规模和场地的原因，其分工非常明确，大门口位置通常由文员坐镇，而秘书则坐镇在自己上司的办公室门外，负责阻挡和接待任何未经上司同意擅闯上司办公室的人士，以免这些不速之客的冒失无礼打搅了上司的正常工作，同时在上司能够呼应的范围内给予上司直接的工作帮助和生活照顾。

文员的接待作用是为来访者排忧解难，同时又不会让来访者影响单位的正常工作。秘书的接待作用则是筛选来访者信息，分清权限，分别处理，在尽可能满足来访者的要求时，尽量减少各类来访对上司的干扰。

（二）按标准接待来访者

无论我们是在什么位置从事接待工作，接待的程序和规范做法都是一样的。

来客登门拜访，我们应起身相迎，这既是积极的礼貌，也是策略的挡驾。待客态度应该亲切温和，面带职业性的微笑，同时热情招呼对方："您好，请问您有什么事需要我帮助?"或者"您好，请问您有什么事?"

前者的招呼比较专业，后者的问候比较随意，这可视来访者的情况选择使用。但是，用"您事先有约吗?"之类的询问就会显得较为生硬。

如果有客来访，我们正在接打电话，那么正确的做法就是向电话那头的人说声："对不起，请稍候!"先放下电话，笑脸相迎来访者，并请来访者稍候，然后再拿起电话继续交谈。无论是否有来访者需要接待与安排，我们在接打电话时都应简明扼要，因为忙碌的工作会分散我们的注意力，任何一项细小的疏忽都有可能变成麻烦，我们必须保持随时待命和迅速处理的状态。

无论是陌生人还是熟客，我们在接待时说话的声音都应保持相同的语调和节奏，声音徐缓平和，咬字吐音清楚。始终一致的讲话态度和语调，可以有效避免来访者因为亲疏而产生的厚此薄彼的感觉，同时也会让所有的来访者都觉得我们非常的职业化。

秘书有很多非同寻常的能力，超常的记忆力就是其中之一。只要见过一面、打过招呼的人，我们就能过目不忘，无论什么时候什么场合再见面，我们都能立即准确无误地认出对方。这种熟记陌生人的非常本领，对日复一日同数不清的人打交道的秘书而言，确实是一种职业考验，但如果我们具备了这种能力，就会让有过一面之缘的来访者感到惊讶和喜出望外。

如果来访者是陌生人，我们应该先打招呼，然后视情况决定是否介绍自己的身份。一般来讲，要求拜访上司的客人，我们有必要作自我介绍，让对方知道我们的真实身份。这是程序，也是规矩。秘书不能让任何来访者毫无阻碍并且轻而易举地见到上司，这会让来访者无所顾忌，更可能会使来访者因此看低我们所在的单位。如果只是一般来访，我们可以直接引荐给有关被访者，此时，再作自我介绍就会显得多余。

如果来访者初次登门，人生地不熟，难免会担心自己受到冷遇。因此，我们应该以始终如一的职业态度去问候对方，并且要求对方提供能够证明其身份的东西，这个验证的程序必不可少。对来访者提供的名片，我们应礼貌地用双手接过，仔细地轻声念出名片上的姓名、单位名称、职务。这样做有三个好处：一是加深印象，二是给予确认，三是让对方感觉我们很重视他。

问明对方的来意后，请他在会客室稍候，然后回到办公桌前，用内部电话和相关人士联系："人力资源部王经理吗？您好！我是秘书斯苔拉，现在国信证券的丁先生来访，请问您是否有时间并且愿意给予接待？"

如果被访者不在，或者暂时无法接待来访者，我们应礼貌而又明确地告诉来访者，并且建议对方另约时间，或留言，由我们设法转告有关人员。

如果来访者是熟人，我们的招呼中应多一份熟悉的亲切感，同时仍应十分礼貌地问明其来意。我们并不能因为对方是熟人而任其自由进出，这也是秘书的例行公事之一。我们制定规矩，熟人自然会去习惯；如果我们不讲究这些，那么熟人反而会觉得我们随心所欲，出尔反尔。

如果来访者事先有约，我们也应请其在会客室稍候，然后与被访者联系予以确认，并让其做好准备："您好，我是秘书琳达，投资公司曾总按照与您约定的时间，现在会客室等您，请您安排。"通知完毕，得到认可后，我们可引领来访者到被访者处，也可由被访者亲自到会客室去会客。

如果来访者向我们道谢，我们应礼貌地微笑回应："不用客气。"

如果来访者事先无约，我们应按惯例询问对方："对不起，请问您事先有约吗?"或者"您可以告诉我您来联系什么事吗?"这样的提问要比"您有什么事?"或"您找他干什么?"显得客气和礼貌，对方也更容易接受。我们必须注意，在未明确对方来意之前，不能直接回答被访者在与否，职业性的做法是微笑不语，先听对方说清来意，再作安排。

如果来访者是记者，我们在完成对其身份确认的例行程序（包括验证与电话核实）后，应采取合作和主动的态度接待对方，并表现出乐意帮忙的意愿，但要斟酌回答的内容，不轻易表示自己对某件事的态度。

和记者打交道时必须记住，微笑地用外交辞令及规范用语是自我保护的有效方法，如果我们能够影响和利用对方，针对对方的职业好奇和借题发挥的心理来巧妙应对，就能最大限度地减少对方对我们可能造成的杀伤力，甚至让对方成为我们的好友。当然，对记者敬而远之或者诚惶诚恐是完全没必要的，因为这些不正确的态度只会引发真记者的骄横跋扈和假记者的横行霸道。秘书是保护上司不受影响的屏障，是直接处理棘手问题的高手。我们必须格外小心和认真地处理与记者的关系，必须十分准确地辨别对方的真实身份，判断对方的真实意图，据此作出相应的对策。如果我们这道防线形同虚设，那么被动甚至难堪的将是我们的上司。

如果来访者事先既无约定，现在又赖着不走，我们应沉着冷静地应对，在保持礼貌的同时，明确而且坚定地告诉对方必须离开的理由，打消对方任何侥幸的念头，帮助对方下定离去的决心。除非我们或者被访者策略性地认可对方的滞留或等候。

所谓策略性，包括那些有意制造旺盛人气的做法。

滞留不走的来访者通常有这样几种情况：一是原本已计划好，突然发生变化，一时还无所适从的；二是暂时无处可去的；三是铁了心等候以求了结心愿的；四是说不出任何理由就是想坐一会儿的；五是别有用心的；六是小混混；等等。秘书必须分清不同的状况给予相应的处理，原则是不露声色皆大欢喜。如果真有无理取闹的现象，不到迫不得已，不要惊动上司或者保安甚至警方。

问题的处理有赖于秘书的经验和随机应变。当一件事失控，只能说明秘书无能。

如果同时有多位来访者到访，那么自然应该按先后顺序给予安排，但如果其中有特殊来客，则应立即给以特殊安排。此时，应该根据来访者的身份地位及重要性作出判断。有名片自然容易，但没有名片的话，就得依赖我们的经验了。任何习以为常的按部就班或者错误的判断，都会招致重要客人的不满，而过分重视重要客人、忽略其他客人，又容易引发众怒。

我们的接待原则是来者都是客，先以顺序区分，再以重要性和急迫性区分。对需要延后等候的先到者，给予适当的解释，获得对方的谅解；对其他等候者，客气地请他们稍候，并奉上茶水。

为避免等候者不耐烦，我们可以给他们提供报纸杂志阅览，或者引他们到窗前观赏一下窗外景色，帮助他们消磨时间。如有可能或者必要，我们也可以放下手头的工作，和其中的有关人士谈一些共同关心的话题。

如果同时有多批客人来访，我们在安排他们等候时，应尽量避免让他们发生横向联系。有时候这样的场面未必是件好事。

如果来访者想打电话，可以允许他使用事先安排的电话，这部电话应该是直线电话，如果有长途功能则必须加锁或者密码才能使用，以便控制费用。我们应礼貌地告知对方这部电话的使用方法，并且要求对方控制通话时间和通话的声音，以免影响周围正常的工作。

应尽量避免来访者使用我们桌上的办公电话和内部电话，因为这肯定会妨碍我们的工作，同时也可能在无意中泄密，尤其是在我们正在起草或整理某些重要文件资料时，对方使用电话时很可能会不经意中看到。

同样的道理，只要我们离开自己的办公桌，哪怕片刻，都要养成这样的习惯：收起桌上的有关文件资料，或者用其他东西盖住。我们绝不能因为一时疏忽而给自己的工作带来被动甚至伤害。

如果来访者想和我们交谈，我们可以让他先开口，倾听并应和其谈话，让他体会到我们的知书达理与善解人意。良好的谈话能够促进来访者对我们的了解，但谈话的内容则应避免涉及具体的人和事。

如果来访者谈兴甚浓，我们应视自己的工作情况来决定是否继续和对方交谈，因为秘书手头的工作是相当繁重的，我们不可能有太多的空闲时间陪客人聊天。我们可以向对方表示歉意："对不起，我手头还有些事需要马上处理，我们改天再聊好吗?"或者"对不起，我需要马上做一些其他的工作，您不会介意吧!"然后继续做自己的工作。重要的是要让对方感觉到我们对谈话很快乐，但我们对不得不中止谈话也十分无奈而惋惜，这样既能让我们得以解脱，又不至于扫了对方的雅兴。

如果来访者坚持要见我们的上司，却又不愿说出求见的理由，这事八成会有隐情，所以按照常规，我们更应坚持挡驾，不要轻易屈服于压力或假象而让对方如愿以偿。只有在充分掌握来访者真实意图或者上司有明确指示的基础上，我们才可以安排对方约见上司，否则只能依照职业要求严格把关，态度坚定地告诉对方："对不起，我很抱歉，我的上司明确授权我，他只会见事先有约的来访者。在我安排您的约见之前，他要求我搞清楚您拜访他的真实意图，我必须履行我的职责。"

当然，策略性的挡驾也可以找一些合理的借口，比如："我很愿意帮助您，但是现在我的上司正在开会，会议十分重要，短时间内不会结束，因此我建议您给他写张条子，我会设法交给他，请他安排具体时间。"

让所有上司想见的人都能顺利地见到上司，让所有上司不想见或不愿见的人都在我们面前折返，这就是秘书接待工作的根本。

如果上司正在开会或会客，有事需要打断他，我们可以请来访者在会客室稍候，然后将来访者的名片或写张便条送进去给上司，我们也可通过内线电话提醒上司。这种打断应该是一种心领神会的默契，不会引起他人注意的。

（三）送别来访者

送别来访者也有接待规格上的讲究，同事的访客当然由同事送别，我们完全可以保持自己的矜持与庄重。对上司的访客则区别对待，一般的由秘书代劳送至门外，重要的则由上司亲自送别。

如果有些来访者逗留时间过长，而上司又不好意思送客的，那么我们应熟悉上司的细微表情变化，敏感并且准确地领悟上司的真实意思，巧妙地帮助上司摆脱困境。比如，走进去找个借口打断谈话，提醒上司应该立即动身出门赴约，或者提醒上司下一个约会的人正在外面等候。

不便公开讲的秘密，应该用纸条或内部电话悄悄地告诉上司；有意为上司解围的借口，务必当面公开讲，而且讲完了还得站在一边等着送客。这种执著是必要的，因为我们更关注最后的结果，如果不这样紧盯着催促，那么任何借口都有可能半途而废。

客人告辞离去后，我们应将接待结果三言两语地简要记录在约会登记本的备注栏内以备查。

总而言之，接待规范的基本要求是热情友好、彬彬有礼、不卑不亢、落落大方、来有预约、走有记录、顺序安排、控制时间、掌握分寸。

第二节　引领标准

引领客人去见我们的上司，应该严格按照左下右上的社交礼节，当来客站在我们面前时，我们应很自然地站在来客的左侧前，顺势伸出左手向前进行引领，引领时并不要求将自己的左手一直向前伸，因为这太别扭，只需偶尔在一些节骨眼上，比如转角、上楼、进门时，顺势伸手做出指引。

引领时除了注意自己的位置和手势之外，还应随时注意客人的动静，保持职业性的微笑和认真倾听的姿态。认真的关注是若有所思地，边听边微微点头，目光看着地面，偶尔地和对方目光交流，同时和来客交谈几句。交谈时，人在往前走，但上身及头部应侧向来客，随着谈话的内容不时地看一下来客，但也始终顾及前方的情况，这是一种十分自然的姿态。

上下楼梯时，我们应领先一步，同时提醒或示意来客注意脚下的变化。

进入电梯时，由于电梯开关大多设置在电梯门的右边，而我们的位置则在来客的左边，因此必须提前做出反应，当距离电梯门还有三米距离时，就应加快步伐赶在来客之前，从来客左前方迅速切换到其右前方位置，然后很自然地朝左半转身，站在电梯门口用右手按电梯开关。当电梯门打开时，用右手按住开的按钮，左手顺势向电梯门伸手示意，请来客先进电梯。等来客进电梯后，我们迅速进入电梯，转身站在电梯开关一侧，顺手关闭电梯门。当电梯到了指定楼层自动开门，我们可以用右手继续按住开的按钮，保证来客走出电梯时不会被门夹住。等来客完全走出电梯门后，我们再快步走到来客的左前方，继续引领。

引领来客到上司办公室门口时，我们应站停在门外敲门请示，通知上司来客已经到达，在得到上司明确的请进指示后，才能开门请来客进去。

如果来客和我们的上司未曾谋面，那么引领相见时，我们还应为双方作一番简单介绍，此时我们仍然站在来客左前方，也是上司右前方，三人构成品字形状态。介绍时，用左手打开，手心朝上，摊向上司，面向来客介绍上司。然后把左手伸回来放在腹前，再向右侧伸出去，仍然是手心向上，摊向来客，面向上司介绍来客。

当然，介绍来客时也可用右手示意，但要注意介绍彼此时的手势一定要清晰，不能含糊，一定要介绍一个，就用手势示意一下，两者之间的手势不能一次性带过，必须有伸有收，节奏鲜明，这样才显得干净利落、清清楚楚。

上司的办公室内一般会有会客区域，引领来客在上司的办公室内就座后，应按来客数量上茶。上茶可以由秘书做，也可由接待员做，这并无一定之规，但前者的接待规格显得比较高一些。

为来客上完茶后，别忘了给上司添茶。

一般情况下，上司接待自己的亲朋好友时，无需秘书作陪，我们只要安排妥当，征询上司的意见，在确认暂时没有其他需要后就可知趣地告退，掩上房门后，去忙自己的事。

如果上司要求我们在一旁作陪，那我们就得放下手头正在处理的事，集中精力陪在上司或来客身边，做好相应的接待工作。

第三节　电话标准

电话作为现代资讯工具，在日常工作中起着十分重要的作用。外界正是通过电话最先接触和了解我们以及我们所在的单位，如果我们在打电话时比较随意，或者把我们自己的个人禀性掺杂在里面，很可能因此给单位造成不良影响。

所以，我们首先应该在电话里表现出良好的职业规范和讲话水准，甚至于声音、语调都非常的专业，非常的统一，就犹如航空港的播音员小姐，无论是谁在播音，人们听见的几乎是同一个人在讲话。

（一）电话接听标准

首先，确定并且始终保持接电话时的职业语调与规范用语，这是秘书的基本功。其次，当电话铃声响起，我们应该做好相应准备，在电话铃响过两声之后拿起话筒进行接听。

铃响两声接听是一项专业要求，因为不满两声接听，对方会觉得我们迫不及待，无事可干；超过两声接听，显然又反应迟缓，有失礼貌。至于铃响间歇接听，则是因为电话振铃采用电磁振荡的原理，经常在振铃时拿起话筒会造成铃声中断或衰减振铃功能，逐渐使铃声越来越轻。

千万别轻视铃响两声接听的规矩，有经验的人正是从这个细节来判定我们的专业性。

拿起电话接听时，我们应语调温和地自报家门："您好，这里是廖金泽秘书学院，请问找哪位?"这样的打招呼简单明白，平和安详，使对方既能清楚我们所在单位的名称，帮助其确认打通的电话是否正确，也能感受到训练有素的我们所表现出来的职业水准。

接电话切忌用"喂"，因为这种招呼性的词汇欠缺善意与礼貌，至于连续对着话筒"喂！喂!"则更加显得没有教养。如果对方没有回音，我们又已经重复三遍"您好，请讲"，那么明智的方式就是随即挂断电话。

如果线路出现故障，或未听清对方的意思，我们可以温和地告诉对方："对不起，由于电话声音太小，麻烦您再重复一遍。"

如果通话过程中对方因某些原因急躁或不耐烦，我们应耐心听完对方的埋怨后，再温和地说明自己的理由。切记不要在电话中和对方争辩，即使事实证明我们正确，也要宽容豁达地做个倾听者，尽量满足对方的要求。

除了自报家门，我们还得弄明白对方的身份与意图。要听清来电者的自我介绍，最好是重复一下对方的姓名，“是的。李先生，请稍候。我立刻将您的电话转给郭总。”或者“我明白。王女士，我立即给您接通董事会办公室。”重复会产生一种郑重其事的效果。

也许我们都曾有过这样的经历，当我们有事致电某公司找某人时，接电话的小姐会不厌其烦地问个不休：“您是他的什么人?”“您是什么单位的?”“您是干什么的?”“您找他有什么事?”等你被问得不耐烦了，她才告诉你这个人不在。

如果我们因此和她计较，她还会说我们缺乏涵养。因为她理直气壮地认为，问清楚本身并没有错，这是她的工作，也是她的职责。

其实这是完全错误的态度及方法，是秘书的职业标准决不容许的，也很容易招致他人的反感或怨恨。

秘书接听电话时，既要弄明白对方的身份和意图，又不能使对方反感，只能以职业性、策略性的方法来与对方沟通。秘书没有任何理由去审问对方，只有义务去帮助对方。既然对方主动来电，总是有事相求，因此，秘书必须第一时间了解对方意图，第一时间告诉对方结果，这种了解是技巧地诱使对方坦白来意，这种告知是策略性地达到目的。如果因为过分认真与执著而使来电者误会甚至怨恨，那绝对是接听者的错误。

接听长途电话时，我们要快速应变，迅速回应对方，记下对方的单位、姓名、来电时间、内容要点、回电号码，并且立刻予以处理，以免对方久等。我们必须提醒对方，为避免电话突然中断而耽误事情，有必要按上述程序作简要记录。如果真的发生这种意外，至少我们还能重新恢复联系。

有些来电者在等待时会显得比较急躁甚至不耐烦，秘书的责任就是尽量化解对方的烦躁和焦急，并且让对方知道，我们仍在不断努力。当对方手持话筒等待结果时，通常每隔三十秒或四十五秒，我们就应给他打个招呼："对不起，让您久等了，我在继续设法为您转接，请稍候！"不间断地打招呼，能够缓解对方焦灼不安的情绪，使对方感到宽慰。

如果电话确实没人接听，这种确认通常是三次，每次铃响六声，一般经过这样的催促仍没反应，那就意味着确实没人接听。这时我们应转而征求来电者的意见："对不起，电话没人接听。您能否留下口信，或过一会儿再来电话？"或者建议对方是否请其他有关人士接听，比如："对不起，您要找的张处长不在，您是否需要我将您的电话转接给刘主任或其他人士？"

如果对方需要留言转告，我们就应马上记录下来，并且复述一遍，让对方确认，然后再将来电记录放在有关人士桌面的醒目位置，以示提醒。

来电未必都是正事，秘书的职责告诉我们：对一般性的询问巧妙理智地作出回答，对打错的电话表示谅解，对个人私事简要回答，对骚扰电话不予理会，对同事家庭急事紧急处理，对态度粗暴、语言粗鲁的来电者仍然保持礼貌和职业用语。总之，在任何时候、任何情况下，始终如一地保持我们的声音语调非常职业化，不露声色地巧妙处理各类棘手问题。

如果我们对来电者的提问不知如何回答，则应坦率地告诉对方，并且尽快请上司或同事帮忙，也可在找到答案后再致电对方。这样做，对方一定会十分满意。

在电话机旁放一本来电记录本，认真记下来电者的姓名、单位、电话号码、有关内容，不清楚处可再问对方，以便必要时与对方联络。

不过，并不是所有的来电都要记录，因为这样做既不可能，也没意义，只有具备利用价值或保存价值的来电才必须记录。至于如何判定重要与否，我们可以凭借自己的经验和直觉，也可以依据下列五项标准衡量：一是需要跟进；二是需要交办；三是需要提醒；四是需要备忘；五是没有任何原因，只是感觉有此必要。凡符合上述标准的来电，我们都应养成边听边记，或挂断电话后紧接着随手记录的习惯。

我们可以用电子记事本将所有与单位以及与上司有关的电话号码悉数登录，无论某个电话号码有多么熟悉，我们仍然不能过分依赖自己的记忆力，以免出错。从工作效率而言，电子记事本既可以帮助我们节省时间，又能确保准确性。

电话号码的分类通常为两大类，一类是常用号码，另一类为非常用号码。设定登录和检索的最快捷方法并形成习惯，同时别忘了备份，以免因电子数据遗失而前功尽弃。

（二）电话拨打标准

接通对方电话后，首先应自报家门并予以确认："您好。这里是非凡服装学院，请问是创纪元广告公司吗？"如果对方说是，我们便进入正题："请接陈设计师。谢谢！"如果对方说不是，那有可能是电话拨错了，我们在再次确认后应向对方道歉："对不起，打错了，请原谅！"然后挂断电话，再审视电话号码后重新拨号。

和对方通话应简要明了，必要时也可作些简单的记录，如果是重要内容，则应向对方特别强调，甚至可以简要地向对方复述一遍以求确认。

作为工作必须的有限资源，电话与电脑一样，在工作中发挥着信息搜集、传递、整理的作用，如果我们或其他同事因为个人原因占用这些资源，比如上网冲浪聊天，实际上就是在虚耗资源，就会影响单位的正常运作。从道理上讲，任何有损于单位利益的事，都是不允许发生的。因此，秘书不仅要以身作则，也绝不能姑息其他人损公利私，哪怕偶尔一次也不行，否则就是失职。

当然，对电话使用的管理靠的是制度和自觉，并不是要我们像管家似的地盯着。我们强调的是一种行为规矩，是一种自我约束的良好风气。

如果为上司或同事代拨电话，接通后应先确认对方的身份，核实无疑后还要告诉对方是谁要和其通话，并请对方稍候，然后才把电话转接给有关人员或委托者。

如果对方是熟人，那么接通电话后应称呼问候，以示亲切。

通话完毕，应友善地感谢对方："对不起，打搅您了！"或者"谢谢您在百忙中接听我的电话！"或者"和您通话使我感到很高兴，谢谢您，再见！"

有一点必须指出，如果因故让对方在电话那端稍候，千万不能为了避免让对方在话筒那端听到我们这端的动静，而用手捂住话筒，是非常不尊重人的愚蠢动作。这样做的直接后果就是增加对方对我们的猜疑和不信任，当话筒被捂住而出奇的沉默无声时，虚幻与想象会加深对方的错觉。如果我们确实有必要不让对方听见，那么不妨找个借口先挂断电话，反正对方看不见，我们完全可以从容应付。

暂停是种策略，把握得当最重要。

秘书在上司之前接听电话，不仅体现了上司的身价，而且更重要的是，为上司挡驾，以免来电打断上司的思路，影响上司的工作。

必须由上司接听并处理的电话才能转给上司，当作出如此决定时，秘书既要干脆利落地告知对方马上转接的决定，让对方感到自己的重要性，也要先将对方的姓名、所在单位、身份向上司作简要介绍，以便上司有所准备。

关键是千万不能让来电者知道我们的上司此刻是否在办公室里，否则就会造成不必要的麻烦。技巧性的做法是当我们无法确定来电者的真实意图，或感觉有些问题，或来电者执意要找我们的上司时，我们要习惯性地回应一下。标准的回应句式是："请稍候。"

如果我们觉得不宜转接给上司，就借口说上司不在，然后建议来电者留言由我们给予转告，或让其他部门处理。对此类电话，可用善意的谎言挡驾，标准的挡驾句式是："对不起，领导正在开会。请问您有什么事，能否让我转告？"

如果来电者追问上司的去向，我们则应以标准方式回答，标准的回答句式是："他没有向我交代过去什么地方及何时回来，很抱歉！"

无论上司是否在办公室，无论上司是否愿意接听电话，秘书都应在听清来电者意图之后，用明确的语言告诉对方我们的处理意见。

对需要转接给上司的电话，也需请对方稍候，并用电话音乐做掩护，这样做既能避免来电者猜疑，又能让我们有时间请示上司的意见。

在上司没有确定把电话转给他之前，秘书绝对不能在电话中向来电者流露上司是否在或是否接听的内情，以免被动与尴尬。秘书必须用职业性的语言告诉对方，标准的告知句式是："请稍候，让我看一下上司是否仍在办公室。"

一旦上司真的不在，或者上司从我们这里得知来电者身份或意图而不愿接听电话，我们就可以找个借口，不露声色地回绝对方，标准的回答句式是："对不起，上司外出办事。您是否留个口信，或改天再打来？"

这样做的好处显而易见，而且非常委婉。

凡是通过上述标准程序，我们认为来电确实需要转接给上司，而且上司在我们告知来电者身份及来电意图之后，明确要求我们转过去的电话，则应迅速转接。一旦确定转接，我们必须告诉来电者，标准的转接句式是："您好，我将电话转给上司，请讲。”

如果上司正在开会或会客或不方便或外出，来电找他有事，我们可有以下几种处理方法：

1. 告诉对方上司正忙，请对方稍后再来电，或留下来电号码，等上司一有空马上致电对方。

2. 如是急电，问明概况后请对方稍候，或请对方过十分钟再来电，然后写张便条向上司请示。上司可通过耳语或在纸条上写几个字，交代我们去办，或者上司要我们直接将电话转给他。

3. 上司外出时有来电找他，我们只能告诉对方上司不在及可能返回办公室的时间，但绝不能将上司行踪与外出目的告诉对方，否则就是十分愚蠢的泄密。

4. 如果对方要求留言，我们应作详细的电话记录，然后向对方复述确认，并告诉对方一旦上司返回即会马上转告与处理该事宜。

需要提醒的是，凡是涉及上司隐私、内部事务、人事变动等不便让外人知道的内容，一律守口如瓶，严加保密，不能在接听电话时口无遮拦。无论来电者是谁，正确的方式都是用职业性语言和礼貌，得体地回答对方的要求，标准的拒绝句式是：“很抱歉，这件事我不清楚。”或“对不起，关于这个问题，我无法告诉您任何消息。”如果对方再三纠缠，我们可以委婉但却坚定地回绝，标准的婉拒句式是：“您的话题不适合在电话里谈，您说是吧！”

当然，上司不在时，我们也可以根据自己的判断，请对方直接拨打上司的手机，前提是上司的手机号码可以公开，上司也同意一旦别人有急事时让对方打他手机。但要和上司事先约定，因为有的上司嫌手机太烦，不常开机，或借此减少些烦琐事，那我们就应挡驾，或建议上司关机来拒绝来电骚扰。

如果来电是国际长途，例如，叫号电话、叫人电话、对方付费电话，则应视不同情况区别对待，一是确保信息畅通，二是确保转接的来电有必要让上司接听，三是防止电话中断及费用高企。

第四节 函件标准

（一）来函处理标准

来函包括电报、传真、信件、通知、印刷品、包裹。

来函一般由收发室或办公室文员负责检阅分类后送交有关人士，秘书则负责处理涉及上司和相关职权范围的各类来函。

拆阅信件应先将信封底边在桌上敲几下，使封内信纸下落，然后沿信封上端左下角剪一个斜三角，再用刀顺此裁开信封，或者直接用拆信器一步完成。取出信纸后先看一下信封内是否还有其他夹寄物品，然后平整铺开信纸，在信封上注明收到的时间。

凡是呈送上司看的，信纸在上，信封在下，用订书机或曲别针夹在一起，一函一夹，按照重要性和急迫性依序从上至下叠放好。

凡是转给其他部门有关人员的，则信封在上，信纸在下，钉或夹在一起。这样做主要是为了便于区别送达，同时也能让相关人员不会错看与自己无关的信函。

凡注明收函人姓名的属私人信函，凡未注明收函人姓名的属普通公函，凡注明收函人为你的上司，但未特别加注“亲启”或“机密”或“本函仅限本人拆阅”字样的属公务信函，而有特别加注的则属重要信函。

上述来函中，除了最后一类必须有上司特别授权才可以处理外，其他均由秘书直接处理。

不过依我多年经验，很少有上司会约束自己的秘书处理重要信函，因为秘书的重要性本身使得上司已无任何秘密可言，上司对自己秘书的高度信赖，已经无须再为秘书处理来函的权限另作约束和设定。

当然，上司的充分授权并不是秘书为所欲为的理由。我们必须明白，处理来函是秘书的例行公事，它只是节省上司的宝贵时间，同时让我们提前掌握有关信息，它的意义就是这么简单。作为提高工作效率的有效程序，秘书在其中起的只是筛选和分流的作用而已。除非上司特别授权，要求秘书拆阅来函并批注意见或建议。

处理来函其实十分简单，一般每天上、下午会各有一次来函送到，平时偶尔有一些特殊的快递信函。

成批抵达的按序拆阅，分门别类给予处理。私人信函分开摆放，无关紧要的弃置一边，有些价值的妥善存放，特别标示的专门保管。重要来函应放在普通信函上面，做好分类标记，以便上司能先行处理。

凡普通公函、商务信函、重要信函中的重要内容，我们都应用红笔画线标示，如有必要，还应将自己的意见或建议标注在旁边，以提醒上司引起重视。

凡重要来函都应登记在函件收发记录本上，按序填写收函日期和时间、发函日期、发函人姓名或单位及其地址、内容摘要、接办处理者。

如果来函众多，应用多个文件夹进行分类存放，文件夹通过颜色、数字、顺序等做出识别标记，以便根据这些来函的重要程度安排呈送顺序，请上司按此轻重缓急给予及时处理。

信函分类的国际标准为：优先考虑的信函用金色标记，例行性的备忘录用绿色标记，特殊信函用粉红色标记，绝密信函用蓝色标记，私人信函用黄色标记。如限于条件或色彩复杂不太容易搞清楚，也可以用某种符号或英文字母来代替上述这些颜色进行分类。重要的是，秘书和上司都得清楚这些分类标记的含意。

来函拆阅分类后，没有价值的可保存一个月；有价值的可保存六个月；重要的复印保存，原件归档；已过时效的来函，可用碎纸机处理。

（二）发函处理标准

发函的目的是告诉对方某事或者要求对方做某事。

要让对方清楚无误，我们在发函时就必须注意用词准确、条理清楚，应该站在对方的角度来查看发函内容是否简明扼要、一目了然，是否完全包含了所有真实的意图。

发函处理得当，无疑会促使对方予以应有的重视，这不仅仅指内容，还包括其细节。这些细节包括：

1. 有特色有分量的信封。
2. 有价值和含意的信纸。
3. 有意思的书面语言。
4. 造型优美书写流畅的字体。
5. 别具一格的上下落款，比如“如晤、台鉴、敬上”。
6. 标准的书写或打印格式。
7. 有传统感或现代感的折叠方式。
8. 规范的邮寄方法。

重要信函的寄发应在函件收发记录本上作详细登记，并将复印件归档备案。

第五节　会务标准

（一）会议筹备标准

会议筹备是秘书根据上司指示，对即将召开的会议进行事先安排，并将会议过程设计成一个具体方案，呈交上司修改后实施的整个前期准备工作。

会议筹备方案的内容包括：

1. 会议名称。
2. 会议议题。
3. 与会人员。

4. 时间地点。
5. 会议通知内容。
6. 会议通知跟进落实程序与要求。
7. 会场布置要求。
8. 会议文件资料种类、内容、要求。
9. 会议设备和用品种类、要求。
10. 会议后勤安排。
11. 会议记录安排。
12. 会场服务安排。
13. 会议预算安排。
14. 议定事项催办及反馈的程序、要求、责任人。
15. 其他注意事项。

(二) 会议组织标准

无论何种性质或是内容的会议，目的都一样，那就是通过信息交流和研讨的方式，达成共识，解决问题，作出结论。

会议举办是有成本的，与会人员的时间、精力、场地、费用等，对单位来讲，都是成本。既然有成本，当然要讲究效益。

因此，会议的组织与召开应该把握好三个原则，一是必要，二是及时，三是恰当。必要，是指会议非开不可；及时，是指会议的时间选择对会议所要表达的目的有明显作用；恰当，是指会议规模、规格、开支等都应与会议内容相符合。

会议组织是一个系统工程，秘书犹如总设计师，必须精心策划与周密部署，才能协助上司做好会议的安排与组织工作，确保会议举办成功。

按照简单化原则，会议组织包括以下九项内容：

1. 根据需要向上司提出召开会议的建议，或者根据上司要求安排会议，或者根据有关部门及人士提出申请组织会议。

2. 和上司研究商量，确定会议主题，拟定议事日程，划定与会人员范围，制定有关原则，并据此制订完整可行的会议计划。

3. 制作规范的会议通知并发给所有与会人员。

4. 无论会议是由秘书还是其他人主持，都应准备议程表和相关资料，确保会议按计划进行。

5. 落实会议场地及相关设备，并在开会前一天亲自确认。如有必要，可多准备一套应急方案以防不测。

6. 若为大型会议，应和有关方面联系安排与会者的食宿交通及接待等，做一份表格，将所有可能涉及或必须解决的事项逐一列明，做到心中有数，然后组织专人分头落实。

7. 确认与会者人数，并作相应调整。会议出现缺席自然会使会议结果有所折扣，为了弥补缺席可能造成影响，一是事先获得因故缺席者的书面意见作为会议内容参与交流，二是要求缺席者委托他人代行权利。

8. 准备会议所需物品，例如，上次会议记录、本次会议有关资料、几份多余的议事日程表、出席人员签到本、缺席人员回复、空白信纸、记事本、笔、录音机、投影仪、音响器材、白板等。

9. 提前到达会议场所，布置会场，调试音响，备好茶水，开启灯光和空调，按事先设计好的座位表排好座位，放好资料和有关物品。检查无误，恭候与会者光临。

（三）会议通知标准

为表慎重，除临时会议之外，其他会议无论大小，均应形成书面通知发给有关人员，或用电子邮件形式发送。

通知内容应力求准确和完整，排列成引人注意的规范格式，其内容包括：

1. 被通知者。

2. 会议名称。

3. 会议日期和时间。

4. 会议地点。

5. 出席对象或议事日程。

6. 通知者或授权者。

7. 注意事项。

8. 单位名称。

9. 通知日期。

（四）会议分类标准

1. 股东会议。

2. 董事会议。

3. 经理例会。

4. 业务会议。

5. 座谈会。

6. 研讨会。

7. 招待会。

8. 新闻发布会。

（五）会务处理标准

1. 协助和监督会议签到处的工作程序。

2. 指派有关人员陪同与会者入席。

3. 陪同上司或代表上司接待与会者。

4. 整理印有与会者姓名及其单位名称的会议出席者名单，然后分发给与会者。

5. 指派专人作会议记录或录音。

6. 指派专人拍照或摄影。

7. 指派专人负责会场内外安保工作。

8. 指派专人安排座位及放置席位卡。

9. 满足上司的临时要求。

10. 满足重要与会者的特别需要。

11. 指派专人收集整理会议信息，打印成简报分发给与会者。

12. 协调会议过程中的各项活动。

13. 应上司要求主持会议。

14. 应上司要求在会议上宣读有关文件。

15. 应上司要求协助整理和提供有关文件资料。

16. 为上司做会议记录。

17. 满足与会者的要求，答复与会者的询问。

18. 妥善处理突发事件。

19. 掌握会议节奏，调节会场气氛，协调各方关系。

（六）会议接待标准

会议的性质与规模不同，接待的要求和程序也就不同。业务会议和内部会议比较随意，不必拘泥礼节和客套，重在解决问题；股东会和董事会则要讲究规范，尤其是上市公司，都有必要的程序，比如，门口迎候、签到、发放文件、引领就位等。

为了准确了解与会人员的出席情况，会议开始时要做好入场签到工作，签到一般由秘书承担或负责监督。当与会人员全部进入会场后，我们要迅速统计出席及缺席人数，报告上司或会议主持人。

凡是重要会议或大型会议，都必须安排专门的接待人员，有时甚至是上司亲自在会议室外迎候，而秘书一般要做三件事：一是为上司和来宾作介绍；二是安排接待人员分发来宾身份卡并引领来宾入座；三是陪伴重要来宾入场就座。无论陪伴还是引领，秘书都应站在上司或来宾的左侧。

开会时，若不是特别紧急的电话或口信，一般不用转接，可记录下有关内容，等会议休息期间或散会后再通知当事人，只有内容十分紧急的电话或口信，才可用纸条等方式迅速通知当事人接听或处理。

（七）会议发言标准

上司在会议上发言，无外乎有以下两种情况，一种是即兴发言，想什么讲什么，秘书只需记录，偶尔有必要，可写张便条提醒上司；另一种则是事先准备好发言稿，书面发言。

为上司起草发言稿是秘书的本职工作之一，有经验的秘书都会事先与上司进行沟通，明白上司的真实意图之后，再按照上司的语言表达习惯来起草。

发言稿不宜写得太多，应给上司留有即兴发挥的空间。也就是说，要点必须一一写清楚，用精彩句子特别点缀，语气用词可完全省略，这样才能避免上司在发言时因为照读发言稿而显得呆板与尴尬。

秘书有时也需要在会议上发言表态，提出个人的看法和建议，积极参与意味着能力得到发挥。那么，怎样才使自己的每次发言都能不同凡响呢？

1. 事先应有所准备，充分的资料会让我们底气十足，胸有成竹。

2. 事先考虑一下讲话内容，记下发言要点，设计好条理和出彩的地方。发言稿条理清楚能使讲话思路清晰明了，但完整的发言稿也会使我们因为过分依赖它而失去了即兴发言的魅力。

3. 发言时要用标准简洁的语言，句子要短，声调要抑扬顿挫，节奏要有起伏，关键处要有意停顿，因为停顿会格外引起听众的注意，使大家跟着发言者的思路，理解并消化发言者所讲的内容。

4. 发言时的表情应泰然自若，若有所思，必要时可用目光扫视一下听众，仿佛在和某位听众交谈，目光交流会增加语言穿透力和感染力。

总之，对自己的发言应有总体构思，即便是即席发言，也要想好了再说。讲什么，怎么讲，哪些可以叙述，哪些必须强调，都应在脑子里预先设想好一个框架，发言时就会条理分明，重点突出，效果显著。

（八）会议记录标准

会议记录有两种解释，一种是指记录本身，另一种是指记录结果。通常所说的会议记录其实大多指后者，因为在会议上做记录本来就是秘书的工作。

会议记录分为两种。

1. 原始记录。也就是用快速记录、要点记录或录音等方式，同步记录下会议的过程、议题、发言的要点、讨论的内容、决定等。

原始记录并不是一字不差地原样复制，它可以有所选择。过去都是用速记的方式力求原汁原味，但速记本身需要多一次思维，这个转换过程会增加记录者的负担，如果不经常训练，记录者反而会因为不熟练而显得笨拙，甚至直接影响记录的速度和效果。因此，这种方法对于并不天天开会做记录的秘书来讲，未必是件合理的事。

应付不经常性的会议，最好的方法是快速记录结合录音，因为快速记录是记一两个关键字，并且缩小字体，简化笔划，连笔带过，迅速地把意思记录下来，记录者在事后凭借这些关键字眼再勾起完整回忆，促使原音再现。

至于录音，那就更方便了，如果我们既要主持会议，又要经常离席处理一些事务，那么录音是最能帮助我们摆脱困境的方法。但是，做原始记录必须注意几点：一是完整，原始记录必须如实体现会议的实际过程，将要点记录下来，不能有任何遗漏；二是简洁，用简明扼要的语句进行概括表达；三是条理清楚，依照会议进程和议题，逐一予以记录，保持其原始的条理性和顺序；四是准确，记录内容要准确无误，用词要真实恰当。当某个字一下子写不出来时，空着它，只要其前后字体准确，之后仍然能设法填补。千万不要因不解而含糊，更不能用自己的语言随心所欲地改变原话。

原始记录必须保持原汁原味，所以它未必整洁好看，只要记录者自己明白就行。

2. 整理记录。它是根据原始记录进行整理后做出的完整的会议文件。

标准的整理记录应按顺序反映这些内容：会议主题、会议描述、与会者人数、缺席者和缺席原因。用准确措词按顺序记录会议内容、会议结果、其他事项、会议记录整理者的签名、会议主席的签名、会议记录整理日期。

整理记录的作用有两点：一是打印成文后发给与会者，以便落实会议精神；二是存档备案，作为单位历史资料予以珍藏。

（九）会议文书标准

会议文书既有事先准备的，又有会议过程中发生的，还有事后整理的。从性质来看，会议文书可分为不同的种类和用途，它们分别是：

1. 指导性文书。如上级或上司的指示、会议起因文书等。

2. 主题性文书。如开幕词，主题报告、专题报告、大会正式决议、闭幕词等。

3. 进程性文书。如会议程序表、日程安排表、会议记录、会议简报、选举或表决程序表等。

4. 参考性文书。如调查报告、典型材料等。

5. 提案性文书。如提案。

6. 成果性文书。如选举结果、会议纪要、新闻公报、传达文件、执行计划等。

7. 管理性文书。如会议通知、议事规则、证件、保密制度、管理规定等。

凡需要上司关注或表态的会议文书，都应由秘书执笔或起草；凡涉及程序性或记录性的会议文书，则都可由其他办公人员去做。这样的分工可以适当减轻秘书的工作压力。不过，所有会议文书的整合与定稿，仍然应该由秘书负责把关。

（十）会议善后标准

非正式会议，例如，早晨例会，只需做些常规性笔记，但正式会议有一套严格的善后程序必须遵守：

1. 将会议上使用的所有的文件资料放回原处。

2. 整理会场，清还有关器材设备及用品。

3. 结算有关费用。

4. 整理会议记录并经上司签字后打印成文，分送有关部门有关人员，或归档保存。

第十六单元　实务标准

本单元提示：

秘书实务包括记录、请示、汇报、办文、档案管理等事务性的工作，在性质上它们都属于辅助性的义务处理。

有意思的是，即便是这样简单的例行公事，也不是随随便便可以应付的小事。往往在不经意间，不到位的行为就会造成令人不满意的后果。

秘书无小事。在上司身边工作，我们不能由着自己的性子随心所欲。

把握实务操作的尺度，遵守实务操作的标准，就能使我们的专业表现无懈可击、近乎完美，而我们也可以在这一丝不苟地执行过程中享受规范化带来的欣慰。

第一节 记录标准

记录工作分两种：一种是程序性记录，比如，会议记录和会谈记录；另一种是应变性记录，比如，记录来电内容，记录上司指示。

记录有两种解释：一种是指记录的本身，也就是通常所说的原始记录；另一种是指记录的结果，即经过整理后的记录完成稿。

对秘书而言，利用现代资讯手段和数码录音甚至同步摄影，当然记录的效果会完全逼真地被保存下来，记录的内容也自然会一字不差。但在实际操作中，秘书很少有可能会兴师动众地动用这些资源来忠实记录事情的全过程，除非上司有安排。所以，大多数情况下，用笔忠实记录事情经过的主要内容，就成了一件再自然不过的工作。

对于程序性的记录，事先一般会有所准备，然后采用快速记录或要点记录的方式，同步记录下会议或会谈的过程、议题、发言或谈话要点、讨论的内容、决定等。这种原始记录并不是一字不差的原样复制，它和记录上司指示是有所不同的，原始记录可以有所选择，只要保持内容的原意就行。

对于应变性的记录，则有两种做法，一种是电话记录，择其要点，记录后重复一遍向对方确认；另一种是指示记录。

指示记录规范的做法如下：

首先是记录的姿势，通常是站在上司面前，一手执记录本，一手执笔，如果用文件夹，则应用手托住文件夹放在胸前，如果本子小如巴掌，甚至只是一叠便条纸，则可以张开手掌握住。记录时上身姿势要优雅大方，尽量不要为了迁就视力而把本子凑到眼前，这样会显得紧张局促。

其次是记录的方式，凡是上司的指示大多都不会长篇大论，只是上司偶有思考时会有下意识的重复与啰唆，或者在表达时未能简明扼要地说清意思，这正是我们需要给予及时提示或听完后予以确认的地方。

正常的方法有两种：一种是当上司讲出一个意思，我们在同步记录后立即与之核对确认，然后由上司继续讲下一个内容，如此重复。但这种方法难免打断上司正常的思路，尤其是当上司向我们发出几个甚至更多指示的时候，这种方法于我们有利，对上司却是一种痛苦。另一种是一声不吭地记录上司的讲话，然后逐一向上司核实，在这一过程中让上司多一次考虑和斟酌的机会，这对提高上司指示的成熟性及可行性都大有好处。显而易见，较好的方法当然是后者。

对于应变性记录，大多都是临时性的，内容不会很多，如有可能，我们应尽量记下全部原话，特别是上司的指示。有时候用平常的理解方式很可能会忽略上司指示的微妙之处，影响到其他人对上司真实意图的把握。

第二节　请示标准

秘书向上司进行请示，不仅是一种工作内容和工作方式，也是一种职业秀。

随随便便地询问换来的只会是随随便便的回答，如果不能郑重其事，上司完全有理由不当回事。作为部下以及助手，秘书向上司请示时的认真表现与请示技巧，是影响上司做出正确答复或回应的关键。

聪明的秘书都会把请示这件工作做得非常到位。

1. 请示的目的非常明确。把决定权交给上司，自己仅仅是提些建议。

2. 请示的用词非常准确。在充分陈述之后，通常会用“请您指示”提出要求。

3. 请示的语气非常温和。秘书只能起提醒作用，而不能用询问的口吻让上司感到压力，更不能用急迫的语气逼上司表态。

4. 请示的态度非常平静，从容不迫，但也不是胸有成竹。在秘书的心目中，上司的权威与能力是最值得信赖的，有些崇拜也是十分正常的，但如果因此就不用操心去为上司提供建设性的建议，这也是秘书的失职。

5. 请示的技巧非常高超。即使是一个别无选择的建议，也总是在最后加多一句尊敬的问话："您看呢?"让上司做最后的决定，满足上司的权欲和虚荣心，同时也可将责任巧妙地转移给上司。这是非常重要的，上司最忌讳的就是秘书自作主张。

6. 请示的时间非常恰当。所谓见机行事，向上司请示也要选择恰当的时机，否则他正在焦头烂额之时，我们再给他压力，不是更让他烦吗？当然，就事论事地说总好过该说的时候不说，不该说的时候乱说。请示的时机选择应掌握以下四个原则：

一是察言观色。上司的神态是决定秘书作什么样的请示的晴雨表。他高兴时，我们却用那些令人头痛的问题去打搅他，久而久之，他也会产生乐极生悲的心理；他正全神贯注时，我们也不要因为请示某件事的处理而去影响他的思考。

二是分门别类。凡是请示的内容大致都可以分为三类，第一类是亟待定夺的，第二类是突然发生的，第三类是例行公事的。

出现第一类内容时，无论是什么样的理由都不能耽搁，必须马上请示，但在请示时视上司的心情而定，并控制好我们的语气，既不能轻描淡写，也不能着力渲染，最好的办法就是不带任何感情色彩地表现，只是在值得高兴的请示中才适当地喜形于色。

出现第二类内容时，可以权衡利弊，酌情考虑在什么时候、用什么方式、以什么尺度向上司请示。突发事件会令人措手不及，无论是对上司还是秘书而言，都是如此。而秘书首当其冲，先得替上司承受突然的冲击，然后缓和这种冲击带来的影响，再以冷静的态度对事件进行分析，做出恰当的判断与合理的对策后，再向上司请示，这就显出了我们的应变能力与责任心。

出现第三类内容时，则无关紧要，完全可以根据上司当时的工作状态决定。

三是合适场合。请示当然可以随时随地，但一旦有第三者在场，请示就多有顾忌，除非我们和上司有意借此在客人面前演戏，否则请示一般都应在两人之间进行，比如在上司的办公室，或者一些不致泄露情况的场合。

四是主动提出。请示是应变性非常强的程序性工作，它总是由秘书向上司主动提出，目的是由上司做出正确的决定，以便我们或有关人员可以照此办事。

如果让上司主动询问秘书："你有什么需要请示的吗?"这好像是上司在没事找事。只有上司对秘书的自作主张非常不满时，才有可能这样提醒秘书。

第三节　汇报标准

秘书向上司汇报工作，大致分三种情况，第一种是把上司的交办任务完成之后向上司汇报，第二种是对原定日程安排做例行汇报，第三种是因突发状态需要紧急处置而做临时汇报。

很显然，汇报肯定是有要事相告，而且是将与此有关的情况汇总起来作要点式陈述，并适当地提出有关建议或意见，提供给上司在考虑定夺时作参考。

必须指出的是，上司的判断和决策在很大程度上是根据秘书的汇报做出来的，汇报的内容是否真实，汇报的数据是否准确，汇报的用语是否恰当，汇报的时机是否合适，都直接影响到汇报所产生的结果。

汇报是一种程序性工作，也是考验秘书信息处理能力、分析判断能力、综合归纳能力、沟通表达能力的一门学问，秘书职业水平的高低与汇报的规范性及有效性有着很大关系，这并不只是叙述一件事那么简单。

因此，秘书的汇报应遵循以下七项原则：

（一）信息准确

对上司而言，他对单位内外的了解不可能全面周到，大量信息需要经由秘书先行筛选后择其重要的提供给他，汇报的目的就是向上司传递有关信息，或者对上司交办任务完成后的信息反馈。所以，信息的准确程度对上司据此作出的判断和决定至关重要，秘书必须将最接近事实真相的信息提供给上司，以便上司完全理解。

（二）材料熟悉

秘书对自己汇报的内容，尤其是内容所涉及的有关材料应有充分的了解，因为这些材料能够证明内容的真实可靠，也能丰富内容的说服力，一旦上司对某个内容再三提问，秘书就能胸有成竹地引经据典。

（三）全面妥善

对上司关心的问题应该有充分的把握，一位出色的秘书能够准确地把握上司的所思所虑，能够就其关心的问题做出准确恰当的回应。一问三不知的尴尬和准备不足的困窘，对秘书来讲简直不可思议。

这里就涉及一个周详与简练的平衡问题，汇报时面面俱到显然不可能也没必要，既要全面周到又要简明扼要，这就是妥善的作用。秘书如果能够像上司那样思考，比他还要全面深刻；像上司那样判断，比他还要一针见血。那么就应该事先预计到上司最会关心哪些问题、最想知道哪些情况，从而有针对性地、集中地做好这方面的准备工作。

（四）简明扼要

抓住要点来把握全面的本领是秘书的基本功之一。任何事物或问题，其真正有价值并且值得关注的往往只是它的核心。上司没有多余的时间来听我们唠叨或纠缠细枝末节，上司只关心事物或问题的起因、可能造成的后果、最可行最有效的解决方案。秘书所要做的，就是抓住要点如实禀报。

所谓如实，就是坦率直言，既不掩饰也不夸张，恰如其分。

（五）郑重其事

向上司汇报工作与平时的提示或请示不同，凡是汇报，就是表示秘书的专业分工完成了，必须向上司移交自己的工作结果，然后由上司拿主意、做决定。

为了使上司充分意识到这种职能移交的重要性，以及上司对最后结果的影响作用，采取郑重其事的汇报方式，才能够很好地提醒上司予以重视。

郑重其事还包括用书面形式进行汇报，众所周知，书面汇报结合口头汇报，能够给上司留下深刻印象。

（六）结论建议

负责任的汇报通常包含结论和建议的内容，这是秘书的职责之一。

结论是汇报中秘书自己做出的判断，建议是汇报中秘书向上司提供的有用想法。作为上司的助手，辅助决策是一项很有挑战性的工作，秘书的价值就决定上司是否对其言听计从。

（七）有问必答

无论在汇报过程中还是在日常共事中，秘书始终要对上司的提问给予立即的积极的回应。沉默不语或者无言以对会让上司感到扫兴甚至恼怒，这是不用言明就能想象得到的结果，这也是思维敏捷、反应迅速、回应得体的秘书之所以格外受上司青睐的根本原因。

上司的提问反映出上司的困惑或兴趣，对上司的询问，秘书应该采取积极的态度，既要弄明白上司的真实意图，也要充分了解上司的问题与整个汇报的关系及其作用，还要坦率真诚地提出自己的想法，在就事论事的同时引导上司寻找到更好的解决方式，更要直截了当地说出答案，而不是按部就班地与上司沟通。

秘书要切记，任何时候都不要低估上司的智商，哪怕上司确实愚蠢透顶，我们都不能试图去指教他。

秘书应将汇报列入工作日程表中并给予提示或记录，这对保持秘书及上司日常工作的延续性很有必要。

第四节 办文标准

单位与单位之间、单位与政府机构之间的联络，往往通过公文形式进行。而单位内部之间的联络则通过内部文件的形式来进行。

无论对公对私，还是对内对外，公文或文件的办理都有两套相同的程序。一是收文程序，包括传递、签收、登记、分发、拟办、承办、催办、查办、立卷、归档、销毁等；二是发文程序，包括拟稿、审核、签发、缮印、校对、用印、登记、分发、立卷、归档、销毁等。

办文亦是秘书的基本职责之一，在具体操作时，秘书应根据收发的实际情况采取对应的处置方式。

（一）收文程序标准

1. 签收，拆封，登记。

签收时要做到“四确认”：一是确认收文单位名称无误；二

是确认签收登记本上写的号码与文件号码一致；三是确认文件没有破损；四是确认文件的页码及件数与登记本上实有件数相符。

拆封文件时要注意，秘书应在上司授权范围内行事，对于那些有特别交代的特殊文件或资料，则应交由上司指定人员拆封。拆封时，一要避免损害文件，二要将文件取干净，三要妥善保存重要文件的外包装，如重要人物的亲笔信封或重要部门的文件袋。

登记时要一丝不苟，因为登记的作用既是为了保存和管理文件，防止疏漏甚至丢失，也是为了检查和检索文件，还是为了文件的统计和催办，更是为了作为核对与交接文件的凭证。

2. 分发，传阅。

分发时应先分类，然后根据下述不同的情况分别处理：凡是正式文件，都送交上司审阅处理；凡是业务文件，都送交相关部门主管阅办；凡是事务性文件，都送交直接经办者阅办；凡是需要阅批的文件，都附上“文件处理单”一同送交有关主管阅批。

传阅时应先确定职务的顺序，由高到低，并以秘书为传送源，对文件在传阅过程中的情况进行跟踪检查，对有关人员的批示进行及时的处理。每份传阅的文件均应在文件首页附上“文件传阅单”，文件阅毕者要在此单上签注姓名和日期，必要时还要填写批示意见。

3. 拟办，批办。

文件的拟办是对来文的处理提出初步意见，供上司批阅时参考，通常这也由秘书负责。

文件的批办是上司对送批的文件如何处理所作的批示，秘书就是依据这个批示落实有关部门及有关人员负责实施的。

4. 承办，催办，注办。

承办是有关部门或人员按照文件要求或上司批示进行具体工作。

催办是根据承办时限的要求，对文件承办的情况进行督促和检查。

注办是由经办人员在文件处理单上简要注明文件承办的情况和结果，有时它也被称为复办。

（二）发文程序标准

1．拟稿，审核，签发。

拟稿是秘书根据上司的指示起草文件。拟稿时要注意以下几个问题：一是用什么名义行文；二是行文内容是否合法、合理合情，与既定制度是否有矛盾；三是内容是否具体可行；四是涉及权限能否通过协调可以达成共识；五是文字表达是否准确，格式是否规范。最重要的是文件能否真实反映上司的意图，并且是否符合文件的规范要求。

审核是秘书将文件初稿呈交上司修改，其实上司在修改定稿的同时已经在完成审核的工作，秘书所要做的就是避免让上司像作文老师那样辛苦劳神，使上司在轻松审阅之后可以毫不犹豫地签发。

2．缮印，校对。

缮印是对上司亲笔签发的文件定稿进行打印、排版、印刷。

校对是将文件的清样按照上司的定稿核对校正。

3．用印，登记，封发。

用印是在完成的文件上加盖印章，这个程序有着十分严格的操作标准：一是文件用印时，务必以上司签发的文件定稿原件作为依据，核对无误后才能盖印；二是文件用印务必端正清晰，印章位置盖在成交日期上方，上下压着正文，不要盖在单位全称或签发部门名称及日期上；三是文件用印务必与发文件的单位或者部门名称相一致；四是务必按实用印章，超过份数的不能盖章。

凡是发出去的文件无一例外均应进行登记，以免文件失控。

对制作完成准备分装和发送的文件，一是要核对发送部门，收文指定人、密级、附件等内容；二是要核对邮政编码、地址、名称等内容；三是要对密件、急件、亲启件须在文件袋上分别予以标明，文件折叠整齐，文件袋封口用胶水贴实，绝密文件应盖专用密封章，如火漆印，或者贴上密封签；四是要将文件封装后及时发送；五是要对文件封发后的动态进行跟踪确认。

需要强调的是，企业与机关不同，企业讲求效率，机关讲究程序，前者只要准确就行，后者则会多些文字游戏。在实际工作中，秘书应根据情况来把握。

办文规范的好处在于环环相扣，彼此吻合，使发生事故的可能性减少至最小，从而大大提高行政管理的效率。秘书工作的有效性直接影响到上司工作的有效性，请千万不要轻视办文规范的重要性，并且在工作中身体力行。

第五节 文档标准

（一）文件分类标准

文件范围包括信函、内部文件、会议记录、商业合同、法律文件、媒体资料、人事资料、客户资料、交易记录、财务报表、原始凭证等。

秘书的职责就是明确每一种文件的分类方法、储存位置、保存期限、使用规定、检索方法、管理制度。

文件分类方法有多种，但选择目的和标准只有一个，那就是必须能够以最快速度准确无误地找出所需要的文件资料。

最简单有效的分类法是按人名分类、按主题分类、按区域分类，并且采用按字母排列或以代号、颜色排列的归档检索法，而利用数字排列则有利于电脑应用和检索。

最直截了当的分类方法是根据文档的性质、数量、体积、作用，选择合适类型，比如用名称归档或用字母排列归档。如果文件来源区域性非常明显，也可用区域分类方式归档，而在其内部再细分归档。

文件分类应有包容性，同一个文件资料者涉及层面较多，应在有关层面均予以归档，因为它的作用在不同文档中是有差异的，如果遗漏可能会影响这一部分文档的整体性。

（二）文件保管标准

办公室通常设有横式、直式或显露式的文件柜。

横式文件柜可使卷宗沿着墙壁纵向排列，柜中可配置抽屉，也可不用抽屉。横式文件柜适合于较迅速地检索储存的文件。文件柜中的每个抽屉应贴有指示内容的标签，还应包括便于迅速查阅目录卡和稳固支托文件夹的导槽。

无论是悬挂型或常规型的文件夹，都应带有打字简洁而一致的粘贴式或插入式标签。

文件应按顺序排放在文件夹中，文件左侧对齐文件夹的折缝处，日期最近的信件要排在文件夹的前面。

文件柜的每个抽屉应有二十至二十五张目录卡。

每个文件夹所放文件一般不应超过五十份。若超过这个数目，应建立一个按个人或单位或问题归类的新的文件夹。

直式文件柜采用悬挂式文件夹，具有较大的伸展性，可容纳更多数量的资料。悬挂式文件夹的一侧有挂钩，使文件夹可以挂在嵌在文件抽屉中的架子上，指引卡可以放在方便而醒目的地方。

备忘录是一种用来提醒某事或帮助回忆的资料，通常采用3×5卡片资料格式，作为一种启示性档案，备忘录对秘书与助理来说是十分便利的。

一份备忘录资料具有三十一张引导卡，每张卡代表一个月中的某一日，还有十二张卡代表月份。当月引导卡放在备忘录资料面前，该卡后面放置三十一天引导卡。需要提醒某事时便将有关文件列入卡中，该提醒的日期写在卡片顶端，文件则置于日期之后。每日早晨，秘书与助理应该看一下备忘录，了解当天应该做些什么。到了月末，将当月引导卡放在备忘录最后，而把下一个月的引导卡放在备忘录前面。

文件保管原则包括：

1．有条理地进行归档分类，资料应端正地放在案卷内，对齐边沿。

2．文件按一定顺序排列，便于查找。

3．避免使卷宗又厚又重。

4．如提取某人资料，应在原处留存一张纸条，注明取出的时间及取走人的姓名、借取用途，或填写一张有关卡插入做出标志。

5．每日办理存档手续，使档案处于最佳利用状态。

对于必须留存备查的文件，应在阅读或浏览过程中寻找文件名称或主要标题，并用铅笔在其名称或标题下划线或打圈。如果文件本身未提及名称和主题，则应把名称或主题编成一个代号放在通知里。

为了利于保存，每份文件均要标上日期代号以表明这份文件的保存时间及入档时间。

所有的文件资料归档分类后，应完全按照文件或架上原来排列好的方式按类存置，这样做既节省时间又便于提高效率。

（三）文件检索标准

一份文件应怎样立卷归档，方能在被需要时能迅速地找出来，这是由我们所使用的索引编制方法确定的。作为秘书，我们应熟悉运用适合自己单位特点的特殊编索，以便在提取使用文件时做到迅速、准确、无误。

用代号编制索引便于归档和检索资料，其方法有三种：一是以个人姓名编制索引；二是以单位名称编制索引；三是以项目或合同名称编制索引。

索引编号可采用环环相套逐层分解方式排列，索引首先分成条目，条目包括标题和页码，条目可依次分为次条目，次次条目。

采用计算机技术可以使检索更安全、更准确、更迅速，但在使用时要防止病毒，最好能予以备份。

（四）档案管理标准

档案分类一般以设置大类、属类、小类三级类目为宜。

大类即一级类目，原则上按单位管理职能分工设置。生产单位通常设定行政管理、经营管理、生产管理、技术管理、产品科研、基本建设、设备仪器、会计档案、员工档案等类目。服务单位可依据实际情况设计一级类目设置，或适当增减、补充适合自己的类目。

属类即二级类目设置，通常分以下三种情况作不同的考虑：

第一种，管理类档案。包括行政管理、经营管理及生产技术管理三大类。其下属类基本按职能分工或组织机构分别设置，结合档案形成特点和组织机构设立情况，具体确定二级类目的设置。

第二种，科技类档案。包括产品、科学技术研究、基本建设、设备仪器四大类。其下按照原料科技文件档案的有关规定设置二级类目。如产品按品种、科研按课题、基本建设按项目分设二级类目。

第三种，会计档案和员工档案。其下应按原有关专业规定设置二级类目。如会计档案类下设会计凭证、会计账簿、会计报表三个二级类目。

小类也即三级类目的设置，通常依据单位实际需要与档案构成情况确定，不作统一要求和规定。

（五）电子文档整理与归档标准

现代信息技术的应用，为管理提供了电子处理手段，比如，收发电子邮件，如果不下载打印成文，这类电子信息所形成的电子文件就必须给予技术处理，使之成为能够具有记载功能和利用价值的电子文档。

1. 电子文件整理。电子文件整理是指按一定的原则和方法，将电子文件分门别类组成电子文档的一项工作。电子文件整理工作包括两个层次，一是对分类排序的组织，二是对建立数据库的组织。

与纸质文件档案相比，电子文件在数据库中以数据形式记录，又以数据传送，还以数据形式存储。为确保电子文件不会因技术原因而消失，有必要通过拷贝保存备份，并对拷贝技术平台加以说明。

如果必须以纸质文件保存，可输出纸质文件进行保存管理。

2. 电子文件归档。电子文件归档是将应归档的电子文件，经过整理确定其档案属性后，从电子计算机存储器或网络存储器上拷贝或刻录到可移动的磁盘、光盘等记录介质上以便长期保存的工作过程。

电子文件归档一般采用以下方法：首先，将应归档的电子文件最终版本存入磁盘、光盘等记录介质上。其次，采用数据压缩工具，对电子计算机网络上应归档的电子文件进行压缩操作，录入到磁盘、光盘等记录介质上。最后，备份系统归档，一般在电子计算机网络环境下采用，将归档的电子文件在网上进行一次备份操作，就可将归档的电子文件记录在磁盘、光盘等记录介质上。

第十七单元　安排标准

本单元提示：

安排是对某件事做程序性处理的准备，它对避免因为盲目造成的失误有着十分必要的作用。事实上，单位日常运作中凡是与秘书工作有关的事务都需要事先给予恰当的安排，这也是秘书的基本功之一。

第一节 约会标准

作为上司的秘书，为上司安排约会日程也是例行公事之一。

安排约会需要事先做好以下三件事：一是随时记录各种预约；二是提前将安排按时间顺序排列成日程计划表，交给上司确认和联系对方确认；三是将已经确认的次日日程安排表提交给上司，并且在每次约会之前提醒上司，并为上司约会做好场地、人员、设备、资料、服务等方面的配套工作。

这三件事可以利用电脑来完成，因为智能信息处理系统具有记录、存储、分类、整理、定时提醒等自动服务功能，可以大大提高我们办事的准确性和效率。

我们可以将电脑内预存的日程计划表打印出来，郑重其事呈递给上司，让其心中有数；而我们只需在自己的电脑上设定程序，提前通知我们下一个约会安排在几点，在哪里，何人参加，需要什么资料，等等。

运用无纸化办公的 OA 系统，能够整体提高秘书与上司之间的配合度。

有了电脑并不意味着我们就可以高枕无忧，机器故障将给我们带来极大的困扰和麻烦。因此，原始记录、顺序安排、确认日程这三项都应同步备份，以避免信息遗失。尤其是临时增加或取消的约会，我们应及时作出相应调整，确保备忘录准确无误。

如有必要，不妨将确认日程及约会记录再行整合处理，打印装订成为系统的带有提示内容与落实情况，能够真实记录上司活动的备忘录式约会资料。这样完整的记录对于澄清财务开支的来龙去脉，衡量上司和助理的工作，都是很有帮助的。

原始记录表的格式内容包括：日期、星期、时间、地点、单位、对方姓名、预约方式、事由、要求、记录时间、对方电话、备注。原始记录以一个月为限。

日程计划表的格式内容包括：日期、星期、时间、地点、对方、事由、要求、对方电话、备注、确认意见。该表原则上每天下午整理好，次日内容呈报上司审阅。

日程安排表的格式内容包括：日期、星期、时间、地点、对方、事由、要求、确认者、提示（时间/方式）、备注。该表原则上每天下午五时前整理打印，呈报上司，设定自动提醒程序。

无论约会时间紧凑还是变动频繁，秘书都得及时准确地安排妥帖，并且给予上司心理准备与调整状态的充足时间，来确保这些约会的质量与效果。因此，在为上司安排约会时必须注意以下几点：

1. 如果上司外出，千万不要在他回来的当天为他安排约会，因为某些我们无法预料和控制的意外原因，很可能会影响他的行程。

2. 如果为上司安排约会，最好先征求上司本人的意见，并且在约会安排上保留宽裕时间以便应变，约会与约会之间适当保留十分钟空余时间。

3. 周一上午和周五下午不宜安排约会，因为上司在这时往往需要处理积压的或亟待处理的事务。

4. 如果安排需要我们本人参加的约会，应保证每天早晨我们都能有充足时间完成办公室内的日常事务。

5. 避免临下班时安排约会，以便上司以及我们都能顺利完成当日工作。

6. 假日尽量不安排约会，除非上司有意，或者我们出于策略考虑，故意这样做。

7. 安排约会时应向对方解释，约会内容已获得上司同意，以此促使对方重视此次约会。

8. 除非上司已明确交代约会时间，否则应事先征询对方意见以示尊重。

9. 如果既定约会因故推迟，应及时和有关各方再次确定变更后的时间。

10. 记下已预约对方的电话号码，以便万一取消约会或改变时间时可电话通知。

11. 约会一旦确认，应列入日程表，并准备相关资料，提前与上司就约会内容作沟通。必要时还应做些提示性卡片来帮助上司，只有充分准备才能井井有条。

12. 再次约会应再次确认，一直到约会完成。

13. 如果对于上司的约会一无所知，我们将会特别尴尬，除非上司喜欢独来独往，我行我素。但这种情况极为罕见，因为上司一旦有了秘书，往往会习惯性地产生依赖心理，凡事都会告诉对方："有事请和我的秘书或助理联系。"

作为秘书，我们有责任掌握上司所有的活动安排，如果不能做到，要么是我们无能，要么是我们失职，要么就是上司忘了及时向我们交代，而我们并没有提醒他。反正都是我们的错。

因此，每天早晨向上司汇报当天工作安排后，我们都应该笑容可掬地坚持和上司核对当天的约会备忘录，并且要求上司随时将他考虑的或已自行安排的约会通知我们，以便让我们纳入信息管理系统。

我们坚持要求上司这样做，理由当然是为了保持和上司步调的完全一致。

随着我们对上司了解的不断加深，我们会日益清楚地知道他对每个人和每件事的态度，以及他对各种约会的不同态度，我们就能根据他的好恶标准来准确恰当地安排约会了。

第二节 会谈标准

会谈是一种有目的的人际交往活动，利益双方通过会谈，就共同关心或感兴趣的问题交换意见，达成共识或促成交易行为。

会谈分为双边会谈和多边会谈两种，按照社交礼仪，这两种会谈的位置安排有所不同。

双边会谈时，宾主相对而坐，以正门为准，主人方占背门一侧，客人方占面门一侧。或以入门方向为准，主左客右，各占一侧，中间应设长桌分隔。正式会谈应在桌上放置席位牌，涉外会谈则增设小型国旗以示区别。秘书或随行人员席位分设两边，秘书如果需要作记录或翻译，可在上司后面设座或直接坐在上司右侧席位。

多边会谈则通常以圆形桌或直接以沙发围成圆圈，按礼宾次序就座。

无论双边还是多边会谈，面对门口的座位均为上座，背向门口的座位则为下座。从心理方面而言，上座具有一种现场的影响力和权力感，下座则只有从属感，如果不是为了达到某种暗示或影响，应尽量避开这个忌讳。会谈内容较为正式，专业性较强，但与谈判相比，形式比较随意，气氛也较宽松。因此，无论以何种方式会谈，都必须体现出会谈双方相互平等的意思。

会谈准备工作包括落实接送人员、车辆、场地、标识、装饰、茶点、座位卡等。

如果准备合影，事先要安排好礼宾次序。主人居中，主宾紧挨主人右边，主客双方间隔排列，两端则由主方人员把边。如需分排，还要考虑第一排人员的身份、双方人员职位的均衡，同时也要注意场地大小。合影时间一般安排在主客双方见面之后。

会谈要谈些什么话题；会谈要达到什么目的；会谈结果是否要形成什么文件；会谈过程如何进行；各方有哪些人需要到场；会谈地点与时间如何安排；东道主用什么规格招待；等等，这些内容我们事先都应与上司充分沟通，考虑周全，安排妥当。

我们可以做个预案，把会谈所涉及的方方面面列入其中，逐项予以明确。尤其是事先通知有关各方，将其反馈意见综合考虑进去。如果没有得到当事各方的明确确认，任何单方面的安排都是在做无用功。

除了正式会谈，非正式的会谈则称为会见。

会见是主客双方彼此约定见面的礼节性谈话仪式，以门为界，会见双方左右分边而坐，主宾坐在主人右侧，其他客人按次序在主宾右侧就座，主方陪同按次序在主人左侧就座。助理或翻译一般坐在主宾与主人后面。

会见之前，会见双方都应做好准备工作，而做好会见前的沟通工作则体现出双方的礼貌相待。提出会见的一方要向对方先进行口头联络，积极主动地提出会见要求，并将要求会见人的姓名、职务以及会见什么人、会见的目的、会见的谈话内容通过传真或公函告知对方。被要求会见方接到传真后应尽早回复，并约定时间。如因故不能会见的，应委婉解释。如确实有原因不能会见的，提出会见的一方也不要勉强，可以在另外合适的时间再作安排。

如对方回复表示同意，联络人要在联络过程中和对方约定一个比较合适的时间与地点，并及早通知有关人员和有关部门作好必要安排。

得到对方肯定答复之后，双方都应在安排会谈日期的前一个星期再次确认。

会见分为礼节性的、政治性的和事务性的，或兼而有之。一般说来，礼节性会见，一般为身份低者拜见身份高者，来访者拜见东道主。会见时间不宜太长，半小时左右即可告辞，除非主人特意挽留。

会见通常安排在会客室或办公室。宾主各坐一边，双方简短致辞、赠礼、合影等。

在会客室会见，客人应安排在主人右边，译员、记录员安排在主人和主宾的后面。其他客人按礼宾顺序在主宾一侧就座，主方陪见人在主人一侧就座。座位不够可以在后排加座。

会见介绍时应先将主人介绍给客人，随后将客人介绍给主人。如客人是贵宾或大家都熟悉的知名人物，就只需将主人介绍给客人。介绍主人时要把姓名及职务说清楚，介绍到某个人时，应有礼貌地以手示意。

会见合影可安排在会见前或会见结束后进行，位置按礼宾顺序排列，主人居中，以主人右手一方为上，主客双方间隔排列。人数较多时可分排排列，第一排为主宾，两侧由主方人站立。

会见结束，主人送客人到车前或在门口握手告别，目送客人走后再转身回去。

第三节 活动标准

（一）展会安排标准

展会是扩大影响、吸引外界关注的重要途径。

从内容上看，展会既有专业性的，比如英国教育展；也有贸易性的，比如中国进出口商品交易会；还有综合性的，比如万国博览会。

从形式上看，展会有产品展示、交易洽谈、宣传推广、酬宾娱乐等多种形式。

无论什么样的内容与形式，展会都有着自己鲜明的主题。因此，参展安排首先必须根据主题来决定参展的方法。

其次，有针对性的筹划是确保参展成为一次成功演示的关键。秘书必须十分清晰详尽地制订一份参展计划，把所有应该考虑的或可能涉及的问题一网打尽，给出十分明确清楚而且卓有成效的答案。具体而言就是明确参展目的，确定参展内容，落实参展途径，策划参展方法，选择参展位置，办妥参展手续，选好参展产品，组织参展人员，设计运作流程，使现场的接待、讲解、洽谈、签约活动井然有序，还有拟定参展的费用预算。

再次，制订某些非常实用的策略，构思某些独特新颖的策划，使一个简单的参展活动成为一次影响非凡的形象推广，这是衡量我们的组织能力和策划能力的一次机会。秘书对于上司的重要性，也正是在这种发挥中得以清楚体现。

将上述计划与预算呈报上司审批，并且在上司授权的情况下关心甚至亲自参与整个参展过程，在参展现场直接处理各类问题，确保成功参展。

最后，做好展会结束的善后工作，并且亲自拟定或组织有关人员撰写总结报告提交给上司。

（二）新闻发布会安排标准

新闻发布会是由专人用口头形式辅助于文稿向媒体报告或发布有关信息的专门性会议，也是重要的公关活动之一。

媒体作为一种利益集团，有其价值观和利益原则，利益的重要性决定着媒体的态度，利益原则影响着与媒体的关系，秘书对此必须有十分深刻的认识，必须充分掌握这个分寸，因为过分重视这个原则会使我们的行为十分庸俗，不够重视这个原则则会使我们在和媒体打交道时处于被动。我们无法回避这个微妙而又敏感的事实，因为协助上司和媒体打交道原本就是秘书的工作。

新闻发布会通常由秘书策划并主持。

召开发布会前，秘书应根据上司的要求召集有关人员商议并确定发布会的主题，发布会所要达到的目的，发布会的时间和地点，发布会的发言人和主持人，发布会的邀请范围，新闻稿的内容，发布会的接待和招待，发布会的费用预算，发布会资料的准备，发布会要求的效果，发布会结果的跟踪和督促，新闻稿发布之后的信息反馈和整理，等等。

新闻发布会过程中，秘书应协助上司做好接待工作，使上司巧妙周旋在各家媒体之间，衬托上司的大度和睿智，配合上司的应对与谈吐，将方方面面都照顾周到、体贴入微；同时又要做好主持工作，把握发布会的主题，营造发布会的气氛，控制发布会的进程，保证发布会顺利进行。通过新闻发布会，建立并发展与媒体的良好关系。

值得注意的是，新闻发布会的策划必须有“料”，也就是说，必须有具有新闻价值的东西才会获得媒体的重视。如果新闻价值一般，秘书就必须寻找更有潜质的切入点来做文章。媒体就是这样，当我们提供的信息或线索本身具有很高的含金量时，它们就会积极主动地参与而无需我们再去煞费苦心，因为重要的新闻价值也是它们赖以安身立命的资源。

明白这个道理之后，我们就可以借题发挥，用最小的投入获得最大的影响，这也正是不少单位经常制造新闻吸引社会关注从而产生品牌效应的经验。

新闻发布会结束后，秘书应确认媒体的落实情况，保持与各媒体的经常性联系，对个别确有困难无法发布消息的媒体应表示理解，了解其原因，体谅其难处。千万不要用势利之心去计较对方的失信。

俗话说，天下没有免费的午餐。适当的激励和合理的奖赏是必要的，即使我们发布的信息具有很高的新闻价值，我们也别忘了“重赏之下，必有勇夫”的道理。当然，郑重其事地拜托对方和物质刺激同样有效，我们应该充分利用古训对人的心理产生的道德影响，所谓“受人之托，忠人之事”，重要的是为对方着想，才能使对方心甘情愿地帮助我们。

在一定的时间段内，秘书应对新闻发布会的社会效应和市场反映作一次评估。评估可以采用媒体发布消息的资料收集和市场调查相结合的方法，力求准确，这个评估可以帮助我们获得正确的结论，为上司今后的决策作依据。

媒体见多识广，而且比较敏感，我们在策划、组织、安排、主持新闻发布会时应特别善解人意，以便通过最好的形象给媒体留下好口碑，这一点对我们来说尤为重要。

（三）宴请安排标准

宴请作为一种经常性的社交活动，通常是由秘书按照上司要求来安排落实的。

无论是极为普通的便饭，还是规模浩大的宴会，宴请都有着十分明显的商业目的，都体现着公关理念，也反映着秘书的礼仪水准以及组织能力。

怎样邀请对方；怎样精打细算；怎样合乎礼仪规范；怎样突出效果；怎样达到目的；怎样确保顺利进行；怎样处理突发意外；事无巨细，所有这些都得秘书用心谋划、周到安排。

宴请如果举办得不成功，客人也许不会说什么，但上司的感受一定不好，无论我们如何为自己找理由，上司对我们的评价恐怕只有是两个字：差劲。

当然，要使宴请活动井然有序顺利圆满，事先的充分准备和过程中的有效控制都是至关重要的。

按照标准的宴请程序，秘书应事先做一份详尽完整的方案。方案的制订和落实并非能够十全十美，当我们在头脑中迅速整合方案时，有可能会忽略一些重要的细节。因此，为了提高准确性和有效性，我们还应该在方案确定后，专业性地运用问题树模型来考量方案。其做法是将所有涉及的方面和有可能出现的问题以及需要切实落实的事项，全部细分到无法再分的程度，然后按其性质归类罗列在问题树上，每根树枝代表一个种类或方面，每片叶子代表一个具体的问题。

问题树的建立能够帮助我们准确地界定全部的细节和责任者，从而引起足够的关注。

问题树模型比较形象，凡已落实的细节均可用彩笔将结果标注在旁边，使其一目了然，清清楚楚。

问题树的作用是让我们心中有数，我们必须设想并预见所有潜在的或可能的问题，在问题发生之前就准备好有效的解决方法。

当所有细节都得到妥善处理时，我们还应给予有效确认，也就是说，在宴请前两天通过电话或工作例会，了解一切是否按计划执行，检查落实情况，对临时发生的变化立即给予调整与完善。

第四节 出差标准

出差具有十分明显的目的性，秘书既要运用成本概念来考虑出差的有效性，也要用成本概念来安排出差的合理性，以便为所在单位节省经费。

这里所说的出差，是指与秘书有关的三种情况，一是上司本人出差，二是秘书全程或部分陪同上司出差，三是秘书本人出差。无论哪种情况的出差，其安排程序都是一样的，即旅行准备、旅行过程、旅行善后，其基本要求当然也大致相同。

（一）单位工作安排标准

首先，按照上司意图或秘书原定的出差计划，安排制订一份比较详细的行程表，上面注明以下四项内容：一是出发时间和地点；二是到达目的地和时间，包括中途需停留或中转的地点与抵离时间；三是每段行程所用的交通工具和耗费时间；四是每到一地后的活动安排，包括对方姓名、活动内容、有关部门、备注与提醒、联络方式、活动目的，应安排充足时间，便于上司或秘书本人参加临时增加的各种应酬或处理私人事务。

其次，根据出差的目的和要求，为上司或自己准备相应的各种文件资料，如谈判提纲、合同文本、演讲稿等。必要时还得准备一份出差所到目的地的交通地图或当地风土人情、社交礼节、商业活动习惯的介绍，这些东西最好能存储在随身携带的笔记本电脑中，做好备份。

出差的必备用品中还包括单位证明文件、单位简介、单位介绍信、上司或秘书的名片、手机、录音机、数码相机或摄影机。护照、身份证、信用卡等个人旅行证件更是必不可少。如需签证、还应提前办妥申请手续。

出差前经上司批准向财务部门暂支部分现金，可以避免出差过程中支付费用不足的麻烦。

为每次出差购买人身保险毫无疑问是相当必要的，现代社会的安全问题越来越让人操心，保险是对活着的人的一种安慰。

上司与秘书的出差有可能会在单位里造成相应的职位真空，因此，我们应提醒上司用授权或遥控方式来控制这种真空必然会造成的影响，启动缺位应变程序，使单位运作在权力缺席的非常状态中仍能一如既往地正常进行。

为了适应有关人员的出差给单位运作带来的变化，秘书可以将单位里的日常事务分成三种情况进行安排，必须由上司或秘书负责和参加的，可以采取暂时搁置和暂时取消的方式，冻结这些日常事务；需要上司或秘书处理，但时间上有弹性的，可以采取提前或延期的方式，调整处理的时间；不必上司或秘书在场也能处理的，可以采取授权方式，委托合适的人代办。

最后，将正在进行但尚未完成的工作储存在电子记事本里做一个暂停。对秘书来讲，每次出差，无论商务还是公务，或者私人旅行，都比较辛苦。时空移位的幻觉，时差造成的错觉，还有旅途的疲劳，都会影响我们回到所在单位后正常工作的注意力，都会影响我们的精神状态，因此在出差前，有意安排一些容易激发状态，使之迅速恢复记忆和情绪的暂停点，不失为有效的良策。当然，将手头未完事宜记录备忘，也是为了若干时间回来后可继续操作下去，不致遗忘或疏忽。

一般而言，秘书的出差并不会对所在单位本身的正常运作造成很大的影响，因为秘书是上司的助手，陪同上司是秘书的分内之事。但上司则不同，上司责任重大，一举一动都有可能牵一发而动全身。身为秘书，我们必须注意维系上司与单位的正常联系，保持上司对单位的有效管理。

这一点，在安排上司的出差事务时应充分予以重视。

（二）私人事务安排标准

针对经常性的出差，有经验的秘书会有意识地建立一套随时应变的体系，比如，和家人沟通而形成的支持与默契。当我们因出差而造成家庭角色缺位时，家人能够适应并随之作出调整。再比如，在家里始终备有一个装有个人替换衣物、生活用品、个人必备用品的大旅行箱和一个装有随身证件及部分现金的手袋。这些旅行箱包的色调及品牌要配套，要符合秘书的职业品味与身份。准备好这些旅行用品之后，我们可以随时动身。

当然，安排好我们的家庭事务也非常重要，秘书大多是有家室的人，或已有恋人。要让家人和恋人理解我们的身不由己是我们的工作特点，要使我们没有后顾之忧，我们需要付出比常人更多的心思和精力。有必要的话，我们可以将所有的事情都在纸上交代清楚，顺便也郑重其事地写下我们的内心感受。

有时候，短暂的分离会增添相聚的快乐，我们不妨将每一次出差都精心设计成一个对家人充满情趣的故事，这在家人那里也许会获得意想不到的回应。而正是家庭事务的繁琐与唠叨，才更能体现出我们对家人的在乎和细致入微。

至于上司，我们也别忘了提醒甚至协助其妥善安排私人事务。上司对秘书的依赖与秘书为上司的操心是成正比的，上司在单位大事上的细心和在私人事务上的粗心，构成了极有意思的反差。正因如此，也就更需要我们无微不至地关照上司，使上司能够顺利成行。

（三）交通工具安排标准

根据出差的内容与要求，应选择合适的交通工具来完成旅行。从时间和费用上加以权衡，无非是飞机、火车、轮船、汽车。从安全度、舒适度、速度、方便程度、费用等方面考虑，这四种方式各有利弊。

如果是上司出差，选择何种交通工具应征求上司意见；如果是秘书出差，则应先考虑安全度和速度这两个因素，再考虑舒适度和费用这两个因素。

这四种交通工具对应四种线路，有时候是一样工具用到底，有时是几样工具变换着用，目的就是一个：节省时间和降低费用。因此，事先计划十分重要，这不仅需要你对目的地的地图了如指掌，还要对各种交通工具的出行时间和订票方式都有基本的了解。如果这两点我们都很生疏，那么，至少应该知道如何获取该信息的方法，比如上网查询，或者打电话咨询。

这里简单介绍一下这四种交通工具的安排方式：

1. 公路。现代城市的高速公路网十分发达，如果两地之间不超过两百公里，最好还是开车。开长途车应安排专业司机驾驶，如果不是特殊情况，即使大家都有驾照，上司或秘书都不宜自己开车。因为驾使长途车跑高速公路极易疲劳，当上司或秘书在思考某件事时，职业性的胡思乱想很容易分散开车的注意力，降低应变的反应力。

开车走高速，应事先通知司机备好公路地图和行车路线，提醒司机了解天气情况和路况，准备好充足的现金以便缴费，为车加满油，确认途中停车休息或用餐地点，并且与司机约定接上司或我们的时间、地点及联系方式。

多一位司机就多一分沟通的麻烦，这是乘坐其他交通工具所没有的，只有预料到所有可能发生的意外，并且保持思维方式的一致，才能让司机得心应手。

2. 铁路。落实车次，预订车票，了解发车时间、上车的车站及到达目的地的预计时间，并且安排好送站和接站的有关人员与车辆。火车上人多眼杂，随身物品必须特别小心。

3. 海路。坐船相对悠闲，现在出差的人已经很少使用这种速度太慢的交通工具，但有些重要的商务社交活动特意在度假邮轮上举行。

坐船容易晕船，而且乘坐的时间相对也比较长。因此，除了订好船票，了解船名及启航时间、登船码头及所在地点、到港时间及安排好两边的接送人员与联系方法之外，还应另外准备一些晕船药以备不测，再多带些书以便消磨时间。

在船上办公或写东西是不合适的，因为太引人注目，人来人往，效果也未必好。

有一点必须注意，船舱的选择应在甲板之上，靠窗的地方空气比较新鲜，但要小心保管好随身物品，以免有人顺手牵羊。船舱选在上层，票价虽然贵，但安全性高。

4. 航空。飞机是最快速的交通工具，但如果两地的机场都在偏远之处，换车搭机所花费的时间有可能会超过坐飞机的时间。比如从杭州坐飞机去上海青浦，如果飞机是降落在上海浦东机场，从浦东机场开车到青浦，还不如直接从杭州开车到青浦来得快捷。这种情况是比较常见的，秘书在安排交通工具时千万不要犯这种劳民伤财的低级错误。

安排飞机的航班重要的是看会否影响两头，一头是登机前的有效工作时间，另一头是下机后当天是否还有足够时间与对方见面谈正经事。我们可以根据航班时刻表仔细画个时间表，然后选出最合适的航班。

预订机票并且确认登机时间和到达时间，通知两边的有关人员安排车辆送机和接机。

值得提醒的是，办理登机手续时别忘了多买几份保险，并且按规定填写指定受益人，以防万一总是没错的，至少我们也负起了家庭的责任。

如果搭乘远程航班，最好准备一双拖鞋以放松自己的脚。

托运行李时应将大件物品或笔记本电脑这类不能在飞机上开启使用的东西都放进去，随身物品越简单越好，尤其是陪同上司出差时更应如此。

（四）订房订票安排标准

订房订票既可以采用电话或书信传真方式预订，也可以上网操作。

电话预订时应用标准的职业用语将自己的要求简洁清楚地告诉对方，书信传真则用规范的格式明白无误地将要求交代清楚，上网预订同样如此。

任何一种预订，在我们提出要求并且支付了费用或承诺用何种方式支付费用后，都必须获得对方十分明确的确认，否则我们无法把握结果。这种确认最好是书面形式，因为可以备案待查，一旦有变，至少能知道原因和责任者。

如果上司或我们本身的原因需要改变行程甚至取消旅行计划，在未支付费用并获得对方出票时，我们仍然还能随机应变。

预订一般应提前一周时间，因为时间越充裕，说明我们的工作越有计划性，我们随机应变的回旋余地也就越大。预订一旦确认，应立即通知相关人员，以便作出相应的调整。

订房订票事务通常由单位内负责行政事务的同事办理，我们对凡是涉及上司与自己出差的预订工作应该及时跟进，了解预订的进展和落实情况，以便随时采取必要措施确保预订的落实。

预订不仅能帮助我们安排行程，还能节约差旅费用。因为订房订票会有一定的折扣，精打细算合理安排，无疑能够降低开支。秘书时时处处开源节流，当然更容易得到上司的器重。

重要的是，我们必须让上司知道，我们为此做的努力是始终如一和物有所值的。

（五）住宿饮食安排标准

出差本身涉及单位形象，在安排住宿及饮食时应注意这一点，太过吝啬与寒酸会影响人们对我们所在单位的评价，甚至有可能影响到相关事务的顺利进行。

在商务交往中，必要的排场还是应该讲究一些。这里有个界限可以参考：给别人看的讲究些，别人看不见的简单些。把握住这个分寸，我们就能有的放矢，该用就用，能省则省。

上司出差或秘书陪同上司出差，秘书都应将住宿酒店、住宿环境、楼层、朝向、基础设施、联络方式等事先考虑周全，安排妥当。这些事不用上司操心，但需要上司满意，妥帖就是一种满意的标准。

陪同上司出差时，秘书的住宿标准应该获得上司的确认。一般情况下，上司的住宿条件总要比秘书好些，但上司为了联络和办事方便，通常会要求秘书住在自己的对面或隔壁房间，此时我们也就不必再为住宿标准而客气。

总之，事先请示上司，让上司做主，这样做既可以避嫌，也显得尊重上司。

安排住宿的房间应避免临街或位于楼层尽头，同时应远离电梯口并且尽量靠近安全通道，这样既不会因为吵闹喧哗而影响休息，又能避免其他住客在门口走动张望时造成上司和自己的不便，一旦有火警等突发意外时逃生也比较容易。

我们的旅行用餐当然没有太大的麻烦，除了应酬，平时自己想吃什么就点什么，只要不超过规定的标准。困难的是陪同上司出差，一日三餐的安排常常会让秘书感到为难，上司的口味我们也许知道，但上司每次用餐时的标准，我们却很难准确把握。

解决这个难题最简单的方法就是每次都让上司点菜，一切都随上司的意思。只有在上司吩咐“你看着办”时，我们才可以视当时的情况作适当安排。

出门在外，一是起居，二是饮食，是我们必须为上司操心的事。起居讲究安全舒适，饮食讲究卫生美味。

（六）安全防范安排标准

出差时携带的文件和钱物应妥善保管，现金可分开放，以便一旦失窃不至于身无分文。入住酒店后，最好能将贵重物品或重要的文件资料寄放在酒店的保险箱内。

除此之外，还有一些基本的安全防范措施值得采取：

1. 不随意暴露我们的身份和旅行目的。

2. 处事低调，对一切好奇的行为保持警觉。

3. 不与陌生人交谈与交友。

4. 晚上避免单身一人出门。

5. 坐车不坐司机旁，这个位置最容易出车祸或遭抢劫。

6. 坐飞机不坐机头和机尾，最好坐在紧急舱门旁，因为飞机的头尾位置的危险性大过中间段。

7. 坐火车不要靠窗，不要靠后坐，不靠窗是避免车窗外有人丢杂物时受伤害，不靠后坐是万一撞车时能有靠背保护。

8. 坐船选择上层舱不靠窗的下铺。

9. 走路走上街沿，遇到墙角十米处拐弯绕着走，防止歹徒在墙角突然袭击。

10. 保持与所在单位和家人的联系，让他们知道我们在哪里。

11. 随身带着能够证明身份的证件或名片，一旦有事，可以让救护者知道我们是谁以及该通知谁。

12. 陪同上司外出时多长几个心眼儿，对周围事物保持警觉。

（七）应急应变安排标准

作为秘书，我们不可能对所有可能会发生的意外都料事如神，但我们至少可以预先设想所有的应变对策。

应急应变是一种良好的心理素质，也是秘书的特质之一。人在突发事件面前一瞬间的呆滞是非常自然的反应，但心态稳定、经验丰富、训练有素的人，总会在第一时间摆脱震惊和茫然，冷静沉着，临危不乱，处变不惊，迅速地分析判断面临的危急与意外，选择最有效的应急应变措施，当机立断、立刻行动。

这些基本的应急应变措施包括：

1. 知道报警电话，知道如何求助于人，重要的是迅速地让别人知道我们到底发生了什么事。

2. 抢救生命和保护现场都非常重要，手忙脚乱只会耽误宝贵的时间。

3. 养成细分的习惯。在任何时候都知道如何把握处理的程序和要点，都能清醒地根据现有条件理出头绪，合理安排资源，不至于乱了阵脚而将所有仅存的资源消耗殆尽。

4. 养成举一反三的习惯，对任何一种意外都能设想至少三个以上的应急措施，并且能够迅速地汰劣择优，用最直接、最管用的方法行事。

5. 与上司同在时，我们还有商量探讨的可能，这时候更多的是要给予上司有用的建议，协助上司思考，帮助上司判断，理解上司的决定。当然，有了上司的精神支持，心理上的依赖会有助于我们头脑冷静，表现正常。但如果我们独自面对意外，也许只有依靠自己的理智与经验才能摆脱困境或危险。因此，我们必须学会和自己商量。

6. 所有可能采用的应急应变措施都应在事先考虑周到，烂熟于心，以便发生意外时能成为一种条件反射，这是十分重要的。而更为重要的是，这些措施应该有具体的做法与预先的准备，否则，想象只会增加我们的心理承受能力，对解决意外并没有实际作用。

阅历是最好的教练，当我们耳闻目睹甚至亲身经历以后，我们就会有足够的经验去面对任何意外与突发事件。

（八）善后事务处理标准

出差的结束意味着一种工作方式和工作过程告一个段落。作为总结与交代，秘书应负责处理好善后工作，使出差的成效在日后的工作中凸显出来。

这些工作包括：

1. 将出差过程及相关事务写成工作报告，其内容包括去了哪些地方，见了哪些人，谈了哪些事，签了哪些协议，达成了哪些共识，建立了哪些关系，获得了哪些收益，得到了哪些启发，因此，有哪些建议和计划，哪些值得上司引起重视，哪些问题应该解决和如何解决，等等。这份报告作为旅行成果之一，郑重其事地呈交给上司看，供上司决策时参考。

2. 用电话、电子邮件、传真或书信方式，向在出差过程中帮助过我们或与我们有接触并给我们留下印象的人表示感谢或打个招呼。有事有人，无事也有人，我们才能获得更多更好的人缘。从社交礼仪来讲，这样郑重其事地向对方表示礼貌和谢意也是十分必要的。

3. 整理填写好所有的日程安排及费用单据，报上司审阅签字后向财务部门报销，核销出差前的预支现金，做到一次一清，干干净净。

4. 协助上司组织与召开相关部门会议，落实出差成果。

5. 收回授权，对被授权人的代理工作表示感谢。移交接受我们出差期间被授权人的工作记录，使工作保持连续性与稳定性。有必要的话，告知相关人士这一变化。

6. 恢复正常的工作和生活状态，继续出差前暂停的工作。

7. 将出差中结识与建立的社会关系整理进单位人脉表，以便日后有用。

第五节　仪式标准

要完成一次严格意义上的仪式活动，需要与之相关的所有部门协调配合，互相支持。

在实际工作中，由于各部门专业化分工不同，往往会因强调履行自己的工作职责而在仪式过程中各行其是。要将相对独立的各部门工作统一协调起来，使之围绕仪式这一共同目标同心协力，必须将仪式工作统筹起来。只有做好仪式统筹工作，才能使各部门的工作步调一致。

仪式安排包括以下内容：

1. 拟定费用。秘书既要考虑草拟的仪式方案是否与举行仪式的目的一致，又要选择成功率较高而且成本较小，效果相对较好的方案。另外，对所需费用也应有一个大致估算，以便有计划地分配各项费用，防止超支和浪费。仪式费用包括场地租金、设计费用、人员费用、联络及交际费、差旅费、住宿费、宣传费用、器材租金、运输和保险费等，要根据仪式所要达到的效果来考虑费用标准。

2. 挑选有关人员。仪式主持必须在仪式过程中起到起承转合、控制全局的作用，因此，必须挑选具有较强语言表达能力、思辨能力、组织驾驭能力以及良好的修养和礼仪的成熟人士担任仪式全过程的主持工作。选择其他接待人员时则要求仪表端庄、善于交际，同时还需对其进行接待礼仪和应对突发事件的训练。

3. 发出正式邀请。邀请上级主管部门、当地政府、行业组织的有关人员时，虽不必勉强对方，但必须努力争取，并表现得心诚意切。因为利用举行仪式这一良机，使合作双方与上级主管部门、当地政府、行业组织进行多方接触，不仅可以宣传自己的工作成绩，而且也有助于有关各方进一步地相互理解和相互沟通。

4. 准备仪式资料。一是体现仪式内容的主要文件，包括领导发言、新闻稿等；二是为仪式服务的辅助材料，包括开幕词、闭幕词、贺电、其他资料等；三是和仪式有关的附件资料，包括仪式程序表、仪式筹备组名单、主席台人员名单、签约项目顺序、各方签约人名单、需签署的合同或协议、宾客座席安排、仪式接待安排、会场布置方案、入场凭证、仪式须知等；四是与仪式项目有关的宣传资料，包括项目宣传册、视听资料、影像设备等。

5. 落实新闻宣传。在仪式召开前应加强与新闻媒体的联系，通过宣传报道引起公众对仪式的热心关注。由于仪式内容较为专业化，为配合记者编发新闻稿，秘书应在寄发邀请函时附上宣传资料及仪式内容简介、背景材料、图片、新闻发布稿等。

6. 布置仪式现场。选择仪式现场应视仪式目的、重要程度、出席人数、具体程序等因素而定。交接仪式和剪彩仪式一般在室外举行，签约仪式一般在室内举行。仪式现场布置工作包括布局、环境、氛围、装饰、用具、文字等。

7. 准备仪式用品。交接仪式有关用品包括交接双方正式签署的接收证明性文件、交接物品名称及数量明细表、有关钥匙、其他必须当场移交的用品。

签约仪式有关用品包括需要签订的合同正本和副本、其他文书、签字用笔、印章用油、香槟、酒杯、国旗等。

其他需要准备的用品包括视听设备、饮品、点心、花篮、横幅等。

8. 确保仪式举行。仪式举行前一天，有关人员开会，对准备工作做最后检查，并明确仪式当天各自安排的工作。

（一）签约仪式标准

见证人员分主宾两方，以签字桌中线为界分列，职位最高者居中，主宾在主人右侧，然后依职位高低顺序外延，可分列两排或若干排，签字代表就座于各自一方队列前的签字桌后，助签人员分别站在各自签字代表外侧，双脚并拢直立，两手垂直摆放于身体前。

助签人员一般由各方的秘书或助理人员担任，也可由礼仪小姐担任，其作用是协助翻开协议文本、指明签字处、使用吸水板吸干墨水、交换文本、保管文本。

签约仪式程序如下：

1. 司仪宣布仪式开始。

2. 助签人员跨前一步将文本翻开至签字盖章处，然后撤一步复位。

3. 签字代表执笔在文本上己方签名处签名盖章。

4. 助签人员跨前一步，用吸水板在签名盖章处轻按，双手将文本盖上，使文本正面朝上，拿起来捧在胸前，后撤一步，转身与对方助签人员相向而行，然后互相交换文本，转身走回原位，再跨前一步，将换来文本放在签字代表面前，将文本翻开至签字处，后撤一步复位。

5. 签字代表执笔在文本上己方签名处签名盖章。

6. 助签人员跨前一步，用吸水板在签名盖章处轻按，双手将文本盖上，使文本正面朝上，再后撤一步到签字代表身后。

7. 签字代表起身，助签人员撤开椅子，签字代表双手拿起文本，转向对方，前跨半步，互相交换文本，然后左手执文本，右手与对方握手。

8. 签字代表将文本交给助签人员保管，助签人员双臂交叉将文本夹护在自己胸前。

9. 双方见证人员互相握手或鼓掌，共同庆贺仪式成功。

10. 助签人员收好文本。

11. 仪式结束。

之所以不厌其烦地强调签字仪式的每个步骤和细节，实在是因为签字仪式的郑重其事会对整个协议执行有相当的积极影响，对此所表现出的认真谨慎，容易使对方对履约前景充满信心。

（二）庆典仪式标准

组织安排庆典仪式时，秘书应注意以下几点：

1. 精心拟定出席庆典的参加者名单，并由专人负责将请柬送到参加者手中。

2. 拟定庆典程序，内容包括司仪宣布典礼开始、介绍来宾、来宾致贺词、主人致答词、剪彩、舞狮或放气球或燃放烟花爆竹以示喜庆、司仪宣布典礼结束。

3. 拟定致贺词和致答词的人员名单，并拟好贺词与答词的文稿呈报上司审阅定夺。贺词表示祝贺，答词表示感谢，两份讲话稿都应言简意赅、用词精彩，目的是沟通感情、增进友谊。

4. 按照上司要求确定剪彩嘉宾，确定摄像和摄影人员。

5. 准备有关物品，如签到登记表、红绸带与花球、镀金剪刀、托盘、照相机、摄像机、横幅、标语、彩旗、气球、烟花爆竹等等。

6. 安排现场工作人员，谁负责接待，谁负责签到，谁负责维持秩序，谁负责送礼，谁管音响，谁执红绸，谁负责托盘递剪，谁负责点爆竹，都要落实具体的人。这些人员必须事先安排确定，明确交代其工作责任，条件允许的话还应预演一下。庆典仪式前这些人员必须到达各自指定的岗位，秘书则应协助上司对此监督检查，若发现问题应及时解决。

庆典仪式中可酌情安排一些喜庆节目以增加气氛；庆典仪式结束后也可安排参观游览或举行酒会宴会，当然这些应视庆典的内容与目的而定，秘书可以向上司提出建议。

庆典办得隆重热烈、丰富多彩而又节俭，这是秘书应该把握的分寸。

（三）剪彩仪式标准

按照传统做法，剪彩时必不可少的红色缎带应由一整匹未曾使用过的红色绸缎在中间结成数朵花球而成。

红色缎带上所结的花球不仅要生动、硕大、醒目，而且其具体数目应同现场剪彩者的人数相关，一种是花球数目较现场剪彩人数多一个，另一种是花球数目较现场剪彩人数少一个。前者可使每位剪彩者处于两朵花球之间，比较正式；后者则不同常规，亦有新意。

剪彩所用镀金剪刀必须每位剪彩者人手一把，而且必须崭新、锋利而顺手。

白色薄纱手套专为剪彩者准备，以示郑重其事。

剪彩仪式上使用的托盘应选择银色不锈钢托盘并铺上红色绒布或绸布，在剪彩时可用其依次向各位剪彩者提供剪刀与手套，并同时盛放红色缎带。也可以为每位剪彩者配置一只专用托盘，而红色缎带也以专用托盘盛放。

剪彩现场铺设红地毯主要是为了提升仪式档次，营造喜庆气氛。红地毯铺设在剪彩时站立之处，面积略大一些更有气派。

除主持人外，剪彩人员主要由剪彩者与助剪者组成。剪彩者可以是一个人，也可以是几个人，但一般不应多于五人。通常剪彩者由上司、合作伙伴、社会名流、员工代表或客户代表担任。

若剪彩者仅为一人，剪彩时居中而立；若剪彩者不止一人，则同时上场剪彩时位次尊卑应该是中间尊于两侧，右侧尊于左侧，距离中间站立者越远位次越低，主要剪彩者居于中央位置。

协助剪彩人员大多由东道主一方的女职员或礼仪小姐担任。分为迎宾者、引导者、服务者、拉彩带者、捧花球者、托盘者等。

值得提醒的是，剪彩仪式非常注重礼仪标准和程序规范，当主持人宣布进行剪彩之后，礼仪小姐应排成一行，从两侧同时登台或从右侧依次登台。

登台之后，拉彩带者和捧花球者应站成一行，拉彩带者处于两端拉直红色缎带，捧花球者各自双手捧一朵花球。托盘者站立在拉彩带者身后一米左右自成一行。

剪彩者登台时，引导者在其左前方进行引导，使之各就各位。剪彩者必须从右侧登台。

当剪彩者到达既定位置后，托盘者前行一步，按照左为下右为上的礼仪规矩，站在前者的左后侧，以便为其递上手套和剪刀。

若剪彩者不止一人时，则其登台时应列成一行，并让主要剪彩者行进在前。

当司仪向到场者逐一介绍剪彩者时，被介绍者应跨前一步向全场微笑致意。

剪彩者行至既定位置后，应向拉彩带者及捧花球者含笑致意。当托盘者递上手套和剪刀时，剪彩者亦应微笑着向对方道谢。司仪宣布剪彩时，剪彩者应右手执剪，表情庄重，全神贯注地将红色缎带一刀剪断。若多名剪彩者同时剪彩，其他剪彩者则应注意主要剪彩者的动作，与其协调一致，以便能够同时将红色缎带剪断。

剪彩者应使红色花球应准确无误地落入托盘，然后右手高举剪刀，面向全场致意，再放下剪刀，脱下手套，将其放在托盘内，双手鼓掌，然后与主人握手，最后列队在引导者引导下从右侧下台退场。

待剪彩者退场后，礼仪小姐随之列队由左侧退场。

不管剪彩者还是助剪者，上下场时都要注意井然有序、步履稳健、神态自然。

剪彩过程中，所有参加者都应表现得不卑不亢、落落大方。

第十八单元　写作标准

本单元提示：

对秘书而言，写得一手漂亮的好字和文章，应该是轻而易举的事。尤其是对那些应用性文体的把握与运用，可说是功力深厚、技艺娴熟，对文字的驾驭和造化已经达到炉火纯青的程度，这种专业水准并非什么特质，而是秘书理应具备的基本功。

之所以如此抬举秘书，是因为从字面解释，秘书的本职工作就是为上司代书。在中国台湾，代书是一项法定职业，它专门为交易双方起草法律文件并予公证。而秘书的代书与此相似，同样要为他人起草合适的文字资料作为执行依据，只不过，服务对象不是交易双方而是上司，代书的结果不用公证而是让上司定夺。

秘书写作具有很强的专业性和实用性。说它专业，是因为其涉及的内容既和运作有关，又和具体事项有关，如果没有完整充分地熟悉这些内容及把握这些界限分寸，只可能是泛泛而谈，没有什么具体内容。说它实用，是因为其表现的形式完全根据内容需要给予相应的格式表达，操作程序与操作标准都非常明确，实效性非常强。

究其原因，是由于秘书的文字工作主要围绕着运作过程而进行，分析过去，记录现状，预测将来，通过文字的方式来帮助上司指导或规范运作，确保效率和效益。

由此可见，写作能力是衡量一位秘书是否称职乃至出色的重要标准。

第一节　姿态标准

写作姿态不仅反映一个人的教养，也反映一个人对文字处理的态度，更反映一个人对自己形象的在意程度。

优美的写作姿态是上身挺拔，头部略侧，双肩打开，双肘平放，正襟危坐，头部与桌面保持半米左右距离，一手压低，一手执笔，信手写来，不疾不徐。自始至终没有塌肩，没有趴伏，没有斜靠，没有垂手。无论写作环境和写作条件是优是劣，都不能有任何失态之举。

要做到上述要求其实并不困难，即使过去我们的写字姿势有失雅观，有时入神了就会忘乎所以，但纠正这种不良习惯仍然轻而易举，因为在办公环境中，由于秘书身份的特殊，秘书的举动比较容易受到上司和同事的关注，所以我们会自然而然地非常留意自己的职业形象，并且做得非常到位。

所谓到位，首先是端正坐姿，其次是保持美态，最后是全神贯注。我们知道，一个人最能打动别人的地方往往是他最认真、最投入的样子。只要我们保持姿势，那么状态就会是再自然不过的事。

优美的写作姿态在传递一个信息：当我们满足于自己的工作状态及专业表现时，当我们相信自己写出来的东西会打动人，甚至有可能成为正式对外公布的文件或运作过程中执行的标准时，我们会比其他任何时候都更有表现力和影响力。

优美的写作姿态也在创造一种心情：当我们自觉地表现出一种非常专业的工作状态时，身体的放松与心态的愉悦会使我们的思维异常的活跃，想法及创意也会格外地丰富，下笔如有神助，可说是妙笔生花。

好的文章和优美的写作姿态是互相影响的，而优美的写作姿态也在营造着一种氛围：当我们全神贯注地写作时，我们的优雅姿态及思考的神情会产生一种气氛，使其在办公室里悄悄地弥漫开来，影响与感染上司与周围的同事，使他们在欣赏之余也会注意自己的行为举止，分享这份共事的美好。

想拥有优美的写字姿态，首先注意握笔的姿势，标准的握笔姿势有几个特点：一是手心空握；二是拇指与食指指尖压住笔杆，并用中指支撑，形成三指相倚之势；三是无名指及小指抵住桌面，整个手形外观有如老鼠。

其次，面前的纸张要放端正，桌上其他的资料及物品也要恰当地摆放或打开，做到整洁而不零乱、丰富而有层次。很难想象为了迁就写字方便，我们将纸张斜放面前时，我们会有怎样的写字姿态。其实这都是彼此相关的整体部分，每一个细节都不能随便或疏忽，否则就会影响整体的形象。

凡是有教养的人，其优美的姿态都是经过刻意训练的，所谓“站如松，坐如钟”，落落大方中充满着从容不迫的优雅，我们不妨仔细品味一下这种感觉。

第二节　字体标准

现在要求秘书应该如何写字似乎有些不合时宜，因为各种资讯工具的应用已经使秘书不必拘泥于纸上作业，如今，如果秘书拿着纸和笔认真地写东西，然后再将信息输入电脑进行处理，这将会显得多此一举。

从效率来讲，直接在电脑上写作最为经济而且最为快捷，事实上，现在的秘书几乎都是熟练使用电脑的高手，娴熟处理文字是秘书任职的基本条件之一。

但是我仍然非常老套、固执地认为，秘书必须会写一手漂亮的字，秘书也必须在注重效率的原则下利用一切时间写字。理由很简单，一是工作需要，二是修炼需要，三是美学需要。

所谓工作需要，是指日常工作中，秘书需要纸笔做记录，例如，上司交代任务或发布指示时，我们总不能让上司等一等，然后坐在电脑前再请上司作出指示。我们更不可能请上司站在我们的办公桌前口授指令，只为了能让我们在电脑上做同步记录。诸如此类的不便，其实，凭借一支笔和一个记事本就能搞定，何苦让上司觉得我们一本正经。而且，站在上司面前认真做记录，上司会感觉非常美好，这远比上司迁就秘书自然合理。

所谓修炼需要，是指写字既能磨炼人的耐性，又有利于培养反复推敲的思考习惯，还能增强人的策划布局能力。众所周知，写字时一笔一画地写，我们有足够的时间想好后面要写的字，这种内容与语气上的连贯性、流畅性，用电脑写作是无法做到的，这也是为什么网络文字的风格总体上显得仓促和生硬的原因。而更为重要的是，汉字的笔画丰富而且讲究布局，汉字的好看与否不仅在于字迹表现，也在于字体的架构。经常写字的人因为要想把字写得风骨高雅或者俊逸清丽，总是格外注意运笔，注意在汉字应有的框架中合理地安排字体，这种刻意会悄悄地、顽强地影响着一个人对事物整体考虑和安排的合理性。

写字漂亮的人，大多是非常细致且做事井然有序的人，这就不难解释，为什么我要如此强调秘书必须练习写字的真正原因。

俗话说：字如其人。一个人的性格可以从其写的字体中察觉出来，字体方正严谨的人，做人做事亦是严谨；字体局促的人，做人做事难免小家子气；字体忽大忽小变化太多的人，常常使人捉摸不透；字体夸张随意的人，难免粗心大意而且口无遮拦；字体细小且连成一气的人，思路清晰而且感情细腻。

但是，专门练字的人，别人就很难从中看出其性格特点，因为标准字体的模仿复制极好地掩盖了其性格的缺陷，而且也能有效地改变一个人的性格。所以自古以来，数不清的人正是从写字习画中修身养性，使自己原有的性格大为改观。

所谓美学需要，是指漂亮的字体能赏心悦目，让人在看清文字内容的同时在视觉感官上得到一种享受。称得上好看或者漂亮的字体，首先是骨架匀称，其次是力度得当，再次就是笔画有表现力，或苍劲、或柔美、或飘逸、或工整。还有连笔之处，自然流畅，该连就连，当断则断，收放自如，一气呵成。

漂亮的字体犹如一首乐曲，起伏跌宕，曲折婉转，总在平坦处欢快流淌，在陡峭处慷慨激昂。比如最为世人推崇的行书或行草，常常使人在欣赏之余会分不清这手字究竟是男人还是女人所写，写的人是何种文化程度、何种修养、何种个性。这就是标准字体的规范性，它在创造一种公认的美感时也淡化了人与人之间的差异，使不同的人可以用相同的字体进行交流。

如果我们能专门习帖练字，或者参加培训班，在老师的辅导下掌握这些标准字体，就会让别人觉得我们很有专业水准，连写字也受过专业训练。如果我们能在传统字体上推陈出新，自创一种有自己风格，也相当漂亮的字体，会让别人对我们刮目相看。

能写一手好字的人，工作上总会占一些便宜，至少很容易让人产生好感，这对提高我们的职业形象是不言而喻的。

当我们熟练使用现代资讯工具来提高工作效率时，千万不能忘记优秀的传统本身所拥有的价值。

找一本自己欣赏的钢笔字帖，请一位富有经验的辅导老师，用一些卓有成效的业余时间，练一手漂亮好看的标准字体，做到这一切并不困难。

第三节 代书标准

秘书在协助上司办事、帮助上司思考、提供上司建议的同时，理所当然还得为上司代书。

什么是代书？代书就是独自代理各类重要的文字性工作，比如起草文件、草拟函电、撰写商务文案、制作法律文书等。

秘书写作的特殊性与专业性，要求我们在代书时必须反应迅速，思路清楚，切入准确，格式标准，内容完整，用词精确，表达恰当。

由于为上司代书的都是与上司工作有关的文件函电，因此，秘书写作基本采用陈述或说明方式，在文字表达时往往以叙述为基础，议论为手段，说明为目的，三者融合发挥。但是，写作内容也会制约表达方式，一般而言，反映情况的侧重于叙述，阐明道理的偏重于议论，提出要求的则多用于说明。

叙述是对任务或事件所作的交代。叙述应有很强的概括性，用词精炼，准确无误。

议论是通过对事件的评价来讲道理。议论应紧扣主题，言之有理。

说明是用简明扼要的文字把事件真相交代清楚。

代书属于应用性文体，因此，在遣词造句时应特别注重简明、准确、朴实、规范。简明是指用词简单明了，直截了当。准确是指用词含义明确，不会出现歧义。朴实是指用词通俗自然，恰如其分。规范是指用词符合语法与逻辑规范。

代书时要始终紧扣特定对象、事务性质、规范标准、时间效率、寄望目的来写，具体要求如下。

（一）分清写作文类

从作用来讲，文件函电有指挥性、规范性、报请性、知照性、记录性、报道性等几种。

指挥性如命令、指示、决定、批复；规范性如章程、条例、规定、办法、细则；报请性如请示、报告；知照性如公告、通告、函；记录性如会议记录、大事记；报道性如广告、新闻稿、宣传稿。

（二）分清行文关系

从关系来讲，有上行文、平行文、下行文三种。上行文如请示、报告；平行文如通告、函；下行文如命令、指示、批复。

文件函电的资料应用性很强，这个特点决定了秘书在代书时必须遵循以下这些写作要求：

1. 意思明确。准确无误地把要说的话写出来，让别人看得懂，一目了然，这是最起码的要求。

2. 文理通顺。无论为了对于准确表达还是为了让自己写作水平受人尊敬，这都是十分重要的。

3. 观点正确。表达的东西要有道理，不能强词夺理，更不能讲歪理。

4. 实事求是。是什么说什么，不掩饰，不夸张，一切都按事实本身进行描述与表达。

5. 及时迅速。秘书办事最讲究干脆利索，代书时同样如此。

6. 简明生动。文书函电虽然有基本格式，但在代书时应从可读性与观赏性上下工夫，使之生动鲜活，如果整篇都是陈旧的八股文，语言枯燥单调，则会令人乏味。

7. 层次分明。一句话就是一个意思，一句话表达不完整时，多用几句话并用逗号区分，讲完了用句号结束。几句话构成一件事，就是一个自然段。如此这样，层次分明，段落清楚，方能让人看得赏心悦目。

8. 格式规范。所有的文书函电都有其固定格式，不能随心所欲去改变这种约定俗成的规矩，否则会让看的人糊涂，甚至曲解了原意。

文书函电必须是有事才发，言之有物，目的明确，内容真实，不讲空话。其内容一般分为标题、题注、收件单位或收件人、正文、导语、主体内容、结束语、附件或说明或备注、发件单位或发件人、发文日期等若干部分。

秘书在代书时要根据内容及目的选择相应的文体，并选择上述相应而且必须的内容项。

程序也是一种模式，经验告诉我们，借助成功的模式可以大大提高秘书的工作效率。那就是按部就班，依顺序处理。

文书函电的拟写程序分为以下五个步骤：

第一步，明确主旨。写什么，要达到什么目的，怎样写，用什么文体与格式最合适，给谁看，要求对方做什么，等等，这是定位写作，确立目的和方法。

第二步，收集资料。根据写作内容，设计收集方法，需要哪些资料或信息？怎么收集？怎么整理？要达到什么目的？然后在此基础上分析研究，得出结论。

第三步，拟写提纲。提纲是为内容要点搭建的结构顺序，哪里简述，哪里详写，哪里前后呼应，应该通盘考虑、精心策划，只有这样，我们在写作时才能娓娓道来，顺理成章。

第四步，起草全文。逐一写明所有必须交代清楚的内容。

第五步，修改定稿。从对方理解角度推敲斟酌，力求意思明确、印象深刻，使每一份从我们手里做出来的文书函电都能成为令人爱不释手的精品范文。

俗话说，天下文章一大抄。多抄多写多练，的确会让我们的代书水平非同寻常。尤其是应用性的文书函电，基本格式都是一样的，这就为我们以此为范文来发挥独特性提供了良好基础。范文的作用就是让人借鉴，作为专职处理行政事务的秘书，自然更需要这样依葫芦画瓢，自然更喜欢用这些实用的范文作参考，这种效率原则也是由秘书的职责所决定的。

第四节　格式标准

文书函电种类繁多，其常用种类及基本格式如下。

（一）指示

指示包括三项组成部分：一是指示起因，主要写明指示的原因，然后用“特作以下指示”过渡；二是指示事项，分项叙述指示的具体内容；三是执行要求，用简明语言提出贯彻执行的具体内容。

（二）决定

按性质划分，决定分为表彰决定、处理决定、知照决定、任免决定。

表彰决定包括四项组成部分：一是对象，被表彰者的姓名职务应明确，事迹应具体；二是评价，对被表彰者的评价应恰如其分；三是决定，即对被表彰者的奖励内容；四是要求，借表彰之机发出号召。

处理决定包括三项组成部分：一是处理的事实本身或当事人的问题；二是分析问题性质和问题产生的原因以及应当汲取的教训；三是处理意见。

知照决定包括两项组成部分：一是决定根据，做出决定的政策或事实依据；二是决定内容，分条列项写明决定的事项，重在宣告或知照。

任免决定包括三项组成部分：一是任免根据；二是任免日期；三是被任免人员的姓名与职务。

（三）通知

通知分为指示性、转发性、发布性、事务性、会议性五种通知类型。

指示性通知包括三项组成部分：一是通知的依据或原因，然后用“现通知如下”过渡；二是主体内容，分段叙述具体事项；三是结尾，一般写执行要求，如“以上通知望认真执行”。

转发性通知包括三项组成部分：一是来文单位及来文名称；二是转发，一般应注明“现将此文件转发给你们，望遵照执行”；三是顺带要求，就转发来文提出补充意见。

发布性通知包括三项组成部分：一是发布根据；二是发布内容；三是发文目的或意义。

事务性通知包括两项组成部分：一是通知内容；二是附带要求。

会议性通知包括三项组成部分：一是会议原因；二是会议事项，包括时间、地点、与会人员、日程安排、报到日期、准备材料；三是其他事项，如与会者注意事项。

（四）通告

通告包括三项组成部分：一是通告依据，发布通告的原因和目的；二是通告事项，分条逐项交代有关内容；三是通告意见，提出执行要求或处理方法。

（五）报告

报告是单位内部上下级之间以及本单位与有关方面之间处理彼此关系的一种请求性或告知性的手段，也是单位公共关系处理的文字表现方式。从使用功能来看，分为以下几种：

1. 建议性报告。如项目建议书，它包括三项组成部分：一是前言或目的；二是内容或正文，包括项目名称、合作各方名称、项目负责人、项目所在地、项目年限、立项依据，其中，立项依据包括项目理由、原因、必要性、可行性等、各方简介（实力、资源优势、知名度等）、资金构成及来源（总投资多少、各自所占比例、以什么方式投入等）、效益预测、其他（备注或其他需要说明的事项）；三是结论，即提出适当建议，请求上级定夺。

2. 申请性报告。又称请示报告，它包括四项组成部分：一是上款，致有关方面；二是正文，包括申请理由、原因、内容；三是事项，需要有关方面帮助解决的有关事项，以及相关建议和意见；四是请求，通常用“当妥，请批示”、“特此报告，请予审批”、“祈盼核准”之类的祈盼性礼貌用语。

3. 批复性报告。批复性报告又分为指示性和表态性两种。

指示性批复报告包括三项组成部分：一是批复依据，指明根据什么来文，一般引用来文的标题；二是批复内容，即针对来文内容予以答复，写明对所请示事项的态度和意见；三是原则性指示，强调指出有关要求，并在最后注明“特此批复”或“批复”。

表态性批复报告包括两项组成部分：一是批复依据，即相关政策和决定；二是批复内容，即对请示事项表态同意或不同意。

4. 调查性报告。调查性报告是对某件事进行有目的的调查后作出的真实性报告，包括四项组成部分：一是标题，即调查对象加文种，如“秘书行业协会发展前景调查报告”；二是前言，写明调查情况，如调查时间、地点、范围、目的、方法等；三是正文，写明调查情况和调查后的分析，并提出相应的建议和方案；四是结尾，即全文总结与结论。

5. 研究性报告。如可行性研究报告，是分析论证某个项目或某项活动是否切实可行而提出的结论性报告，它包括四项组成部分：一是标题，即项目名称加文种，如“外包服务职业学院项目可行性研究报告”；二是说明，简要陈述报告的起因、理由、依据；三是正文，包含项目宗旨、项目名称、项目地点、项目资金、项目简介、项目测算、项目结论、报告撰写人和日期等八项内容；四是附件或备注。

6. 总结性报告。它是对某项事件进行阶段性、归纳性、总结性的评价，包括总结起因或理由、总结依据、总结内容、总结结论四项组成部分。

7. 计划性报告。计划性报告是依据设想对某件事设定范围和框架，制订实施步骤的程序性报告，它包括三项组成部分：一是标题，包括单位名称、计划适用时间、事由、文种；二是正文，包括前言和计划事项，前言说明计划制定的目的和依据，计划事项详细提出的工作任务及要求、指标、步骤、方法、措施、分工、完成时限、注意事项；三是署名和日期。

（六）意向书

意向书是某一件事或某一个项目的当事人双方因共同意愿而订立的法律性文书，它与合同性质相似，内容也比较相近，但它不具有强制性的法律效力。

意向书有三个比较明显的特点：一是内容的导向性，即双方意愿只求目的大体一致，不必明确具体细则；二是条款的灵活性，内容只求大致认可，不强求细节的严谨；三是行文的灵活性，文字温和中性，留有余地。

意向书由名称、前言、正文、结尾四部分组成。整个格式为条款性协议。

1. 名称，又称为标题。一般由单位名称、项目、文种构成，也可以只用事由和文种构成，甚至仅用“意向书”这个文种名作标题也未尝不可。

2. 前言，又称为导语。一般要求写明签订意向书的双方单位，并且明确意向书的指导思想、法律政策依据以及意向书所要实现的目标。前言在结构上往往用承上启下的语句作为结束语，自然地引出正文，例如通常用的“为促进发展，就项目合作达成如下意向”。

3. 正文，又称为内容。这是意向书要达到目的的具体细化阐述，即将所有意向性的内容逐一分类加以明确，做到条款清楚、内容完整。按照顺序，正文应依次交代下列事宜：日期和地点、当事人名称和职务、谈判目的和过程、项目名称及具体设想和估计、下一步要做的工作、其他必须说明的事项。

4. 结尾。它由固定格式构成，包括双方代表签字或盖章、签订时间、抄印份数、报送单位。

（七）合同

合同、合约、协议书实际上都是相同法律概念的一种契约性的法律文书，是两个或两个以上当事人为某件事而明确各自的权利与义务所订立的共同遵守的条文，它具有强制性的法律效力。

合同的内容包含几个基本要素：合同名称、合同编号、签订地点、各方当事人名称、合同开头部分（即合同订立的事由和目的）、合同条款内容、附则及其他必须明确的备注性内容、签署合同结尾。

标准合同一般都有如下基本格式：

1. 前言。“为了××目的达成条款如下”。

2. 内容。分列合同各方的权利、义务、责任，这些条款内容应尽量对等，凡明显不对等的条款属于无效合同。

3. 其他。合同的严肃性有必要对某些客观因素可能产生的影响做出明确的表述，对单方违约给予明确细化的处理标准。

4. 结尾。合同的结尾同意向书的格式。

特别值得重视的是，合同中不可以出现“大概”、“大约”、“左右”之类笼统或含混的字眼，因为这些含义不清的用词一定会造成双方理解上的分歧，最终导致合同无效。合同用词必须准确清楚，没有异议。

（八）授权委托书

授权委托书是单位法人或自然法人委托他人代理其某些权利的法律文书。

授权委托书必须明确委托事项和委托权限。委托代理权限分为两类，一类是普通授权，委托代理人只能代表授权人处理一般事务，不能处理实体权利事务；另一类是特别委托，即委托代理人可代为处理实体权利，如变更、放弃、承诺及其他行为。

必须注意的是，如果全权代理而无具体授权的，就是普通授权。

授权委托书的标准格式如下：

1. 委托人姓名、住址、联系方式。

2. 被委托人姓名、住址、联系方式。

3. 委托原因。

4. 委托事项和委托权限。

5. 委托期限。

6. 委托人及委托日期。

（九）函电

函电的作用，一是索取信息或传递信息，二是处理交流中的有关事宜，三是联络与沟通感情。

函电的写作应掌握 7C 原则：

1. 完整（Completeness）。函电应完整表达所要表达的内容和意思，何人、何时、何地、何事、何种原因、何种方式等。

2. 正确（Correctness）。表达的用词及标点符号应准确无误，因为函电的内容大多涉及交往双方的权利、义务以及利害关系，如果出错势必会造成不必要的麻烦。

3. 清楚（Clearness）。所有的词句都应能够非常清晰明确地表现真实的意图，避免双重意义的或模棱两可的表达，应用最简单、最普通的词句直截了当地告诉对方。

4. 简洁（Conciseness）。在不损礼貌的前提下，用尽可能少的文字清楚表达真实的意思。一事一段会使函电清楚易读和富有吸引力。

5. 具体（Concreteness）。内容当然要具体而且明确，尤其是要求对方答复或者对之后的交往产生影响的函电。

6. 礼貌（Courtesy）。文字表达的语气上应表现得体。最重要的礼貌是及时回复对方，最感人的礼貌是从不怀疑对方的坦诚。

7. 体谅（Consideration）。为对方着想，这也是美国人撰写函电时一直强调的原则：站在对方立场，“You Attitude!”起草函电时根据对方的思维方式来表达意思，无论选择什么样的语句进行表达，都要尽量为对方着想。只有这样，与对方的沟通才会卓有成效。

真正有价值的函电应该体现出两个特点，一是格式化中透出人情味和成熟，二是规范化中讲究分寸感和礼仪。

函电的种类包括商洽函、询问函、答复函、请求函、告知函、联系函。从具体使用功能来讲，函电又可分为来函处理答复函、订货函、任命函、祝贺函、感谢函、介绍函、邀请函、联络函、致歉函、慰问函、唁函、推销函等。

第五节　制作标准

文件制作包括文件的起草、修改、打印、复印、装订、电脑处理。

（一）起草

起草文件必须掌握以下三点：

1. 目的明确，切中主题。
2. 内容完整，层次清楚。
3. 用词专业，格式规范。

（二）修改

修改文件必须注意以下六项要点：

1. 通读全篇，确定修改之处。
2. 反复推敲，明确修改内容。
3. 再三斟酌，检查修改效果。
4. 复读全篇，保证修改合理。
5. 为了醒目，修改时使用红笔。
6. 为了规范，修改符号统一。

（三）打印

打印文件必须做到以下三点：

1. 统一并确定风格。比如，确定文件用纸为16开80克白色复印纸；确定文件字体，确定字体大小，确定字距与行距。

2. 突出主题，突出小标题，突出重点词句。

3. 布局合理。

（四）复印

复印文件必须把握以下五项要点：

1. 页面整洁。

2. 不能有手印或皱褶。

3. 留出装订空间。

4. 大量复印时注意复印机温度。

5. 严格避免浪费现象。

（五）装订

装订文件必须牢记以下七项要点：

1. 要有合适的装订工具和配套物品。

2. 装订处与文件内容应留有空间以免影响翻阅。

3. 装订页码务必不要颠倒。

4. 装订时应特别仔细。

5. 订书机装订一般用在左面。

6. 装订线与纸张的外沿应有统一尺寸。

7. 内部使用的装订形式为透明胶片上下各一张，封面用16开80克白色复印纸直接打印文件名或文件正文第一页，封底衬厚卡纸，对外使用的装订形式则将封面换成厚卡纸，直接打印文件名。

厚卡纸的颜色有多种，可借此规范文件的种类，比如，财务部用红色，人力资源部用黄色，市场部用灰色，行政部用蓝色，股东大会或董事会用绿色；装订用胶圈也用相同颜色。明确了颜色后要作为制度，让所有的部门照办，久而久之就会形成良好的分类习惯，不看内容就能知道这是属于哪一部门的文件。

（六）电脑处理

文件的电脑处理其实就是界面化信息化，如果是无纸化办公，那么以下几点必须引起重视：

1. 电脑的简体仿宋体字形不够匀称漂亮，有可能会影响阅读者的阅读兴趣，建议采用还原性较好的字体，或干脆换一种字体软件直到满意为止。

2. 电脑界面的色彩丰富了文件的表达效果，可考虑适当借鉴，但要避免过分花哨而影响了文件的庄重性。

3. 电子文件的独立包装应与纸质文件风格统一，但又要有其自身特色，文件与文件之间也应特别明显地分开。

4. 电子文件同时也是纸质文件的电子版，两者可以兼容，以免影响工作效率。

总之，文件的制作要求布局合理，版面精致，字形好看，大小适宜，风格统一，一脉相承，以显示与众不同的整体规范。

至于资料的制作，一种方法是剪辑后分类贴在大的本子上，另一种方法是通过扫描仪扫描后输入电脑转化为电子数据，既可以重新处理后存档，也可以整理形成一种固定的格式再打印出来。好在电子技术应用使资料的储存与制作变得越来越容易，市场资料、客户资料、人事资料，都是如此。

第十九单元　内务标准

本单元提示：

秘书所涉及的内务管理，包括办公环境、办公设备、办公流程、印信保管与使用，以及内部保密制度的实施。相对其他行政事务的处理主要与外界打交道的特点，所谓内务，是指以办公事务为主的单位内部事务。

内务管理对于净化工作环境，规范工作流程，加强工作能力，提高工作效率，具有十分明显甚至立竿见影的效果，也是最能体现秘书工作职业化及标准化的地方，因此，我们必须特别认真对待、重视内务管理。

第一节　环境标准

办公环境是指办公室的朝向、布局、色彩、光线、声音、气味、布置等因素构成的综合氛围。

（一）办公室风水标准

风水并不是迷信，因为环境对人身心的影响确实是存在的。

虽然办公环境并不一定由上司的秘书安排，做上司的也往往喜欢按自己意思去做，但如果秘书能对办公室风水略知一二，并因此给上司出些主意，讲出一些合情合理的道理，那我们在这方面的经验绝对会让上司刮目相看。

1. 朝向。办公室所在的写字楼应坐北朝南，北面大楼最好比写字楼更高些，可以挡住北面来的寒气，而南面则应视野开阔，一览无余。如果凭窗远眺，外面的道路纵横交错，极有规律，喻意做任何事都能一笔一画、清清楚楚。写字楼应紧靠路边，既进出方便，亦喻意财源通顺。

2. 楼层。写字楼底层最好是银行，喻意坐在钱箱上，但银行必须和写字楼分门进出，因为做生意的人讲究和气生财，门口通常放置吉祥物喻意招财进宝。而银行由于吸纳众多人的钱财，必然会随之带来很多看不见的是非麻烦。为避祸驱邪，银行门口总会请上一对威风凛凛的狮子镇守，如果不分彼此，就会乱套。

3. 大门。写字楼大门不能对着路口，尤其是几条马路交汇处，因为这个位置是中流砥柱，压力太大，会疲于应付，很难成事。化解之招是在写字楼前留有相当大的空地，并且放置巨石。

写字楼前有高架桥横过意味着钱财流过无法留下来。确实，高架桥进出不方便，聚不住人气财气。但如果高架桥环绕写字楼半圈以上，则又是玉带环绕的旺相，值得落脚。

风水上南主火，火烧财；北主水，水生财。所以，凡是做生意的写字楼和办公室的门都应该朝向北开。

要注意，写字楼对面大楼如果用的是玻璃幕墙，或者楼顶上耸立着尖利的金属物，都会对写字楼里的用户造成杀气，因为玻璃反光会让人心情烦躁，尖利金属物会让人心情忐忑不安，最好的办法是避开这些东西。

办公室的门应宽敞些，但不能做成三扇门，如果是三扇，即使其中一扇门只是装饰，也会邪门，诸事不顺，除非我们做的是偏财生意。

4. 房型。办公室宜选用房型方正、高大宽敞、光线明亮、无梁无柱的空间。房型方正便于布局，高大宽敞有利于放松心情，光线明亮意味财路明朗，无梁无柱喻意没有阻碍。

如果房内有柱，应尽量利用隔墙把它处理掉，否则会碍手碍脚，多有掣肘，风水上称其为“白虎星镇宅”，属凶兆。如果实在难以隔断，可用木板外包做成圆柱，也可用一些有特殊寓意的字画遮挂在柱子上，起化解作用。

上司办公桌的左右两边尽量不要有柱，因为这意味着做事不会受左右牵制。

另外，任何时候都要避免在梁下安排座位或办公桌，因为这寓意着天降横祸，属不吉之相。有梁的地方可放置文件柜或办公设备尤其是电气设备，意思是压迫着它们不让其惹是生非。当然，最好的办法是干脆用大吊顶把横梁处理掉。

办公室应有良好的自然通风条件，全封闭的环境难免缺乏空气流通，人在其中呆久了会心口发闷，大脑缺氧，影响工作效率。

5. 招牌。单位招牌无论是放在办公室门口还是里面的隔墙上，都应放在显眼位置，并用明亮的灯光照射，使其没有任何阴影。招牌就是门面，门面清爽，办事顺畅。但要注意：招牌不能有反光，否则会招惹是非。

（二）办公室布局标准

办公室内的布局应按工作流程和职位进行安排，讲究合理有序，错落有致，功能清楚，互不干扰。在空间处理上还有一些地方值得重视，比如，办公室大门内应有屏风或隔墙对应遮挡，其作用既是保密，同时也有财不外露的意思。再比如，后门不能正对大门，如有，则应用隔墙处理，以避免财来财去，无法聚财。财务室门亦不能正对办公室大门，否则也留不住钱财。还有盥洗室或垃圾箱等不洁之处应设在不起眼的角落处并且有所遮蔽，否则也会影响运气。

一个标准的合乎规范的办公室，接待处应设在近门的地方，会客室或会客区单独设置在接待处旁边或大门旁边。办公室中央区域为业务处理区，彼此间可用一米左右高度的屏风分隔。所有座位的朝向应统一面对大门，或分成若干排双向而坐。办公区域采用直线式条块组合，便于业务流程和沟通联络的顺畅。主管的位置应设置在办公室最里面的中央位置，便于控制和监督。

上司应有专门办公室，以便于集中精力处理重要问题。秘书的座位则在上司办公室门外一侧，起守护挡驾作用。财务室的位置应在上司办公室旁边，财务室的保险柜和上司办公室的座位如能一墙之隔，上司背靠保险柜而坐，则是一种好兆头。另外，上司朝南坐，喻意大权在握稳坐江山。

空间营造是一种思想，它与单位文化息息相关，说到底，它也是一种管理思想。是强调等级还是强调平等，是郑重其事还是随心所欲，秘书在安排办公室布局时，更多的应从定位着手。

传统布局往往要求等级分明、相对独立，按部就班、互不干扰，而现代意识布局则强调自由和自律的工作状态，单位诉求、公共形象、功能分隔、流程顺畅、关系建立、氛围营造、效率产生，都要在这个空间中有机地表现出来。这种开放式的布局淡化了等级差异，有利于建立平等宽松的工作气氛，有利于成员之间的交流与沟通，有利于成员思想碰撞产生有价值的创意，也有利于降低独立封闭造成的官僚行为，形成良性互动的相关配合态势。

重要的是，让每个成员更愉悦，让每件工作更顺利，让每样事的成本更低，这就是安排布局时所要追求的结果。

办公桌椅和柜架的排列应采用直线对称式布置，这样可以尽量腾出利用空间，空间大了，心情也会好一些，做起事来容易施展。

办公室应使用本色或白色的垂直窗帘，打开时应全开，宽敞透亮；关闭时应统一角度，避免凌乱。横式百叶帘容易积灰，不易清洁，而且在感觉上不够大气，最好别用。

（三）办公室照明标准

除了自然光外，办公室内的灯光应分布均匀，避免外露在吊灯下面，理想的是嵌入式筒灯或槽形日光灯管，这样会使空间显得高一些。室内照明灯具的选择强调自然明亮，否则便会有昏沉沉的感觉。

不同的照明方式会产生以下各种不同的效果：

1. 办公区域采用柔和的光线处理，能使长期伏案用眼过度的人减轻疲劳。

2. 在会议室采用高光亮度处理，则有助于员工集中注意力和端正讨论态度。

3. 在走道采用暗光处理，会产生间隔过渡。

4. 采用顶光和背光会增加神秘感与凝重感。

5. 采用面光会增加友善与温和的亲切感。

温度与湿度也是环境的重要内容，一般来讲，室内温度应保持在20℃～25℃的恒温状态，湿度宜保持在50%左右，这样的温湿度最有利于人的智力发挥。

（四）办公室色彩标准

办公室墙面的色彩一般应为白色，因为布置任何装饰物，白色都是最好的底色。如果讲究品味格调，或者想利用色彩影响人的感官来提高工作效率，那么，黄色使人愉悦，蓝色使人沉稳，绿色使人平和，红色使人兴奋。

不过，如果大面积用彩色，则很难把握这个度，最好慎用。

（五）办公室地面标准

办公室究竟是用地毯还是地板或地砖甚至大理石，并无特别规定。

地毯虽然高雅但保洁辛苦，而且即使经常干洗也难以保持其干燥，用久了很容易生虫，肉眼看不见的小虫会将人的腿咬得奇痒难受，所以办公室最好不用地毯。实木地板容易打理，但缺点是硬度不够，女职员的高跟鞋鞋跟很容易在实木地板上留下印痕，时间一长，经常走动的地方就会出现一片细小的坑坑洼洼，很煞风景。复合木地板容易保养，但由于太薄、太硬，缺乏弹性，脚步稍微重些，就会发出十分清脆的声音，比较烦人。地砖有雍容华贵的感觉，但质感太硬、太冷，在强调人际关系和谐温馨的办公室里未免有些冷冰。大理石固然好，但造价昂贵，非五星级的写字间根本没必要如此奢华。

有些办公室采用多种材质混合的方式来处理地面，比如办公区域用实木地板，走道用大理石，会客室和上司办公室用地毯。只要搭配合理，色彩和谐，接口接缝处理得好，保养得当，也不失为好办法。

总之，究竟怎样装饰地面，应根据实际情况决定，并且充分考虑大面积的地板色对墙面、办公桌椅、办公设备这些色彩的影响，尽量追求和谐统一。

（六）办公室设备标准

办公桌椅的样式和规格、颜色应保持一致，并能配合室内的装饰。上司的桌椅和沙发则应豪华精致。

理想的办公桌是多平面转角平台，人坐在中间，左上方放置电脑，右下方设置抽屉组合，这样使用电脑或者读写均无影响。办公桌上的光源应柔和明亮，光源布置应自然合理，以面前不出现任何阴影妨碍视线为宜。

文件柜应分类并贴上标识，资料架上的资料夹也要分门别类并统一颜色，做到整齐划一，既美观，又能方便检索和查找文件资料。纸张和重物放在下面几层，常用的放在与目光平行的几层，零星物品则放入贴有标识的纸箱后再放在柜顶。

复印机宜放在通风良好的窗边，尽量远离办公区域，因为碳粉有毒，经常使用会对人体造成不良影响。

电脑、传真机、打印机、扫描仪、投影仪等办公设备应集中摆放在一个区域内，便于电源接线和机器散热。

如果是开放式办公，每个办公桌上应放置统一制作的刻有相关人员姓名、职务的铭牌，办公桌上摆放的所有物品，都应与工作有关。

如果是屏风式的办公隔间，则可以在办公桌上或屏风内侧安放装饰品、小玩具，或张贴照片之类的小玩意，适当的点缀，可以使办公室充满人情味，增添办公室内的情趣。

至于秘书的办公桌，因为位处上司门口，上司进进出出，除非上司默许，否则不要在办公桌上放置任何无意义的东西或私人物品。

秘书因故临时离开自己的办公桌时，应将桌上的文件资料整理收拾好，放在外人不易翻阅或看见的地方，如文件夹或抽屉中。如果这些文件资料十分重要，则必须将其锁起来。无论离开时间多么短暂，离开原因有多么重要、多么仓促、多么偶然，绝不允许出现办公桌上文件资料处于失控状态的错误，这就是职业术语中俗称的“归位”与“复原”。

（七）办公室装饰标准

除了布局，室内装饰与摆设也很有讲究。有家企业新开张，挂在办公室内的两幅装饰画很令人费解，因为画面用多种颜色油彩涂抹，意思十分抽象，有种混沌不清的感觉，而混沌对于一家新开张的企业来讲，并不是好的预兆。

另外一家企业用摄影画装饰，画面上是一股山泉在几块大石间欢快地奔流不息，水势很大，溅起许多水花。水是好东西，风生水起，绝对是个好兆头。但几块石头特别扎眼别扭，因为顺势之水喻意顺利，阻势之石喻意坎坷。这个画面所反映的正是大石挡道，使奔腾浩荡之水跌宕和阻滞，似乎暗示这家企业的发展多有挫折。

有一家单位的领导喜欢花鸟字画，办公室屏风上是大朵的桃花、牡丹、玫瑰、杜鹃花，真是花团锦簇五彩斑斓，画的上方赫然写着几个龙飞凤舞大字——万紫千红，让所有登门拜访的人都禁不住驻足赞叹。繁花似锦、前程灿烂本是吉相，但万紫千红四个字写在上面却太煞风景，因为大红大紫固然是好，但紫了以后不就是黑吗？凡事就怕过分。

选择字画装饰办公室时，确实需要注意一下画的内容和含意以避讳。

鱼缸在办公室风水中可以起到逢凶化吉的作用。如果内部不和，应选用圆形的鱼缸；如果是非不断，应选用棱角分明的水族箱。做生意讲究旺财，鱼缸里可用富贵吉祥的金龙鱼或银龙鱼。如果喂养的是金鱼，则最好选用红高头或黑玛莉，前者浑身通红，额头高耸，寓意红运高照，人财两旺；后者通体乌黑，凶神恶煞，寓意驱凶僻邪，遇难呈祥。

（八）办公室绿化标准

绿色植物生机盎然，令人赏心悦目，在办公环境中有点缀色彩、调节气氛的作用。不仅如此，由于绿色植物本身所蕴涵的信息会对人类信息产生微妙影响，因此，绿色植物在办公室风水中也起着相当重要的作用。

人们常常选用一些生命力强，容易养护，形状好看，长势茂盛，名称也讨口彩的植物来旺财旺相，帮助运气，比如发财树、铁树、大叶葵、开运竹、富贵竹之类的常青植物。

事实上环境给人们影响最大的是对心理的作用。

知道剑麻和仙人掌之类的植物因为尖利有刺容易伤人，所以人们会本能地远离它们，这种怕疼的恐惧会使人们变得小心翼翼，变得神经高度紧张，进而影响到人们对周围事物的态度。因此，办公室内很少用这类植物来点缀，就是因为这种东西很容易造成心理压力，无形中会造成人际关系紧张。

按风水学解释，如果有小人伤害，用尖利有刺的植物反而能起到破煞驱邪的作用；如果要彼此和睦相处，则可把叶子大而圆的绿色植物摆放在办公室内，因为“圆”意味着一团和气，“圆”也容易招人喜欢。

由此可见，心理作用造成的感觉并非没有道理。感觉好了，心情愉悦，做事就得心应手；心情沮丧或烦躁，做事也非常困难。

这种感觉还可以从其他室内植物的选择与摆放上得到印证，比如上司办公室里摆放高大粗壮的发财树，上司办公桌上摆放七层以上的富贵竹，秘书办公桌上摆放文竹，大办公室内摆放铁树及开运竹，等等，这些带有好兆头的植物会给人们带来感觉上的激励。

另外，办公室绿化还得注意植物与花卉对人体健康的影响，因为大多数花卉会在黑暗中排出二氧化碳，吸入氧气，如果办公室门窗紧闭，它们无疑会加速恶化室内空气。

仙人掌类的植物在无光照射时会吸收二氧化碳，释放氧气，调节室内空气；还能产生负离子，使室内空气保持新鲜。

有些花卉会对人体产生保健作用，比如，吊兰能够清除室内因装修产生的多种有害气体如甲醛；白芷能清除吸烟造成的烟雾；玫瑰能消毒空气、杀灭病菌；菊花能提神醒脑、活跃思维。

有些花卉则会对人体造成伤害，比如紫荆花花粉会诱发哮喘；洋绣球花微粒会使人的皮肤瘙痒；兰花和百合花的香味会使人失眠；夜来香、松柏的芳香不仅影响食欲，而且易使人恶心呕吐；月季花的香味会使人郁闷不适甚至呼吸困难；含羞草与郁金香都含有毒碱，人体接触过多会造成毛发脱落。

如有必要，我们可以请教花匠，了解各种植物花卉的特性，根据风水、视觉、嗅觉、健康等多种原因，配置出最恰当的办公室绿化效果。

（九）办公室音乐标准

全世界的酒店宾馆几乎都有背景音乐，这也许是人们为什么喜欢留恋其中的原因之一。的确，当我们沉浸在那种倾心细听才能感觉到，稍不留神就似有若无的背景音乐中时，心情肯定会格外宁静与安详，以至于我们的思想意识和谈吐举止也会因这份轻柔曼妙而优雅斯文许多。

正是由于这个原因，不少单位在办公环境中设置背景音乐系统，希望借此提高文化格调和工作效率，甚至因此产生思想和创造力。但是，选择什么样的背景音乐，用什么样的音量播放，其实是很有讲究的。

最理想的背景音乐应该是美妙飘逸、轻柔悠扬的天籁之音，尤其是用长笛、竹笛、单簧管、双簧管、萨克斯管、电子合成器演奏的音乐，特别具有这种空灵的意境，使人全身得到放松，压力得到释放，心灵得到净化。

不过，再好的音乐在播放时都应控制音量，否则就会变成噪声，让人心烦意乱。办公环境需要保持安静，但绝对安静也会使人产生幻觉，因此，恰当的分寸是似有若无、连绵不断，始终让它弥漫在你周围。

（十）办公室气味标准

气味对于人的感觉非常重要，生活中人们选择配偶，不仅因为缘分，更是因为喜欢对方身上的气味，所谓“气味相投”，仔细想想，真的很有道理。同样原因，办公室里空气质量比较差，气味相对也就不好闻，如果再加上工作紧张压力巨大，那么所有的人都会感觉疲惫，郁闷不适，情绪烦乱，心情沮丧。

要想改变这种状态，最好的办法就是采用“香氛疗法”，将从植物中提炼出来的香精油放置在室内，通过加热散发或自然挥发方式，使芳香弥漫空间，通过人体嗅觉渗入血管，刺激大脑皮层，调节人体心理状态，并且对人体生理和心理产生积极有效的影响，舒缓人的紧张情绪，消除心理压力，减缓疲劳，增强记忆力和思维能力。

香精油多种多样，能起减轻压力、消除疲惫、清醒头脑作用的主要是以下几种：甜蜜花香的茉莉花，可以抚慰烦躁舒缓紧张情绪；芬芳花香的橙花，有助于减轻长期紧张造成的焦虑与压抑；苹果香的甘菊，能使人的情绪放松；木质甜香的檀香，有镇静效果，能帮助消除内心沮丧；清凉醒脑的薄荷，能平息愤怒的情绪，舒缓精神疲倦；清新药草香的迷迭香，有助于促进血液循环，使头脑保持清醒，改善紧张情绪；气味澄清略有些冲鼻的桉树，可以帮助头脑清醒，使人集中注意力。

总之，办公室是一个气场，和谐平衡产生阳气，气盛则丰盈圆满；失调失衡产生阴气，阴气过重则衰竭。因此，调动一切积极因素，创造一切有利条件，调理气场，营造气势，建立与保持一个整洁舒适、和谐有序的办公环境，自然有助于提高办公室的运气。

第二节　设备标准

（一）办公设备使用及保养标准

办公设备的操作规范基本相同，包括以下几点：

1. 必须明确每台设备的具体用途，员工应熟悉掌握其操作程序，严格按照使用说明书的要求进行操作。

2. 必须明确专人专责专管制度，严禁任何人随意使用，除非配置给个人专用或指定公用的。个人专用的由个人负责，指定公用的由使用人负责，只有明确责任到具体个人，建立责任保养和损坏赔偿制度（正常损耗除外），才能保障设备的正常使用，有效地延长使用寿命。

3. 必须注意安全，注意节电，注意卫生，注意定期保养，注意每次使用的极限。一旦发生故障，应立即邀请设备维修商上门修理。如果要将设备外移修理，必须派专人全程陪护监控直至原设备返回办公室，以防止个别损人利己的修理商借机偷梁换柱、以次充好，将原装设备弄得面目全非。

4. 未经上司允准，严禁任何人私自使用办公设备，尤其是用于处理私人事务。

5. 办公设备使用环境温度为5℃至35℃，相对湿度为20%至85%，湿度过低需用加湿器，湿度过高需用除湿器，放在距设备五米左右有效影响距离。室内应设置防雷或防静电装置。电源接地良好，安装平稳。

设备使用过后应散风冷却十五分钟以上，用防尘罩遮盖。平时经常用干的软布擦拭设备表面，因为办公设备外壳大多是工程塑料，容易在静电作用下吸附灰尘，所以防尘吸尘是经常性工作。

6. 如果设备不处于工作状态，使用完毕应切断电源。

7. 不要让阳光直射设备，以免机壳老化。

8. 不要在设备上随意放置茶水，以免碰翻弄湿设备而造成电线短路。

9. 不要在设备开机状态中插拔各种电缆，以免烧坏接口。

10. 不要在软盘驱动器工作指示灯亮着的时候抽取软盘。

11. 不要在运行程序没有返回 DOS 指示的情况下匆匆关机。

12. 不要使用来历不明的软件，以防止病毒侵入，并且配备必要的杀毒软件，定期或经常地对电脑进行保护性杀毒。

13. 不要在病毒入侵时使用电脑，除非有特殊的自我防护措施。

14. 不要随意处理硬件故障。

15. 不要将电脑交给不熟悉的非专业人士修理，如有必要，应全程陪护监督。

（二）传真机使用及保养标准

传真机是一种结合光学影印技术与电话传输技术，将一份文件内容传送到另一端的设备，它先是对送入的文件通过图像传感器逐行扫描，利用光电转换原理，将黑白字迹变成数字脉冲，并将其调制后转换为音频信号，通过标准电话线路的传送，进入接收方的传真机。接收方的传真机再利用还原解调装置将信号恢复成数字脉冲，该数字编码信号被解码后就可以重新得到图像元素原始的形式。

发送传真、接收传真和复印是传真机的三种基本功能，当两台传真机互相通信时，彼此既可发送也可接收。

1. 发送传真。

第一步，准备原稿。传真机接收件的质量取决于原稿。在传真之前应检查原稿的质量，最好使用打印的或用黑墨水书写的原稿，并且使用白色或浅色的纸张作为介质。如传真机原稿质量较差，最好将其复印后再传送。

第二步，放置原稿。将原稿按传真机所示方向，放入输入槽，并按规格调整文件导板，使之紧挨文件边缘。

第三步，选择模式。通常有标准、精细和超精细三种发送模式供选择。当选择一种模式后，相应的标识就会显示在液晶显示屏上。

第四步，建立呼叫。发送方拨通接收方传真电话。当接收方确认了传真机已做好接收数据的准备后，按下“启动/复印”键，传真机会自动向发送方发送一个证实信号。

第五步，启动发送。听到接收方传真机的确认信号后，按下“启动/复印”键，然后挂上电话听筒，原稿会自动进入传真机并发送到接收方。传输成功后，传真机会通过信号音确认。若通信失败，亦会有出错提示。

2. 接收传真。

第一步，准备传真纸。应将某种规格的标准传真纸放入传真机的输出纸盒或输出槽。

第二步，选择接收模式。传真机接收时有三种可选模式，一是传真专用模式，有一根独立电话线。传真机可自动接收传真文件，但不能作为电话使用。二是传真/电话并用模式，传真机通常只有一条电话线。当传送语音电话信号时，传真机会响铃提醒用户拿起话筒接听电话；如果是传真信号，传真机会不响铃而进入自动接收传真状态。三是手动模式，传真机只有一条电话线，主要用于想亲自接听每一个电话或者电话数量明显多于传真的情况。

第三步，自动接收。此时传真机必须处于能够自动接收传真的状态。发送方发送来传真的同时，传真机会自动接收。

第四步，手动接收。传真机处于手动接收状态时会有电话铃响，这时由人工回答呼叫，并在传真机接收数据准备好后按下“启动/复印”键，传真机会自动向发送方发送一个证实信号，然后挂上电话听筒，便可接收传真。接收完毕，会有成功信息的声音确认。若通信失败，亦会有出错信息提示。

3. 复印。

第一步，准备原稿。在完成复印之前应先确认传真复印原稿的质量。

第二步，放置原稿。首先确认传真通信线路处于未叫通状态，然后将原稿按传真机所示方向放入输入槽，并按规格调整文件导板，使之紧挨文件边缘。

第三步，启动复印。按下“启动/复印”键后，传真机开始进行复印。

（三）打印机使用及保养标准

1. 针式打印机。针式打印机是一种用很多根针来进行输出的打印机。当打印头移过纸面时，CPU 会在字库中寻找与字符相对应的图形，同时驱动打印头中相应的钢针向前运动。通过有选择地驱动这些细小的金属针，打印机在特定时刻用针的压力将色带上的墨击打在纸上，一个个小点就会被印在打印纸上。这样，随着打印头掠过纸面，打点针以不同组合方式无数次撞击色带，不同的文字、数字、图形和符号就被打印在纸张上。针式打印机多为二十四针，针数越多，打印效果也越好。

针式打印机的价格在三大类打印机中是最低的，它可以打印窄幅和宽幅等多种规格的普通纸或蜡纸，对纸质要求不高，可以说这是它最大的优势所在。但是，针式打印机噪音大，而且打印速度慢。

2. 喷墨打印机。喷墨打印机在电场作用下将电信号作用于喷墨头的发热电阻上，迅速产生热量，使喷头附近的墨水汽化，产生真空气泡，随着气泡增大，墨水从喷嘴喷出印到纸上，同时压力作用使喷嘴吸入更多墨水。因此，喷墨打印机无法打印多层的打印纸和蜡纸，但是其图像清晰度和输出质量都比针式打印机要好得多。

3. 激光打印机。激光打印机利用计算机送来的字符信号调制激光束，激光束在感光鼓上扫描，形成静电潜像，静电潜像吸附墨粉后经显影形成真实的字符图像，最后把转印到纸上的字符图像加热加压定型输出成文件。

激光打印机是真正的高品质高速度的电脑输出设备，它的输出速度快、噪音低，具有极强的图形和字体变化功能。因此它的精美输出常常作为印刷制版的原件。

（四）复印机使用及保养标准

静电复印机的优点是能在普通纸上复印出图像，线条清楚，图像反差大，文字和线条组成的原稿复印效果好，复印页面可放大、缩小，保真度好，操作简便、复印快速、质量可靠。

复印操作程序如下：

第一步，开机预热。接通复印机的主电源，操作面板上将显示出预热等待的信号。预热完成后会有声音提示，复印机即进入待机状态。

第二步，备好原稿。复印前先将原稿上字迹不清的地方修复清楚。检查原稿的质量、装订方式、数量及有关图片等，若原稿已装订，应尽量拆开。

第三步，放置原稿。采用左上角定位方式放置原稿。检查供纸盒中的复印纸的规格和摆放方式。原稿应放在稿台玻璃的相应标线之内，如果原稿上的修改液或墨水未完全变干，应稍后再放置，否则会在玻璃上留下痕迹，从而使复印成品也带有痕迹。要注意压紧原稿盖板，以防漏光而出现黑边。

第四步，选择纸张规格。根据复印的要求，将纸装入相应的纸盒中。很多复印机带有自动选择功能，不必人工选择。

第五步，选择复印倍率。按原稿和复印件尺寸规格，选择适当的复印倍率来放大或缩小复印件，也可选择相同倍率。

第六步，调节复印浓度。根据需要选择浓度的大小。

第七步，设定复印份数。先试印一份，检查其质量。满意后用数字键输入需要复印的份数。如果输入的数值有误，可按下“清除”键，重新输入。

第八步，复印。按下“复印”键，复印机开始复印，复印数量将显示在操作面板的显示屏上。在连续复印过程中，如需暂停，可按下“清除”键，这时机器将在完成当前一张复印件的全过程后停止运转。如需继续可按下“复印”键，如需取消可再按下“清除”键。

在连续复印过程中，送纸盒内的纸张用完时机器自动停机。补充纸张后，再按下“复印”键，复印机将继续完成尚未复印的份数。

第九步，节电停机。复印后如果暂时没有使用，机器将在几分钟后自动进入节电状态。这时，操作面板上除了电源指示灯或节电指示灯亮以外，其余显示将全部熄灭。在重新使用前，只需按一下“节电”键，机器将在很短的时间内进入待机状态。

（五）扫描仪使用及保养标准

作为一种图形及图像专用数字输入设备，扫描仪可以完成很多的工作。它可以迅速地将图形、图像、图例、照片、文本等从外部环境获取下来，并把它们转换为计算机可以显示、编辑、储存和输出的图片文件，然后配合一些图形、图像处理软件和汉字识别软件，对图片等资料进行各种后期加工处理。

扫描操作程序如下：

第一步，连接。连接前要先将扫描仪与计算机的电源均置于“关”的位置。然后将电缆信号线两端分别连接在扫描仪与计算机上。最后，将扫描仪与计算机的电源线分别接在插座上。

第二步，安装驱动程序。任何类型的扫描仪都必须在计算机上安装相应驱动程序后才可使用，扫描仪随机附带驱动程序安装软盘。打开计算机与扫描仪电源开关，计算机会自动检测到扫描仪硬件，并出现安装驱动程序向导，此时可依据提示进行安装。

第三步，扫描。扫描仪的正常使用需要软件支持。图像软件、动画制作软件以及网页制作软件在“文件”菜单下设有“输入”或“扫描”等命令，用以驱动计算机与扫描仪来完成扫描操作。扫描之前最好先检查原稿是否符合要求。原稿对于得到高质量的扫描结果十分重要。

第四步，汉字识别。如果扫描后的图像文件需要进行汉字识别，需要单独启动汉字识别软件，它可以将单一文字文稿扫描完成后的图像文件自动识别成可在计算机上进行编辑、修改、查询和检索等操作的文本文件。

（六）摄像机使用及保养标准

摄像机是一种动态影像获取设备，有专业摄像机和家用摄像机两种，均可通过线路与电脑进行连接，将影像转换为电子文件后在电脑上进行编辑和修改。

摄像机大多使用可充电锂离子电池，它易受环境温度和湿度影响，在较高和较低温度下，电池能够提供的操作时间会缩短，所以摄像机使用完毕后应取出电池，否则会加快其放电速度。

摄像机使用程序如下：

第一步，给摄像机供电。

第二步，打开镜头盖和电源开关，将摄像机设置在“摄像”状态下。

第三步，对准被拍摄的景物，由机器自动调节各个参数。

第四步，选择适当拍摄角度、高度和距离，恰当选景和构图，然后按钮开始摄像，并且恰当运用推、拉、摇、移、跟等拍摄技术。

第五步，再按一下按钮，结束拍摄。

（七）照相机使用及保养标准

照相机包括镜头、光圈、快门、暗箱、测距器、取景器等部件。其操作分为装片、取景和调焦、选定曝光量、拍摄、倒片五步。

拍照时，感光胶片的曝光量是决定影像密度大小和清晰度好坏的重要因素，曝光量过大或过小都会使影像质量变差。光圈和快门是控制曝光量的机构，光圈越大或快门速度越慢都会加大曝光量，反之则减小曝光量。光强时要适当收缩光圈或提高快门速度，光弱时则应加大光圈或放慢快门速度。在相同亮度条件下，使用同一种胶片拍摄时，加大或缩小一级光圈，同时减小或加大一级快门速度，则可以取得相同曝光效果。

操作时要注意以下几点：

1. 装卷要牢靠，胶片片端应与片轴安牢，输片齿轮与胶片齿孔啮合紧，防止出现不输片或卡片故障。在拍照过程中随时注意检查输片情况。

2. 拍摄前要取下镜头盖，拍完后将镜头及时盖好以防止镜头污染。

3. 取景时要突出主体，还要注意衬托物的布局，选择好拍摄角度和距离，调焦测距要准确，以保证影像的清晰。

4. 拍照时要持稳相机，按快门时，不要用力过猛。以慢速拍照时，最好将相机装在三脚架上，利用快门线触动快门，保证相机的平稳。

5. 拍摄近距离物体时，物距最好不要小于一米，否则会造成影像变形。

数码相机是一种新型的图像获取设备，它在拍摄照片时，可直接将拍到的图像转化为数字信号，存储在存储卡中。

数码相机最大的优点就是不会造成浪费，可以随时观看刚刚拍摄的照片效果，如果拍摄得不好还可以随时删除。另外，数码相机还可以很方便地向计算机传输所拍的照片图像。

数码相机犹如普通照相机和扫描仪的结合体，它的主要部件也是称作 CCD 的光敏传感器。光线通过镜头作用到传感器上，再经过芯片将光线转换成数字信号。数字信号经过处理后可以保存在存储卡或普通软盘中。

（八）投影仪使用及保养标准

1. CRT 投影机。CRT 技术（Cathode Ray Tube，阴极射线管）是应用较为广泛的一种显示技术。CRT 投影机可把输入信号源分解在 R（红）、G（绿）、B（蓝）三个 CRT 管的荧光屏上，在高压作用下，荧光粉在大屏幕上显示出彩色图像。CRT 投影机显示的图像色彩丰富，还原性好，具有丰富的几何失真调整能力。缺点是亮度很低，操作复杂，体积庞大，对安装环境要求较高，并且价格昂贵。

2. LCD（液晶）投影机。液晶是介于液体和固体之间的物质，本身不发光，工作性质受温度影响很大。投影机利用液晶的光电效应产生具有不同灰度层次及颜色的图像。色彩还原较好，体积小，重量轻，操作和携带极其方便，并且价格比较低廉。

3. DLP（数码光处理器）投影机。DLP 以数字微镜作为成像器件，它有两个优点，一是数字优势，使图像灰度近千级，色彩达万种，图像噪声消失，画面质量稳定，图像可不断再现；二是反射优势，DMD 的应用，使成像器件的总光效率达 60% 以上，对比度和亮度的均匀性都非常出色。DLP 投影机清晰度高，色彩鲜明。

固定的放映设备与投影机是已经连接好的，只需将其依次打开电源开关即可正常使用。如将笔记本电脑与投影机连接，则需要一根高品质的视讯信号线，并将其两端分别接在投影机和笔记本电脑的接口上即可。

会议室固定平面使用的投影机要注意连线，避免不小心碰掉电源造成非正常关机。在投射画面倾斜或出现变形的情况时应调整机器的支架并固定位置使画面正常。机器工作时不要遮挡住通风口以免影响机器散热。

多数投影机都具备画面倒置功能，这种功能使得投影机可以吊装在房屋顶部使用。吊装使用的投影机在吊装过程中应特别注意以下几点：一是投影机与屏幕之间的距离选择合适；二是墙面悬挂的屏幕上边沿应与吊装投影机镜头在同一水平线；三是投影机镜头中心点与投影屏幕中心点在同一垂直线上；四是选择尺寸合适的安装吊架；五是安装固定用的螺钉、螺栓拧紧到位；六是每次使用后保证关闭电源。

外出携带使用的投影机经常要被移动，而且要与不同的输入设备进行连接，应注意以下几点：一是投影机托运或发送时尽量用原防振纸箱包装；二是使用人员携带时可以配上硬质包装箱；三是随身携带时可将投影机装在软质的背包内；四是移动投影机时务必轻拿轻放，避免机体振荡导致镜头受损；五是移动使用过程中注意电源和不同的输入设备性能对投影机可能产生的影响。如需要投影机经常移动使用，应考虑购买体积小巧的产品，并配专用便携箱。

使用注意事项如下：

1. 电源必须带有可靠接地的三相电源。在插拔电源插头时，要使投影机电源处于关闭状态。

2. 关机时一定要等风扇停转后再关掉电源开关，这一点对保护投影机特别重要。

3. 尽量减少开关次数，因为开机的冲击电流会影响灯泡的寿命。另外，关机后应等待五分钟以上才能再次开机操作。

4. 在使用过程中不要随意搬动投影机，因为使用数小时后机内温度很高。

5. 让投影机有良好的通风散热条件，首先，要保证投影机的通风口畅通，以免影响散热；其次，要经常清理空气过滤网，用吸尘器吸干净网上的灰尘杂物，然后重新装好；最后，当天气炎热或室内通风不好时可用风扇帮助散热，这样可以保护投影机，延长其使用寿命，并且避免因过热而自动停机影响工作。

6. 使用过程中如“TEMP”指示灯变红，表示投影机过热，“LAMP”指示灯变红则可能是灯泡过热，发生这两种情况都应立即停机，待风扇停转后，关掉电源，使其冷却，等其充分冷却二十分钟后再开机使用。

7. 投影机亮度调节到最大时而投影图像仍很暗淡，或是在使用中“LAMP”指示灯变亮，可能是灯泡使用时间过长，需要更换新灯泡。正常情况下灯泡可使用两千小时，此后投影图像将无法满足亮度要求。更换灯泡时首先要按投影机型号选择灯泡；其次，因机内有高压，必须要拔掉电源进行更换，以免电击；最后，因投影机在使用时会产生大量热量，更换灯泡时必须要在关掉电源一小时后才能进行，以免被灼伤。

8. 投影机在使用过程中会出现自我保护状态，这时所有按键都不起作用，须过三十分钟后才能再开机工作。

9. 不要让投影机镜头直对太阳，以免损坏其内部光学系统。

10. 关机后立即盖好镜头盖。

（九）电话使用及保养标准

电话是利用电流和电波传播声音的通信设备。

程控自动电话具有自动拨号、多次重拨、自动计时、储存电话号码、免提通话等多种功能。

电视电话是电话通信技术同电视技术、数字处理技术相结合的产物。这种新式通信设备不仅可以传送声音，还可以传递通话双方的现场画面以及文件、图表、实物等图像信息。电视电话主要由电话机、电视摄像机和电视接收机三部分组成。电视电话是电话事业发展的一个趋势。

移动通信是指移动点与固定点或两个移动点之间的通信，这是一种有线通信和无线通信相结合的通信方式，它通过手机来实现无线通讯。现代手机已具备上网、摄像、语音识别、手写识别、图像传送以及看电视等多项功能。

第三节　办公标准

（一）日程管理标准

综合性事务所带来的必然是分类处理的难度和时间控制上的不易，所有的信息和事务都必须尽可能迅速及时、准确恰当地得到关注与处理，这本身就是一项系统工程，如果没有条理地应付，势必会使我们的工作显得杂乱无章。

因此，秘书的工作日程应以纵横方式安排。

所谓纵，是指时间。开始上班到下班为止，整个过程中什么时间理应做什么事，按照顺序排列，属于例行公事的作为主线，属于偶发事情的作为辅线，辅线突出时，在同一时间内可以暂停主线而先处理辅线。

所谓横，是指事务。每一项事务都应该设定处理所需要的时间，所依照的标准，所规定的程序，所要求的结果。

纵横交错的结点，正是时间与事务的体现。在时间的段落中，应该保留弹性的空间，使事务的处理具有替代的可能。

当然，在同一时间中肯定会出现若干项事务同时进行处理的情况，这是因为日常事务的特点本身缺乏计划性，我们只能适应它而无法控制它。所以，有经验的秘书往往会将工作日程中的事务分类为日常事务、偶发事务、特别事务三种来加以区别对待：日常事务贯串全部过程，基本保持不变；偶发事务放在备注栏中，发生时再以应变措施给予处理；特别事务需要格外关注与重视，通常先予处理或特别处理。

这三者中只有偶发事务无法事先预测并安排，因此，日程安排表上只能出现日常事务与特别事务的内容。

秘书的工作日程实际上包含了两方面内容，一是秘书自己的事务性工作；二是上司授权范围内的事务性工作。

前者比较简单，通常只是一些例行公事；后者则稍微有些复杂，大多是一些程序性交代。在日程安排时，前者通常可以省略，因为它完全可以由我们控制与操作，只需见缝插针就行；而后者则必须标示清楚，按轻重缓急对号入座，不仅我们能够照此按部就班地执行，而且我们的上司以及同事也能对此一目了然，以便在我们忙不过来或因故外出时，可以临时接替我们去处理这些事务。

办公事务、行政事务、商业事务，这三大类内容确实很多，因此，我们在安排工作日程时，可在时间栏后多设置几个项目栏，以便尽可能详尽周全地包含我们的工作和单位事态，每个时间段中安排的不同项目应分别注明事务内容、有关要求、有关人员、备注内容。

（二）无纸化办公标准

以互联网为标志的知识经济时代为秘书提供了一个大显身手的舞台，网络的应用促使传统商业运作格局和方式发生了翻天覆地的变化，同样也使秘书工作可以摆脱传统运作方式而成为一种全新的运作模式，无纸化办公就是其中之一。

传统的秘书工作总是离不开大量的文件资料、纸和笔，而现在，文件打印及存储可以用电脑，资料图片要保存可用扫描仪将其转化为电子数据，要获取外界信息可上互联网浏览，要传递信息可用电子信箱甚至更先进的电子邮局。

单位内部进行沟通与流程操作可通过内部网络来完成，它既保密又方便，如果配以笔记本电脑、数码相机等移动 OA，还可以在旅途中完成文字及图片资料的起草、修改、打印、储存、检索、传递等工作，发传真、打文件、举行可视对讲电话会议，真的是一切皆在掌握中。

无纸化办公的好处是显而易见的，它既快速准确，又成本低廉，过去发一万封信函给客户需要耗费大量人力进行打印及邮寄，费时费力又费钱。现在则只需在电脑里输入信函内容，然后将有关客户资料检索出来，点击几个键，眨眼之间，一万封信函就发给了一万名客户，且费用低廉。

办公从有纸化向无纸化过渡需要一个过程，关键是相关人员均能熟练掌握和运用这种方法，同时有功能齐备的软件支持。

无纸化办公涉及的范围很广，接打电话与转接或记录电话、起草与打印文件资料图表，档案储存检索管理、日程安排、会议安排、会议记录、人事行政管理、财务管理等一切涉及信息的办公内容都包括在内，甚至客户联络、业务洽谈、合同签约、公共关系乃至内部运作，都可借助先进的电脑系统来解决。

值得注意的是，由于资讯业仍处于发展过程中，必然会伴随一些欠缺与不完善的问题，比如病毒、故障甚至黑客，所以在运用无纸化公办程序时，应确保其安全性和连续性，不要因为一些技术上的原因造成无法弥补的损失，比如商业机密泄露，比如储存资料消失。

因此，采取定期检查与维护、将重要资料备份、专人专机、在内部网与外部网接口处设置保密系统、在内部网设置预警系统等防范与后备措施是十分必要的，否则，一旦死机，或程序遭到破坏，其后果将十分严重。

再好的电脑也不可能像人脑那么智能，无纸化办公所替代的只是那些程序性、操作性比较强的工作。

无纸化办公是办公自动化的重要内容，办公自动化的目的是实现业务流程自动化，将占有工作时间 90% 左右的大量日常例行性事务的处理时间大大压缩，使秘书有足够时间与精力去协助上司处理一些更为重要的工作。

（三）办公室综合征处理标准

日复一日的工作习惯，无疑会造成一系列身心毛病。另外，复印机、传真机、电脑、激光打印机、扫描仪等在使用过程中产生高浓度臭氧和有机废气，办公室内装饰材料、空调系统，甚至一些室内摆设的植物花卉都会产生多种污染物质。正是这些隐形杀手，慢慢地但却顽强地影响着人的健康，使在办公室工作的人出现头晕、头痛、心烦意乱、情绪低迷、嗜睡、食欲不良、关节疼痛、记忆力下降、注意力无法集中等症状，而一旦离开办公室，这些症状往往会迅速减轻甚至消失。这些症状就是俗称的“办公室综合征”。

如何防止办公室综合征？如何既能在做好秘书工作的同时，避免自己的身心受到伤害，从而以良好的状态发挥自己与众不同的职业作用？以下一些建议比较有效：

1. 保持正确坐姿。经常俯在办公桌上处理文件，颈肩部的韧带和肌腱得不到放松，会出现类型不同的颈椎痛和肩周炎。久坐会使心肺功能用量偏小，使心血管和肺部的抗病能力显著降低，而且还会使腹部肌肉松弛形成肚腩、消化机能减退导致痔疮、腿部肌肉得不到锻炼造成静脉曲张，等等。因此，采取正确坐姿以保持最轻松、最舒适的姿态非常重要，比如使膝部位置高于臀部，使两肋压住办公桌面，使背部仰靠在靠背上，使脚在办公桌下平放与舒展。

工作超过半小时，最好能站起来走动一下，或者往后仰靠在椅背上舒缓一下颈和肩部。当然，站起来走动时可做一些简单的幅度不大的伸展和松弛性动作，放松头、颈、腰、腿部，使这些容易疲劳的部位得到适当休息。

经验告诉我们，避免长时间采用一种姿势工作的方法是经常改变体位状态。

2．正确使用电脑。

首先，合理安排电脑椅、显示器、键盘三者的高度。电脑椅的高度应使自己的脚能平放在地上，膝部低于臀部。显示器的高度要放在视线略低处，视线与荧屏水平面约有10°夹角。键盘高度应以肘部下垂后的腕际线为准，键盘的中行与肘部高度持平。

其次，臀部与腰保持90°夹角，背部挺直，整个姿势放松如同优雅地弹奏钢琴，整个动作只是在使用腕部与手指。如能配用腕垫，可减少手腕的劳损；如能配置防电磁用品，可降低辐射的影响。

长时间使用电脑，不仅身体疲劳，眼睛更容易难受。每隔一小时，最好能做十分钟眼保健操，或看看远处的绿色植物，让眼睛适当休息。另外，到窗口活动一下身体，呼吸新鲜空气，都有助于减轻肌肉与精神的疲惫。

3．正确使用复印机。复印机每复印一次会释放数十微克臭氧，人体连续三小时以上吸入臭氧会出现呼吸道、眼睛、肺功能受损害的症状，而且会有头痛，严重者会反复出现头晕、疲倦、上呼吸道感染性咳嗽、皮肤瘙痒性皮症等症状。

复印机不宜放在办公室内，如条件限制，也应放在门口或窗边，否则，室内一定要装排气扇，迫使空气流动来减少臭氧的危害。如有条件，最好安装一台空气负离子发生器，使空气保持新鲜。

使用复印机应注意保持时间间隔，不要集中复印，以减少臭氧递增与集聚效应。机器越热，臭氧散发危害越严重。

复印完毕应充分散热，然后用防尘布罩起来，不仅防尘，也会部分减少臭氧挥发。

饮食上要多吃富含蛋白质、高维生素、磷脂的食品，如鱼、胡萝卜、大豆、动物肝脏，以增加抗辐射与调节机能的能力。

4．正确使用空调。长时间呆在空调办公室内，人会感觉全身乏力、头痛、关节酸痛，甚至产生呼吸道感染和肠胃痛。与自然状态相比，空调状态对人体健康的损害更明显。

为防止上述症状发生，首先是保持室内空气流通。使用空调前后，应开窗让外界新鲜空气进入室内，如有条件可安装负离子空气发生器。

其次是保持适当湿度与温度，避免冷风直接吹向人体，白天室温应在26℃左右，湿度应在70%左右。保持湿度的做法是在室内放盆凉水，每隔一小时去洗手间用补水剂滋润一下脸部皮肤，同时注意多喝水，多吃绿色蔬菜或橙、橘、葡萄之类富含维生素A、维生素C的水果。

在空调办公室里呆久了，浑身总有不适，最好能在不影响工作的前提下，抽空到室外呼吸一下新鲜空气，顺便活动筋骨。

5. 保持自我调节。秘书或助理工作既紧张又烦神，用脑过度还会造成大脑缺氧，为了提高智商，保持良好的精神状态，应适当补充脂肪、蛋白质、维生素、葡萄糖和膳食纤维。

人的大脑的组成成分中55%左右是脂肪，而且绝大多数是不饱和脂肪，经常食用植物油、鱼类、芝麻、花生、大豆、核桃之类的食品，有助于补充这方面的损耗。另外，蛋白质也是人脑的组成内容，植物蛋白和贝类虾类鱼类的蛋白蛋有助于补脑。

维生素A、B、C、E等与脑功能有密切关系，其中维生素C和维生素B最重要。前者可提高神经灵敏度，有助于反应灵活，开阔思路；后者可以影响神经系统功能，提高记忆力和注意力。多食有益。

葡萄糖是大脑唯一的供能物质，血糖低会出现头晕目眩现象，及时补充葡萄糖可确保大脑功能的正常工作。

膳食纤维如粗粮也是健脑物质，它能增加控制胃肠活动的中枢神经功能，使大脑维持正常工作。

除了补充必要的营养，加强锻炼身体也很重要。工作之余，如周末，我们应尽量去野外登山、游泳、打高尔夫、打网球，或者每天早晨慢跑三十分钟。有时间可去健身房进行有氧训练，没有时间则在办公室或家中做以下这套简易健身操：

对颈椎病起预防和缓解作用的头颈部运动：头部放松，环绕摆头，正反方向交替做若干次，隔两小时后重复做几遍。

活动肩关节及增强上肢运动：坐或站立，两臂侧举，手指向上，做直臂大回环若干次，直到完全放松为止。如有酸胀现象则更好。

增强腰肌力量，提高腰椎关节灵活性的腰部运动：站立，两臂上举与肩同宽，扭动腰部做环绕，按顺时针和逆时针方向交替做若干次，上肢保持平衡。

消除肚腩，结实腹肌的腹部运动：仰卧，两手放于体侧，手掌触地，膝盖绷直，双腿直膝抬高三十厘米，用一只脚轻敲另一只脚两次，然后慢慢放下腿，重复五次后，再做一组五次仰卧起坐，交替进行若干次。

保持下肢匀称线条，舒筋活血的下肢运动：坐在椅子上，双手放在体侧，上肢后仰，手支撑住身体，双腿勾脚尖，抬起与地面成45°夹角，做蹬自行车的动作，每次做十下，五次一组，做若干组。

第四节 保密标准

（一）口头信息安全标准

1. 不在组织内部或外部与任何人谈论有关单位保密信息。

2. 在没有确认电话对方身份和是否被授权获得信息之前，不要通过电话、手机、答录机提供保密信息。

3. 只向来访者提供上司允许提供的信息，若超出范围，应向上司汇报。

4. 遵照会议要求传达会议信息。

（二）纸面信息安全标准

纸面信息包括用纸张、各种胶片等物质作为载体的文字、表格、图形等信息，做好纸面信息的安全可采用下述方法：

1. 接收任何保密文件、资料等都要签收并登记。

2. 文件或其他纸面保密信息只发给或传阅到被授权的人员，并要求对方签收。

3. 在传递保密文件或资料时，要放在文件夹、文件盒中携带，以防泄密或散落丢失。

4. 所有保密的信息归类在专用文件夹中，并清楚标明“机密”，保存在带锁的、防火的柜子里。

5. 离开办公室时，不把机密信息和文件留在办公桌上，而是锁入抽屉或柜子，并锁好门窗。

6. 用邮件发送保密信息，信封要贴封口，并标记“秘密或保密”。

7. 高密级信息由工作人员亲自送交收件人。

8. 复印完成后将保密原件取走，不留在玻璃板上。

9. 传真保密信息时使用具有保密功能的接收设备或要求接收人等在传真机旁即时收取。

10. 极为重要且不常使用的纸面信息制成缩微胶片保存到银行保险柜。

11. 不需要的保密文档立即粉碎。

（三）电子信息安全标准

1. 计算机显示器放置在他人看不到屏幕的地方，如果来访者走近，则迅速滚动页面或关小亮度或保存信息关闭显示器。

2. 计算机打印保密材料时人不离机，负责保存和传递。

3. 提交电子信息给他人之前先向上级核对，不能给未被授权的人。

4. 有自己的识别密码并且经常更换。

5. 使用密码来保护计算机数据并定期更换。

6. 计算机经常进行查毒、杀毒，不安装借来的程序。

7. 重要的文件做备份并存储在安全及加锁的地方。

8. 有保密信息的软盘不应带出单位，防止数据落到不应得到这些信息的人手上。

9. 计算机上安装警报系统，防止信息被盗。

(四) 注意事项标准

1. 文件保密。对保密文件、资料做好接收、传递、保管方面的保密工作，不该看的坚决不看，不该说的坚决不说。

2. 会议保密。严格按照会议要求做好保密工作。

3. 科技保密。保密对象包括客户、同行、媒体、政府部门等。

4. 信息保密。包括人事信息、财务信息、产品信息、客户信息。

有关国家秘密及密级要遵照《国家秘密及其密级具体范围的规定》，有关国家秘密的保密期限要遵照《国家秘密保密期限的规定》。

第五节　印信标准

单位公章和介绍信统称为印信，它们是法定权力的标志，也是对外联系的凭证。为上司保管和使用印信是秘书一项十分重要的工作。

单位有权力效用的印章包括：公章、行政专用章、财务专用章、上司私章。其中，公章和上司私章通常由秘书保管，而行政专用章往往由单位内部相关职能部门，如行政部或财务部保管。

单位公章和上司私章的保管与使用通常由上司向秘书口头或

书面授权，秘书在授权范围内可以使用，超出授权范围则应在请示上司后依其指示再作处理。

秘书使用印章应亲自把握，严格审核，小心验证，既不能随心所欲滥用，也不能委托他人代用，更不能以印谋私，或者有意刁难需要盖印的人，损害所在单位的根本利益。

每次用印均应做书面记录以便备查。用印应注意印泥均匀适度，盖印位置正确，盖印端正清晰。重要文件如合同书等应在盖好公章后加盖骑缝章。

印章应放在专门的保险箱内，钥匙应放在相对隐蔽的地方，保险箱密码应默记在心，开启保险箱时应防止他人偷窥，一旦泄密就是秘书的严重失职。

介绍信通常由行政部保管与签发，凡需加盖公章的则由秘书审核办理。介绍信的各项内容应填写清楚，正文与存根内容应完全一致，以便备案。介绍信盖印分别在右下方单位名称处与存根线上骑缝方为有效。严禁在空白介绍信上盖印，严禁为他人私盖介绍信。

一旦印信保管与使用不当，则容易造成无法估量的经济损失。因此，秘书保管使用印信时应极其认真负责，坚决把好这道关，确保万无一失。

如果上司临时借用印信，秘书应与上司办理书面借用手续，确保责任不出现真空，防止上司因为工作忙碌或疏忽而可能造成的印信失控。

如果印信不慎遗失，确认无疑后，在第一时间报警，并通过媒体发布公告，避免造成更多的损失，然后再来寻找原因和追究责任。

第二十单元　事务标准

本单元提示：

事务性工作是秘书工作的核心内容与主要任务，事无巨细，凡是和秘书有关的事务，秘书都得尽心尽力去做。

这些事务既有常规性的，也有非常规性的，但从事务的性质、处理的重要性及难易程度来讲，大致可分为五类，即上司的交办事务、例行处理的日常事务、非常态性质的事务、突然发生而需马上处理的事务以及疑难杂症性质的事务。

第一节 交办事务

毫无疑问，交办事务特指上司交代给秘书承办的委托性事务。作为上司的助手，交办事务是秘书工作中最为重要的内容，凡是上司无暇顾及或因其他原因无法处理之事，上司都会交代自己的秘书去代为处理。

上司交代，下属代办，所以称之为交办。

交办事务通常是非决策性的具体事情，有的按照上司指示执行，有的按上司意图处理，有的则完全可以由秘书自作主张，只要把事情办妥就行。

交办事务的性质决定其时效，秘书应将交办事务作为自己工作的重中之重，放在优先处理之列，因为上司对其助手的满意度，绝对与助手是否遵命并迅速执行成正比，而且与执行的时效也有密切关系。

一是受命的态度，二是执行的速度，三是处理的程度，这三个度是上司衡量一个秘书是否称职的标准。因此，秘书在处理交办事务时，必须严格按照下列程序行事。

（一）受命

秘书接受上司交办的工作任务时，首先必须要弄清三个要素：一是内容，即办什么事；二是时限，即什么时间完成；三是要求，即工作质量、注意事项等。

（二）执行

如何完成上司交办的任务，秘书需要在执行前、执行中、执行后分别采取以下三种不同方法：

1. 执行前“三比较”。执行的目的是为了获得最佳效果，因此，执行前必须充分比较，努力做到“利利相交取于大，利弊相交取于利，弊弊相交取于小”。

2. 执行中“三形式”。执行过程无非采用三种形式，第一种是单一办事，即在同一时间内完成一项工作任务；第二种是交叉办事，即同时接受两项工作任务或者两位上司分别赋予的不同任务，需要在同一时间或交叉时间内完成；第三种是穿插办事，即多项工作任务穿插在同一时间流程中进行。

无论哪种形式，只有要利于执行，都可作为上选。

3. 执行后“三标准”。完成上司交办的工作后，有必要进行效率自检，以判断执行后的结果是否有效。自我检验的标准有三个，第一个是工作质量，即是不是达到了上司的要求，有没有潜在的问题和漏洞；第二个是工作速度，即有没有超过工作时限，有没有浪费或拖延时间的情形；第三个是对社会的影响，即办事全过程对社会有没有不良影响。

（三）回复

在工作任务全部结束或告一段落后，应向赋予任务的上司复命，向其汇报完成任务的效果与时间，并且讲明已经存在或可能出现的问题和我们对后续工作的看法及建议。

复命时要注意三点：一是不失真，对完成任务的情况如实报告；二是不吹嘘，不自夸，不表功，不诉苦；三是不能因为完成上司交办工作而邀功请赏，甚至借此打压别人。

第二节　日常事务

日常事务属于秘书每天的例行公事，比如接待、接打电话、收发函电、起草或打印文件、整理资料文档、安排或召集会议、对外联络或应酬等等。凡是每天都会发生而又无需上司单独交代处理的琐碎杂事，统统都在此项。

日常事务又称为常规性事务，它有一套既定程序、既定原则、既定方法进行操作，我们常用“熟能生巧”来形容职业技能的发挥，就是指这一类惯性处理的操作技巧。

（一）日常工作程序

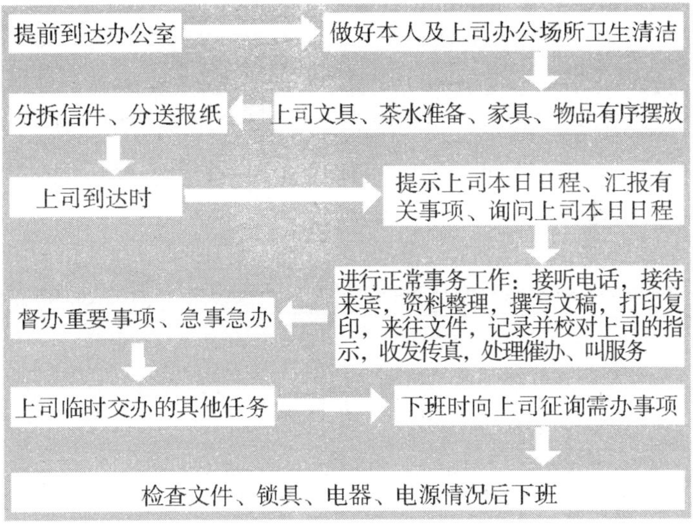

（二）日常工作原则

1. 优先原则。秘书在处理上下级关系时应以上为先。这集中表现在处理公务活动时，把每时每刻的重点都置于上司的工作要点上，听其言，观其行，会其意，理其事。

2. 主导原则。秘书的日常事务纷乱繁杂，但凡事总有主次之分，我们可以根据单位的各级会议决定、工作计划和上司指示安排当日的主导工作，并以记事本形式加以明确。

3. 公平原则。秘书每天接触的人、事很多，要处理多重关系或者化解多重矛盾，因此，要本着公平、公正的态度来对待，要如实反映情况、回答提问、报告结果。

4. 周全原则。对于处于同一层次或参与同一事务的每个对象，应设法使其获得同样的信息和礼遇，不使任何人感到受了怠慢和冷落。

5. 效率原则。秘书处理日常事务必须要体现出高效率。

（三）日常事务处理

日常事务既然是秘书每天都必须面对的例行公事，其操作程序当然就比较简单，如果难度大、个案性稍强的公事出现，秘书肯定会需要大量时间与精力去处理，那就会打乱秘书的工作节奏，导致其顾此失彼。

秘书的本职工作就是帮助上司处理事务性工作，或者根据上司的指示处理非决策性工作，以便上司能够集中精力处理决策性工作。所以，秘书应以快捷而又准确的方式将日常事务一网打尽，妥善处理。只有这样才能腾出手做一些更重要的事情来辅佐上司，或者有足够的时间与精力去应对那些非常事务、突发事务、疑难事务。

当然，除了协助上司工作之外，秘书有时还要帮助上司处理一些个人私事。

凡是有助于分担上司工作压力的事情，都在秘书的日常工作范畴里，而且它们没有重要或不重要的区别，全都需要我们认真对待并且全力以赴地去做好。

第三节 非常事务

相对于日常事务，非常事务当然就显得不同寻常，它并非每天都会发生，但却严重影响着单位的正常运作与发展，并以问题的方式不断暴露出来，需要以做各种有针对性的具体事情的方式加以解决。比如文化缺陷、团队失调、权威失灵、人力惰性所造成的各类问题而引发的非常事务。

所以，处理非常事务就是解决各类问题，而这种处理因其具有的个案性质，没有既定程序及标准可循，自然会有难度。

不过，问题既然客观存在，总有破解之道，秘书的职责就是对症下药，像管理顾问那样为这些问题把脉，然后向上司提供有效对策，并且帮助上司从根本上解决这些问题。

解决问题的过程就是不断处理非常事务的过程。

（一）文化缺陷与解决方法

不可否认，谁都知道文化对于一个单位生存与发展的重要性，但是，绝大多数单位仍然只有一些只言片语、零乱不全的文化内容，这是因为绝大多数领导者受自身条件的局限，无法正确认识单位文化的重要性，因为他们更关心的是盈利或太平。

文化缺陷是困扰每个单位的普遍问题，成员没有认同感，缺乏责任感，这都是最典型的文化缺陷现象。

文化缺陷的产生在很大程度上是由于单位领导者的认识与做法缺乏前瞻性和战略性，而工作的忙碌以及事业的顺利也在一定程度上掩盖了单位因文化缺陷所造成的深层次问题。

毫无疑问，文化缺陷是一个单位全部问题中的关键问题，也是其他各类成本问题的根本原因。

比如企业文化，它是企业的经营哲学思想，而企业理念则是企业文化的灵魂。企业理念包括企业哲学、企业宗旨、企业精神、企业口号、企业座右铭、企业经营方针、企业广告等，它具有动作的方向性、行为的指导性、时间的长期性。

企业文化是全体员工共同的认同和信念，以及共同的价值准则和做事原则。只有企业文化才能激发员工的创造性和干劲，才能体现企业的社会价值。

解决企业文化缺陷的一般做法是：上司定基调，员工出主意，专家出方案，上下沟通，集思广益，让企业文化的确定过程成为全体员工积极参与的过程。只有参与才会认同，只有认同，员工才会心甘情愿去做。

同时，引入自我完善系统，根据企业与社会互动结果，对逐渐形成并丰富起来的企业文化不断充实、调整、修正、完善，并且把这个过程的每个环节营造成相应的主题节目，始终让员工参与，那么无论过程本身还是结果，都能对企业文化的完善以及员工的响应起到十分明显的作用。

（二）团队失调与解决方法

理念不清，关系不清，责任不清，必然会造成团队失调。

团队失调的具体表现为：

1. 各部门从自身利益出发，拼命抢夺有限资源。
2. 各部门从自身利益出发保护自己的既得利益，排斥他人的干预。
3. 各部门从自身思维角度看问题，导致沟通障碍，进而影响效率。
4. 各部门无作为，埋怨、推卸、嘲讽相关部门。
5. 各部门权责脱节造成推诿，权责重叠造成扯皮。
6. 内部交易或称管理交易的关系恶化，造成团队缺乏协作与协调。

团队失调会使一个单位犹如一辆散了架的车，各个部位都不听使唤。

必须承认，绝大多数上司都是依靠个人魅力与权威在维持着团队协调，而不是依靠制度或其他东西。因此，一旦这些个人魅力或权威的因素淡化或者削弱，失调问题便会像火山爆发般喷发出来。

所以，团队失调的问题只有通过提升团队的整合能力才能得到有效解决，因为建立团队的目的是为了确保完成任务，而整合能够包容和消除彼此之间的不信任，用利益和感情的纽带把团队内部组成一个彼此相关的整体，各部门不是一个个独立的小组织，而只是享有部分资源同时又必须依赖他人的一种成分，任何一个部门在团队里都是其他部门的补充。

因此，我们可以采用以下这些具体方法来有效解决团队失调的问题：

1. 制定十分清晰明确的团队目标。
2. 团队内角色分配清楚。
3. 团队内必须坦诚开放地沟通。
4. 积极处理不同意见。
5. 让每个角色都能从全局考虑
6. 团队内互相支持和依赖。
7. 制定责任界定原则。
8. 强调全局效果，重视局部作用。
9. 制定有效解决问题的方法。
10. 分析每项成果。
11. 让每个成员都了解团队使命。

（三）权威失灵与解决方法

权威失灵的表现主要有以下四种。

第一种，上司决策对中高层干部的既得利益造成影响或产生冲突，或增加其工作压力和工作难度，造成中高层干部直接抵制，或阳奉阴违，或利用各种条件采取各种对策来化解压力，正所谓“上有政策，下有对策”。

第二种，各部门争夺权力和资源，借此提高影响力，以致形成“资源吸引”现象。资源越多，越能够说话和讨价还价，越能够影响其他部门乃至整个单位。因此，某些部门会不顾单位的整体利益，拼命争夺有效资源，结果造成单位内部均衡失控，单位的权威自然会受到根本影响。

第三种，上司为了掌控下属，往往会用考核指标来评价和奖惩干部，这种做法很容易造成干部片面追求指标而忽视部门之间协作，甚至产生各部门互相推诿的负效应，进而影响激励机制的正常实施。

第四种，单位内部交易关系恶化成人际关系的讨价还价，引发下属对上级的不满与抵触，造成单位内动力降低，激情、活力减少，组织费用增加。单位内部关系恶化，激励机制流于形式，必然会造成上级对下级指挥和约束不力；而下级不服从上级，也必然会导致权威失灵。

权威失灵的原因主要在于激励机制不强；决策缺乏科学性；决策本身有缺陷；上司失去诚信；信息失真，等等。千万不要小看这些原因，因为每个原因都足以让苦心经营才建立起来的权威毁于一旦。

一个单位要想达到低投入高回报的目标，内部就必须高度协调统一，而要做到这一点，唯一的办法是让决策者来统一协调、指挥，即上司说了算，上司必须有权威。

上司的权威是靠其个人的综合素质和能力建立起来的。“权”是权力，“威”是威信。但有权力未必有威信，因为威信由两种因素组成，一是权威，二是信用。要想有权威，必须有信用；只有讲信用，才会有权威。

很多上司喜欢随意承诺，殊不知，对上司来讲，他这天讲一百句话只有一句承诺，但是这1%对听者而言却是100%，如果不兑现，只要出现两三次，他的话语就再也不会有影响力。

以下五种方法可以有效避免权威失灵现象的发生：

1. 强化内部流程各个环节的有效衔接，处理好责、权、利三者关系。

2. 加强决策科学性，重视企业战略决策，用好顾问。当然顾问只是提倡、建议出方案，拿主意的还是决策者自己。

3. 决策是个不断修正与完善的过程，要寻找并确定适合本单位的有效决策，有效的标准是以最小投入换取最大收益。

4. 上司要重承诺讲信用，即使有时失信，也应诚恳说明原因，求得下属谅解。

5. 上司要通过各种途径，把自己的意图贯彻到每个下属的思想之中，让全体成员在思想上达成共识，在行动上保持协调和统一。

（四）人力惰性与解决方法

即便是最优秀的人，在一定的时间、环境、条件影响下也会产生惰性。人力惰性在很大程度上是由生理或心理的疲态造成的，前者属于自然反应，后者属于条件反应。

经验告诉我们：人性弱点对人力惰性具有客观性影响，大小环境对人力惰性具有决定性影响，生理周期对人力惰性具有偶然性影响。

为什么会产生人力惰性？原因很可能与单位内缺乏持续的激情和活力有关。每个单位里都有众多个人，而每个人的生物钟、兴趣点、节奏感彼此不同，在某个特定时间里的状态自然会不一样，这里有配合不默契的问题，也有心态不统一的问题，更有惰性产生的问题。所以需要适当的调节与持续的激励，才能让每个人在同一个时间段内保持相同的工作热情与互补性。这种激励包括物质和精神两个方面。但营造激励的氛围，其效果却远甚于物质刺激。

因此，从某种意义上来说，激励应该成为一种渗透在单位运作全过程中的完整系统，通过不断创造一个又一个刺激点，始终保持全体成员的兴奋状态。

从一般被动性的激励提升到人性化的主动激励，关键在于让被激励的人说话，我们才能知道用什么方法才能真正有效地刺激他。我们不妨试试使用教练员激发运动员提高成绩的方法，目标的不断提高和压力的不断增加最能激发人的斗志。

野外求生训练、团队活动、班组竞赛、优胜评比、职务提升，这些都是能够减少人力惰性的有效方法。

非常问题客观存在，既不用刻意掩盖问题，也不必等待问题泛滥成灾，重要的是及时发现问题，甚至有意制造问题，借此来建立与完善能够解决问题的体系。

尤其要注意那些看似显而易见的问题，因为其很容易掩盖一些更深层、更实质的问题，要真正理解问题之所在，找到它，并且有效地解决它。

秘书的责任是让上司知道这些道理，并且协助上司具体解决这些问题。

第四节　突发事务

在非常事务之外，还有一种情况的发生也十分棘手，那就是突如其来的意外事件或非常事件，这些意外的发生事先无法预料，一旦发生却很可能产生致命后果。因此，身为秘书，我们必须像上司那样思考，比他考虑得更全面更深刻；像上司那样行事，比他做得更周到更出色。

面对随时可能出现的突发事务，我们可以采取以下这些应变措施。

（一）事先预防

必须懂得防患于未然的道理，秘书就应为此做好充分的心理准备与其他的物质准备，归纳起来，以下几点很值得重视：

1. 与上司讨论发生这类意外的可能，以及发生意外时应该采取的措施。知道第一时间该与谁联系，谁为上司内定的应变负责人，也就是紧急状态中的指定代理人甚至接班人，以及上司与秘书之间如何建立联系。

2. 提醒上司多留个心眼，对任何意外都做好两种以上的应急应变方法。

3. 与上司确定意外事件的严重等级以及反应速度，将意外分成普通、特别、严重、极其严重四种程度，并配以相应的判断标准与反应速度。

4. 事先准备一些资金、证件及生活必需品，以便意外发生时应急使用。

5. 事先掌握有关人员的联系方式，按其重要程度逐一列明并记熟。

6. 平时让同事们熟悉和习惯上司经常不在单位里的做法，平时习以为常，届时就不会大惊小怪。

7. 事先做好不同类型的意外发生时的应急对策方案，掌握好不露声色、有条有理、从容应对的方法。

（二）沉着应变

当意外发生时，秘书应该迅速按以下程序与要求做出第一时间的反应和恰当的处理：

首先，确认意外的性质、时间、地点、范围。

其次，对外封锁消息，并根据事先安排的对策制订应急方案。

再次，和有关方面及有关人士联系，商量对策。比如，第一时间与律师联络，从法律上保证应急对策的合法合理，听听律师分析和建议，必要时还可以请律师出面；再比如，找其他重要的关系，了解更多详情细节，以便随时调整对策。

另外，上司的至交或生死之交也是我们有必要时先予联络的人，因为他们更能帮助我们全力以赴地解决这些由于意外造成的问题。

最后，通知上司家属。关于这一点最好要慎重，以免上司家属受到惊吓和伤害。一般原则是我们能够妥善处理的意外可以暂时隐瞒，等事情过去之后，让上司自己决定是否告诉家人。如果我们也无能为力，或者无法代替上司作出决定时，那就应该在第一时间告知上司的家属，并且把我们的判断以及建议告诉对方，共同商量对策。

秘书必须始终牢记：为上司负责，再为上司的家属负责。保护上司的利益是秘书自始至终的职责。

在突发事件面前，更能表现出一个人临危不乱、从容面对的本领。如果我们不能说明真相，那就找个使人确信无疑的理由，临时帮上司出面控制局面，并且装出上司始终在关注的样子。

如果有不合法的意外发生，我们可以考虑动员单位成员的力量和其他社会力量来伸张正义，向有关方面施加压力。千万不要低估了群众的力量，当我们采用各种有效手段如上诉、写信、发微博，或向媒体反映，以此来维护上司以及单位合法权益时，这些方法往往比打官司更方便也更有效。

如果上司遭遇人质事件，是否支付赎金或报警则一定要和上司家属以及律师商量后才能定夺，因为人质的生命安全最为重要，有时破财消灾也是无奈之举，只要躲过这一劫，法律必将严惩绑架者。但我们要注意，这一切必须做得十分小心和秘密，因为我们并不知道对方究竟是谁，因此，我们既要冷静果断，又要细致小心。

如果上司遇上车祸甚至空难，在没有确认之前，一切都不用惊慌。千万不要见风就是雨，把我们的正常思路与做法都给搞乱了，一惊一乍只会证明我们没见过世面。我们在努力争取最好结果的同时，要按照上司曾经的交代或者他一贯的思维方式、行事风格来安排最合适的人处理善后。比如，保险金理赔与受益人分配，上司过世后公私事务安排与处理，追悼会举行，等等。

凡是负责任的秘书，事先有必要暗示上司为他自己的身后之事做好安排，比如在公证处做遗嘱，每年或若干年后再修改一次。对有身份、有地位、有财产的上司来讲，这样做绝对有必要。只是这种安排并非一定要事先告诉上司家属，因为秘书或者律师都可在事后证明并协助其完成遗愿。

处理突发意外考验着秘书的综合能力，我们千万不能掉以轻心，因为在上司遭遇意外时，我们很可能就是他唯一的希望。

如果上司只是意外受伤，那么，我们应在第一时间将其紧急送院抢救。抢救要随机应变，准确选择求救方式和工具以及医院非常重要；否则，任何耽误与折腾都足以致命。

将上司送进医院时，一定要立即通知上司家属，并且在和院方交涉时要表现出足够的威慑力与感染力，让院方充分意识到我们上司的重要程度，以便引起高度重视。有时候，必要的表演与承诺非常有效。

协助上司有效运作是秘书的本分，代替上司成功运作是秘书的奢望。代替不是取而代之，而是代表上司做事。

运作本身是一项非常复杂的工程，妥善处理运作全过程中所有重要或非重要的事务，对秘书的工作能力、影响力以及领导力都是一种特别的锻炼和考验。

像上司那样思考，比他考虑得更全面更深刻；像上司那样行事，比他做得更周到更出色。只有这样，才能真正发挥我们的作用，才能真正体现我们的价值。

（三）谨慎善后

所有事故、火灾等突发意外事件和其他紧急情况，无论结果如何，都应及时进行报告和记录，这样既能监督事故，采取措施消除隐患，也便于应对有关赔偿的法律案件。

发生事故时，应该立即报告上司或安全主管，并且填写事故情况记录表和工伤情况报告表，事故涉及人员需要完成证人记录。

事故情况记录表的内容包括：事故日期、事故地点、当事人姓名、证人姓名、事故过程概述、填表人签名和日期。

如果事故中有人受伤，则要填写工伤情况报告表，准确记录受伤人的信息、伤情和处理情况。其内容包括：当事人姓名、出生日期、住址、职务、发生事故的日期及地点、事故细节及对事故的判断、急救行动和医疗处理情况、医院名称和地址、证人姓名、填表人签名和日期。

第五节　疑难事务

所谓疑难事务，通常与人性有关，因为人的多样性决定了事情的变数往往会出乎意料。而且，能够被称为疑难，一定是让人感到困惑与麻烦的事情，正所谓困难并不难，麻烦有些烦。人们对麻烦束手无策，正好说明疑难本身所造成的困扰有多么严重。

喜欢追根究底的人通常会比其他人明白更多道理，同时也因此而受益匪浅。如果我们有意识地去用一个个“为什么”追溯问题根源，那么，自然而然就会养成严谨细致的思考习惯和行事风格。以这样的方式来培养我们对疑难事务的解决能力，效果一定非常明显。

所谓疑难事务，通常有以下几种特征：

1. 从未发生过，非常偶然的第一次发生。如果以前有过，当然就有现成的应对之道，但正因为从未发生，所以应对起来才有些为难。

2. 虽然偶然发生，但其中一定有必然的深层的原因在起作用。

3. 凡属疑难问题，从表面现象来看一定非常复杂，如果过于简单，也不至于让人为难。

不过，疑难本身充满挑战性，解决疑难问题、处理疑难事务，意味着能力的磨炼与提高。而将疑难简单化处理，然后轻松化解，以下三种方法很值得借鉴：

1. 保持适当距离。与疑难问题保持适当距离，有助于我们发现问题的敏感性，有助于我们透过事物表象查找深层原因，有助于我们思考问题的关键症结，也有助于我们抓住要害对症下药。俗话说：当事者迷，旁观者清。跳出是非外，更能看得清。

2．复杂问题简单化处理。采用复杂问题简单化的处事原则，不要受纷繁复杂的表象影响和困扰，从心理上先为自己降低压力，因为心态镇定对冷静分析和妥善处理绝对有帮助。

所谓简单化，就是说，无论问题有多么复杂，根本性原因一定只有一个。如果不明白这一点，就会分不清主次而最终影响自己的判断力及处理能力。抓住问题的关键点，其他问题必会迎刃而解。当然，简单化并不是轻敌，事实上有些疑难问题从表面来看非常简单，一旦涉及则会牵扯出许多是非。因此，依据问题本性做足工夫，见招拆招，一步一步化解，才是唯一选择。

3．就事论事。就事论事，避免与具体的人发生冲突，即使问题由他人引发，但在处理时仍着重在解决问题上，并且用程序性、规范性的东西来演绎解决方法。这样做，可以使意见相左的人不会过分纠缠在人际是非上，因为具体处理疑难事务者的公正与权威一旦受到怀疑，其对处理问题是非常不利的。

不用惧怕问题复杂，也不用回避处理难度，多一次沉着面对与巧妙化解，就是多一次成熟与睿智的积累，一旦我们成为处理疑难问题的高手，上司一定会对我们刮目相看，毕竟大多数人并非都能具备这种优秀才能的。

需要指出的是，比较棘手的疑难事务通常都与是非有关，很少与利益有关，因为能用钱解决的事都算不上疑难。只有下面这些状况，才称得上棘手。

（一）政府有关部门粗暴干预

一旦遭遇政府有关部门的粗暴干预，作为秘书，有四件事必须立刻去做：

1．提醒上司不要为了平息矛盾而忍气吞声，更不要为了长远利益而放弃原则。现在的利益都难保住，过了这村就没这店，再要争取恐怕是做梦。

2．提醒上司搜集证据。搜集证据是为了保护自己，如果不能公开进行，那就多个心眼儿，采用隐蔽手段。一旦有机会公之于众，只有证据才能帮我们打赢官司。

3. 提醒上司不要轻易相信个别公务员的承诺，为了保住既得利益，他们上午拍胸脯作出保证，下午马上就不承认，或者换个人把责任推得一干二净，这种情况司空见惯。

4. 提醒上司不要关起门来解决政府有关部门的粗暴干预，有时把事件放在光天化日之下，比如上网或找媒体曝光，让社会舆论监督，让当事人承担破坏社会稳定的责任，这一招该用时可千万别犹豫。等到事态恶化，再想让社会来伸张正义，恐怕也会力不从心。总之，只要合法经营，按时纳税，完全可以理直气壮地对相关部门的干预说“不”！

（二）媒体恶意曝光

媒体的角色十分微妙。一方面，它承担着舆论监督的作用；另一方面，它自己却可以被操纵者擅权而为所欲为。所以，人们会问：新闻媒体监督社会，谁来监督媒体？

其实，这也没什么奇怪，媒体也要讲求利益。我们的权势比它大，它就会依附与听命于我们；我们的权势比它小，它就会随意摆布我们。

对付个别媒体恶意曝光的最好方法就是联系更多的媒体一起来揭露真相，让造假者无法欺骗社会视听，让别有用心者达不到目的。或者干脆上网将真相大白于天下，让世人都知道个别媒体以假乱真的恶行。

把矛头集中在个别人身上是一种非常有效的策略，因为事情一旦闹大，引起社会反响和有关方面重视，当事媒体为求自保，往往会对肇事者严肃处理。

如果有可能，从一开始就拒绝采访。一旦媒体恶意曝光，不理不睬冷处理也许是唯一选择。

总之，一定要准确把握分寸，保持理智心态，冷静面对媒体可能造成的伤害。

（三）社区关系紧张

单位和社区彼此需要与互助，才有可能双赢。对单位来讲，需要社区提供营业环境来创造盈利机会，所以单位对社区的依赖往往会大过社区对单位的依赖。

单位和社区关系紧张，大多都是因为单位给社区带来麻烦，比如噪音、治安、污染、交通等问题，当然也有社区提出一些要求得不到满足而产生矛盾。

一旦发生这样的问题，秘书作为单位中重要的公共关系协调人，应该迅速提醒上司予以重视，并且建议上司采取如下措施：

1. 由上司亲自出面，郑重其事地与社区搞好关系。

2. 主动向社区提出一些有益于社区建设与活动的建议，在人力、财力、物力上给社区建设提供帮助。当然，这样的贡献必须细水长流，一下子表现太好，对方反而会受不了；而且以后万一一不小心疏远了，反差太大也会令对方有想法。这是策略。

3. 经常和社区互通信息，主动征求社区意见，这些工作应该指定单位中有相当地位的人士专门负责，并以其为主，建立社区关系委员会，制定定期沟通制度。

（四）客户有意刁难

从人性角度分析，人都有避免冲突的心理，不然天天活在紧张的气氛中，不累死也会被气死。

既然是这样，我们就应该明白，客户有意刁难一定有其原因，或者是对我们的态度不满，或者是对我们的做法不满，或者是对我们的报价不满。当然，也有另一种可能，那就是客户企图通过故意挑衅向我们施加压力来达到某种目的，比如讨价还价。

客户有意刁难也可能是他对我们产生了误会，彼此沟通不畅，各自想法存在差异，这种由不了解产生的误会，由误会造成的关系恶化，就会使不够理智的或者别有用意的客户不惜冒挑起冲突的危险，公开向我们叫板。

了解客户有意刁难的动机非常重要，不同情况必须用相应对策进行处理。在未摸清对方底细及真实意图之前就贸然接招，仓促应对，势必会暴露我们自己的虚实，并且丧失主动。

客户既然有意挑起事端，说明其已经对可能造成的后果有所准备。在这种情况下，我们已经处于下风，如果我们不明就里，为了避免冲突而去迁就对方，就很容易受对方影响，跟着他们思路行事，结果是越忍让越被动，越想让对方满意，自己却越来越不满意。

应付客户的有意刁难，绝不能采取不予理睬的态度。客户抓住某个借口来做文章，很容易一厢情愿地把这个借口的后果想得很严重，假如我们对此置之不理，对方势必会被激怒，进而失控，导致局面难以收拾。

我们可否换个思维角度来看待客户有意刁难的问题？对方既然向我们发作，肯定和我们有关系，或者想达到某种目的。因此，在不明对方意图的时候，我们可以坦诚地向对方表示我们的不明白，甚至适当装傻，引诱对方说出其有意刁难的原因和想法。让对方发泄完之后，我们再说出自己的想法。我们应该明确告诉对方，我们很在意对方，也很重视对方，如果因为有误解而造成双方关系破裂或其他严重后果，这是双方都不愿意看到的。

无论如何，解释是必要的，争辩是欠妥的。前者能够让对方知道我们的诚意，也知道刁难可能导致的最终后果；后者则容易使事态恶化，因为争论甚至吵闹于事无补，反而会令双方都失去理智。

把自己想象成一张网，无论客户怎样恶意，都不露声色，坦然以对。只要我们有足够的耐心和诚意，我们就能够罩住他。除非他彻底撕下脸皮，不再和我们合作下去。

(五) 客户以礼相赠

吃人嘴软，拿人手短。一旦收下对方的礼物，我们将何以为报?

客户赠礼一般有三种动机，一是诚心感谢，二是有事相求，三是应酬礼节。如果关系一般，第三种动机最为普遍；如果关系不错，第一种动机也属正常；如果关系很铁，第二种动机才会出现。

每个人做事都有动机，客户送礼也是如此，搞清楚客户送礼的目的，有助于我们酌情而定。

一般来讲，未经上司同意，秘书是不能随便收下客户的礼物的，一是怕说不清其中原因，二是怕收了之后不知该如何报答。如果收下的礼物过于贵重，无疑是给我们的上司出难题。

秘书只是代表上司收礼，所以应该在了解礼物的轻重和客户的用意并且征求上司意见后，才能决定是否接受和怎样接受。

礼节上的事情只要给足面子，并没有人会计较程序。客气一番是必要的，但也有个标准，见礼就生气当然不可能，见礼便眉开眼笑未免俗气。还不如不卑不亢地收下礼物，大大方方地道谢致意，只要礼数到了就好。

明白送礼的分量，把握回礼的分寸。毕竟不是所有的赠礼都可以收下来，我们必须先掂量一下自己有没有能力满足对方送礼的真正目的。

另外，客户赠礼名义上是给某人，但实际上是给我们供职的单位，包括对方指明送给我们本人的私人礼品。如果我们不是这家单位里能够接近甚至影响上司的人，客户不可能也没必要献殷勤。所以，如果实在无法拒绝对方好意而收下了礼物，就应该交给上司去处理。如果贪小便宜而忘了秘书这一行的规矩，不要说上司，连客户也会瞧不起我们。

（六）同时做几件事

秘书经常会遇到这样的问题：因为琐事缠身，忙得不可开交，往往会在同一时间内处理几件事情。比如起草文件的时候有客户来访；当电话接二连三打进来需要接听处理时，会客厅里还有不速之客等着我们接待，上司又在通知我们为他订飞机票……

工作忙碌是很正常的事，一般来讲，日常工作可以事先安排，然后顺序依照标准去做就行了。令人应接不暇或者手忙脚乱的主要还是那些突然发生又必须马上处理的事情，这些非程序性的工作来也匆匆，要想让其去也匆匆，则我们需要有很大的本事。

如果遇到这类打乱我们正常办事习惯的情况，我们最好左右脑并用，稳定好情绪，迅速判断这几件事何为日常程序、何为紧急程序，分清主次之后，先抓紧处理紧急程序，其顺序如图所示：

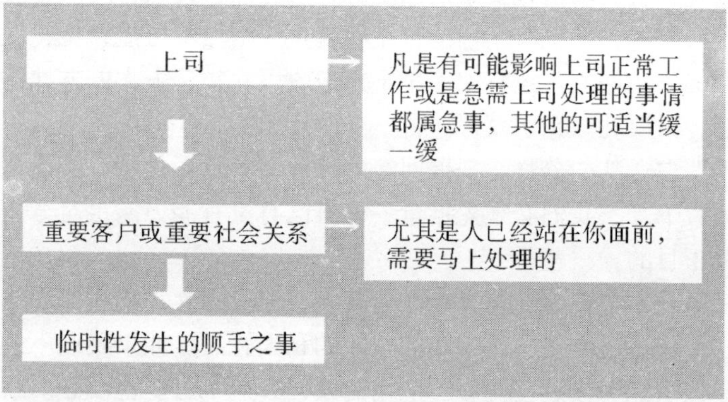

在做上述事情的同时，我们可以见缝插针，顺带着把日常程序性中简单的事处理掉。

善于眼观六路耳听八方，用脑子做事的人其实并不累，关键是理清思路、设定流程，让各类大小事情自动归位，然后见机行事，抓大放小、抓急放缓，控制节奏，游刃有余。一旦在秘书工作中掌握和运用统筹原理，我们一定能够应付自如。

（七）出现危机状况

能够称之为危机的，通常都与“非常”两字有关，如非常紧急、非常危险、非常状态。如果对这些“非常”束手无策，或者处置失当，足以致一个单位于死地。

危机一般可分为四种，一是财务危机，二是人事危机，三是经营危机，四是生存危机。

辨别危机是否出现，可以看我们所在单位以及我们的上司是否还能控制局面，凡是能够让人准备充分、胸有成竹、从容应对的状况，即使属于危机，程度也不会很严重。

面对危机，秘书应该协助上司做好以下几件事情：

1. 拿出一张纸，和上司一起列举出危机最坏的结果和代价，以及现有可以应对或解决的方法。尤其是财政状况。只要不是犯法，那么所谓的危机一般都与资金有关，只要能够解决财政问题，危机的影响和损失就能得到有效控制。

2. 提醒上司采取适当策略以尽快摆脱危机纠缠，防止事态恶化。只要发生危机，一些痛苦代价是需要毫不犹豫付出的，消极应付或希望情况会自然会好起来的想法只会使危机日趋严重，甚至还会产生多米诺效应，使解决危机的时间越来越少、空间越来越小，到最后，任何解救的可能性都会消失。

危机来临时产生恐慌是很自然的事，但通过和上司一起罗列危机的可能结果、危机的可行对策、单位的现有资源，可以帮助上司建立起一个简单的分析平台，用来评估最佳选择的可能性。当上司依照这套程序操作时，他就会在不知不觉中平息恐慌，恢复理智和冷静，进而从容应对危机。

3. 协助上司制订一个可行的危机处理方案，包括具体的做法与合理的期限。

4. 协助上司加强与有关各方的沟通，包括政府相关部门、客户、媒体、债权人、员工，积极倾听他们的意见和建议，争取获得他们的支持来分担压力。只要可以联合他们，危机一定能够迎刃而解。

综上所述，面对疑难事务，最好的办法是：首先，静下心来冷静分析事情的缘由，随后向上司提出处理建议，包括上策、中策、下策以及各自利弊关系。其次，协助上司或受上司委托直接与相关人士沟通，不谈是非，只谈如何妥善处理。最后，等待事态以我们预料的方式获得解决。